Contrato de Seguro-Saúde

Contrato de Seguro-Saúde

ANÁLISE DA DENÚNCIA SOB A PERSPECTIVA DOS REGIMES PORTUGUÊS E BRASILEIRO

2023

Andrea Cristina Zanetti

ALMEDINA

CONTRATO DE SEGURO-SAÚDE
ANÁLISE DA DENÚNCIA SOBA PERSPECTIVA
DOS REGIMES PORTUGUÊS E BRASILEIRO

AUTOR: Andrea Cristina Zanetti

DIRETOR ALMEDINA BRASIL: Rodrigo Mentz
EDITORA JURÍDICA: Manuella Santos de Castro
EDITOR DE DESENVOLVIMENTO: Aurélio Cesar Nogueira
ASSISTENTES EDITORIAIS: Larissa Nogueira e Rafael Fulanetti
ESTAGIÁRIA DE PRODUÇÃO: Laura Roberti

DIAGRAMAÇÃO: Almedina
DESIGN DE CAPA: FBA

ISBN: 9786556277660
Fevereiro, 2023

Dados Internacionais de Catalogação na Publicação (CIP)
(Câmara Brasileira do Livro, SP, Brasil)

Zanetti, Andrea Cristina
Contrato de seguro-saúde: análise da denúncia soba perspectiva dos regimes português e brasileiro / Andrea Cristina Zanetti. -- São Paulo, SP : Almedina,2023.

Bibliografia.
ISBN 978-65-5627-766-0

1. Boa-fé (Direito) 2. Contratos de seguro
3. Direito privado 4. Seguro saúde - Leis e legislação I. Título.

22-137209 CDU-347

Índices para catálogo sistemático:
1. Direito privado 347
Eliete Marques da Silva - Bibliotecária - CRB-8/9380

Este livro segue as regras do novo Acordo Ortográfico da Língua Portuguesa (1990).

EDITORA: Almedina Brasil
Rua José Maria Lisboa, 860, Conj.131 e 132, Jardim Paulista | 01423-001 São Paulo | Brasil
www.almedina.com.br

À vida.

SOBRE A AUTORA

A relação contratual de longa duração e suas vicissitudes, em uma visão equilibrada, sempre foram objetos de estudo da autora. Em 2007, durante o mestrado na PUC/SP, no aprofundamento das aulas de Obrigações, Contratos e Responsabilidade Civil, em um período em que os princípios contratuais sociais ainda careciam de detalhamento no cenário nacional, a autora dedicou-se de modo inovador ao "princípio do equilíbrio contratual" (que resultou em seu primeiro livro, lançado em 2012).

No doutoramento, a autora elegeu o estudo do delicado tema dos contratos da área da saúde, em especial os contratos de assistência privada à saúde operados no setor de Saúde Suplementar. Ao tratar do modo de extinção habitual desses contratos e constatar o descompasso da Lei de Plano de Saúde com a realidade dos pacientes, contratantes, a autora apresenta interessante análise de decisões do Superior Tribunal de Justiça (STJ) sobre a forma de extinção dos referidos contratos. A pesquisa, ressalte-se, teve o fomento do Conselho Nacional de Desenvolvimento Científico e Tecnológico (CNPq).

Movida pela carência técnica na definição das formas de extinção do contrato de seguro-saúde regulado pela Lei de Plano de Saúde e pelas intricadas questões temporais dessa modalidade contratual – contrato existencial, de adesão, com duração por período indeterminado ou renovável automaticamente –, a autora dedicou-se às particularidades da cessação desse contrato a partir da denúncia imotivada (modalidade de resilição unilateral). A busca por respostas conduziu a autora à elaboração de um projeto de pesquisa de pós-doutoramento, em 2019, a partir de estudo comparativo com o regime português.

Assim, a pesquisa atual ocorreu nos anos 2019 e 2020, no Núcleo de Pesquisa em Ciências Jurídico-Civis no Programa de Pós-Doutoramento da Faculdade de Direito da Universidade de Lisboa. A Lei do Contrato de Seguro em Portugal trata de modo minucioso e técnico das modalidades de cessação do contrato de seguro, entre eles o seguro-saúde (objeto de estudo da autora há quase dez anos). A autora realiza um trabalho comparativo, interdisciplinar, detalhado, lógico e técnico do seguro-saúde nos regimes português e brasileiro, com o cuidado de refletir sobre as diferenças de cada realidade e aproximar os aspectos comuns que permitem compreender os elementos essenciais desse contrato e aperfeiçoar o conhecimento jurídico em visão contemporânea.

A pesquisa de pós-doutoramento foi desenvolvida pela autora em um período excepcional, durante o primeiro ano de pandemia da Covid-19, enquanto vigoravam as medidas de *lockdown* em Portugal. Não obstante, a autora foi capaz de conferir profundidade e inovação à obra utilizando as condições adversas para atuar de modo ativo, dinâmico, como motivação para suas reflexões em seu ininterrupto empenho à obra.

A sensibilidade da abordagem, o rigor técnico-jurídico e a dedicação são marcas da autora em suas obras e em suas atuações como parecerista e docente. A autora é atualmente professora do Departamento de Direito Privado e de Processo Civil da Faculdade de Direito de Ribeirão Preto da Universidade de São Paulo (FDRP-USP) e se dedica ao estudo dos *impactos jurídicos nos comportamentos negociais*.

AGRADECIMENTOS

Acreditar no outro é um dom que poucos possuem. O Senhor Professor Pedro Romano Martinez seguramente é uma dessas pessoas, e foram sua atitude e dedicação ao trabalho acadêmico que proporcionaram a realização desta pesquisa, mesmo diante de uma época de pandemia. Disponibilidade, generosidade e serenidade são marcas de sua orientação.

Aliás, foi durante esse período difícil que pude conhecer o melhor de outras pessoas. Agradeço aos Senhores Professores Carlos Blanco de Morais, José Miguel de Faria Alves de Brito e, em especial, a comissão avaliadora deste trabalho Senhoras Professoras Maria Paula Vaz Freire, Elsa Dias Oliveira e o Senhor Professor José Alberto Vieira pela atenção e apoio durante o período em que permaneci em Lisboa para a realização deste trabalho. Suas sugestões, ponderações e indicações foram essenciais para que fosse possível aprofundar a temática em tão pouco tempo de escrita.

Também não posso deixar de reconhecer o esforço e a dedicação daqueles que estiveram à frente da biblioteca da Autoridade de Supervisão de Seguros e Fundos de Pensões (ASF), em especial as Senhoras Marta Cruz e Sofia Conchinha, e da biblioteca da Faculdade de Direito da Universidade de Lisboa. Foi o empenho desses profissionais, durante os períodos de isolamento, que assegurou a continuidade e a concretização deste relatório.

No Brasil, agradeço aos meus pais e família, cujo carinho não conhece a expressão "distância". Também agradeço especialmente ao Professor Giovanni Ettore Nanni, o qual, mesmo após o doutoramento, seguiu incentivando meus estudos na área, e ao Professor Erik Frederico Gramstrup, por estar aberto a discutir acerca de temas de Direito Civil, a qualquer momento e sob qualquer condição, inclusive nos tempos difíceis.

Por fim, não posso olvidar das amizades que, graças à tecnologia, se fizeram presentes durante essa fase de isolamento. Do outro lado Atlântico, ou Pacífico, ou em qualquer lugar do mundo, agradeço à Fábia Carvalho Veçoso, Fernanda Tartuce, Graciema Almeida, Manuella Santos de Castro, Marina Feferbaum e Paula Lippi. Em terras portuguesas, Beatriz Orcinha, Clara Apolinário e Filipa Falcão. Acredito que cada uma saiba o quanto sou grata e as razões pelas quais o sou.

Agradeço a todos por esta oportunidade, pelas contribuições generosas de cada um e espero reencontrá-los em breve.

LISTA DE ABREVIATURAS

ANS – Agência Nacional de Saúde
ASF – Autoridade de Supervisão de Seguros e Fundos de Pensões
CCB – Código Civil brasileiro
CCom – Código Comercial português
CCP – Código Civil português
CDC – Código de Defesa do Consumidor brasileiro (Lei nº 8.078/1990)
CF – Constituição Federal brasileira
CNPD – Comissão Nacional de Proteção de Dados
CNS – Cartão Nacional de Saúde
CNSP – Conselho Nacional de Seguro Privado
CONSU – Conselho de Saúde Suplementar
CPT – Cobertura Parcial Temporária
CRP – Constituição da República Portuguesa
DIPRO – Diretoria de Normas e Habilitação dos Produtos da ANS
DLP – Declaração de Lesões e Doenças Preexistentes
EU – União Europeia
ERS – Entidade Reguladora da Saúde
GLC – Guia de Leitura Contratual
ISP – Instituto de Seguros de Portugal
LAD – Lei Antidiscriminação
LCCG – Lei das Cláusulas Contratuais Gerais
LCS – Lei do Contrato de Seguro (aprovada pelo Decreto-lei nº 72/2008)
LDC – Lei de Defesa do Consumidor (Lei nº 24/1996, de 31 de julho)
LGPD – Lei Geral de Proteção de Dados no Brasil
LPS – Lei de Planos de Saúde (Lei nº 9.656/1998)
MPS – Manual de Contratação de Planos de Saúde
RAEASR – Regime de Acesso e Exercício da Atividade Seguradora e Resseguradora (Aprovado pelo Decreto-lei nº 94-B/1998, de 17 de abril e revogado pelo RJASR)
RDC – Resoluções da Diretoria Colegiada

RGPD – Regulamento Geral de Proteção de Dados (Regulamento (EU) 2016/679 do Parlamento Europeu e do Conselho de 27 de abril de 2016)
RGCS – Regime Geral dos Contratos de Seguro
RJASR – Regime Jurídico de Acesso e Exercício da Atividade Seguradora e Resseguradora (aprovado pela Lei nº 147/2015, de 9 de setembro)
RN – Resoluções Normativas
STJ – Superior Tribunal de Justiça
SNS – Serviço Nacional de Saúde
SUSEP – Superintendência de Seguros Privados
TJUE – Tribunal de Justiça da União Europeia
VVG – *Versicherungsvertragsgesetz* (Lei sobre o Contrato de Seguro)

SUMÁRIO

INTRODUÇÃO

A denúncia é forma de cessação típica das relações contratuais duradouras, convencionadas por tempo indeterminado ou com renovação periódica e automática, quando fixada por tempo determinado.[1] As relações duradouras expressas nos contratos de duração,[2] por sua vez, são frequentes em nossos dias como respostas às necessidades econômicas atuais. Logo,

[1] Esse conceito encontra expoentes na doutrina portuguesa e brasileira. Cf. COSTA, Mário Júlio de Almeida. *Direito das obrigações*. 12. ed. Coimbra: Almedina, 2009. p. 322; MONTEIRO, António Pinto; PINTO, Paulo Mota. *Teoria geral do direito civil*. 4. ed. Coimbra: Coimbra Ed., 2012. p. 631; CORDEIRO, António Menezes. *Tratado de direito civil*: obrigações. 2. ed. Coimbra: Almedina, 2016. v. IX, p. 342; MARTINEZ, Pedro Romano. *Da cessação do contrato*. 3. ed. Coimbra: Almedina, 2017. p. 60; ALVES, Francisco Luís F. Ribeiro. *Direito dos seguros*: cessação do contrato. Práticas comerciais. 2. ed. Coimbra: Almedina, 2015. p. 27; MIRANDA, Francisco Cavalcanti Pontes de. *Tratado de direito privado*: direito das obrigações. 1. ed. São Paulo: RT, 2012. t. XXXVIII, p. 476; AGUIAR JR., Ruy Rosado de. *Comentários ao novo Código Civil*: da extinção dos contratos. Coordenação Sálvio de Figueiredo Teixeira. 1. ed. Rio de Janeiro: Forense, 2011. v. VI, t. II, p. 286-287; AZEVEDO, Antônio Junqueira de. Contrato de distribuição – causa final dos contratos de trato sucessivo – resilição unilateral e seu momento de eficácia – interpretação contratual – negócio "per relationem" e preço determinável – conceito de "compra" de contrato e abuso de direito. *Revista dos Tribunais*, São Paulo, ano 93, v. 826, p. 124, ago. 2004; SEIJO, Gabriel. *Denúncia desmotivada dos contratos civis e suspensão de sua eficácia*. 2016. Tese (Doutorado) – Pontifícia Universidade Católica de São Paulo, São Paulo, 2016.

[2] Sobre relações contratuais duradouras em sentido próprio, o estudo específico de Giorgio Oppo auxilia na compreensão de sua finalidade. São relações de adimplemento alongadas no tempo, por uma duração previamente determinada ou não, como uma exigência para que o contrato satisfaça os interesses que levaram as partes a contratar, ou seja, a duração é "essentialia negotii" (I contratti di durata – Parte I. *Rivista del Diritto Commerciale e del Diritto Generale delle Obbligazioni*, Milano, v. XLI, p. 146 e 167, 1943). No direito português, veja CORDEIRO, António Menezes. *Direito dos seguros*. 2. ed. Coimbra: Almedina, 2016. p. 582-584.

contratos de distribuição, seguro, financiamento de longo prazo, prestação contínua de serviços telemáticos, parcerias comerciais, empreitada para realização de complexos imobiliários, transporte multimodal, fornecimento de água e luz, acordos internacionais de cooperação tecnológica e acadêmica, entre outros, que perduram por períodos razoáveis de tempo, predefinidos ou não.

A busca pela manutenção da estabilidade e, ao mesmo tempo, a consideração da liberdade contratual para evitar intervenções desnecessárias nessas relações contratuais de duração são aspectos que devem ser considerados tanto para salvaguardar os interesses das partes contratantes quanto para proporcionar uma longevidade equilibrada da relação.[3] Trata-se de um balanço variável segundo as especificidades de cada contrato, partes envolvidas e a finalidade contratual. Trata-se de ações que desafiam juristas e legisladores, em especial, diante de uma época de mudanças constantes, impulsionadas por inovações tecnológicas que são rapidamente substituídas, eventos imprevisíveis e situações de exceção que impactam o meio social, a economia e, consequentemente, o contrato.

São partes integrantes dessa nova realidade, entre outros, a aceitação de operações de risco pela sociedade (fortalecidas como negócio);[4] o envelhecimento da população;[5] a ampliação de negócios internacionais comple-

[3] Sobre essa questão ver na doutrina estrangeira: MACNEIL, Ian R. *The new social contract*: an inquiry into modern contractual relations. Binghamton: The Vail-Baillou Press, 1980. p. 35-40; LABORDERIE, Anne-Sophie Lavefve. *La pèrennitè contractualle.* Paris: LGDJ, 2005. p. 13-14, 17, 48-49, 102 e ss.

[4] Sobre a ideia de risco e sua relação com a sociedade, em perspectivas diferentes: PETITCLERC, Martin. L'État-providence, la société du risque et les fondements de la communauté politique. *In*: NIGET, David; PETITCLERC, Martin (dir.). *Pour une histoire du risque.* Rennes: Presses universitaires de Rennes, 2012. p. 193-212; MAO, Hong; CARSON, James; OSTASZEWSKI, Krzysztof. Is risk taking beneficial to the insured and to society?. *Journal of Insurance Issues*, v. 41, Issue 2, p. 215-230, 2018.

[5] Na estimativa de Donald T. Rowling: "All societies will be affected, especially developed countries that already have the most rapidly aging populations and developing countries with rapidly growing numbers of vulnerable people, young and old. [...] By 2050, nearly 80% of the world's older people will be living in developing countries" (Tradução livre: Todas as sociedades serão afetadas, principalmente os países desenvolvidos que já possuem populações que envelhecem mais rapidamente, e países em desenvolvimento com número crescente de pessoas vulneráveis, jovens e idosas [...]. Até 2050, aproximadamente 80% das pessoas idosas do mundo viverão em países em desenvolvimento) (*Population aging*: the transformation of societies. New York: Springer, 2012. p. 4).

xos que paradoxalmente demandam soluções simples para sua viabilidade, além do impacto das novas tecnologias no mercado.[6]

Nesse contexto, os *contratos de seguro de saúde,* em Portugal, e os *contratos de seguro-saúde* (ou *seguros de assistência privada à saúde*),[7] no Brasil, exemplificam a realidade ora tratada. Claro que existem diferenças legislativas, jurisprudenciais e doutrinárias, consoante a realidade da saúde de cada nação, as quais não se deve olvidar. Contudo, em ambos os casos, o contrato em questão ocupa-se de bem essencial e estratégico para qualquer Estado, configura-se relação contratual de duração avençada entre particulares e enfrenta frequentemente os desafios supraindicados para sua estabilidade e continuidade no tempo.

O seguro-saúde, por suas características, recebe tratamento legislativo especial em ambos os países e influencia a forma pela qual a denúncia deve operar nesses contratos. Por essas razões, o estudo apresenta a proposta de analisar a estrutura contemporânea da denúncia, particularmente quanto ao tratamento dado a essa forma de encerramento da relação contratual no âmbito do seguro-saúde, segundo os regimes português e brasileiro.

A perspectiva do estudo visa traçar análise reflexiva e crítica sob o atual uso da denúncia para os contratos de seguro-saúde, conforme a realidade de cada país (Portugal e Brasil), apontando questões referentes à sua estipulação em cláusula, os cuidados no seu exercício e deveres exigíveis, segundo a boa-fé, para que sua aplicação esteja conforme a intenção do legislador – em outros termos, evitar a perpetuidade das relações – e, ao mesmo tempo, buscar elementos que possam auxiliar na compreensão de seus limites. A pesquisa considera estruturar critérios comparativos de controle da denúncia e poderá levar em conta, para tanto, casos de extinção do contrato por denúncia que foram objeto de revisão pelas Cortes dos respectivos países, sempre respeitadas as diferenças e as razões de fundamentação jurídica em cada sistema.

[6] Conferir no direito italiano: FARSACI, Benedetto. *Clausole abusive nel contratto di assicurazione e tutela dell'assicurato.* Padova: Cedam, 2012. p. 2; e, em especial, quanto ao seguro-saúde e o impacto das tecnologias: FAGNART, Jean-Luc. *Le contrat d'assurance.* Belgium: Wolters Kluwer, 2012. p. 5-8.

[7] O preâmbulo da Lei de Planos de Saúde (Lei nº 9.656/1998), no Brasil, faz referência ao seguro-saúde como "seguros privados de assistência à saúde".

Recorte temático

Nesta pesquisa, posições doutrinárias portuguesas e brasileiras, legislação e decisões judiciais sobre o seguro-saúde na atualidade serão apresentadas, mas sempre voltadas para a compreensão da denúncia e o alcance de seus efeitos como modo de cessação da relação contratual. Para isso, alguns recortes temáticos e metodológicos serão necessários, a fim de analisar as diferenças e semelhanças no tratamento dado ao seguro-saúde em Portugal e no Brasil e, consequentemente, permitir uma abordagem técnico-científica do estudo, com reflexão crítica sobre problemas da temática ora proposta.

Portugal

O seguro de saúde em Portugal encontra-se inserido nos arts. 213º a 217º da Secção II (*Seguro de Saúde*) do Capítulo III, Título III (*Seguro de Pessoas*), da Lei do Contrato de Seguro (LCS), aprovada pelo Decreto-lei nº 72/2008, tendo por objeto a cobertura de riscos relacionados à *prestação de cuidados à saúde.* O ordenamento jurídico português optou por tratar a matéria a partir de lei especial, à semelhança do sistema tedesco.[8]

Ressalte-se que, diferentemente do ordenamento brasileiro, o regime português não trata de aproximar seguro-saúde e plano de saúde, colocando-os sob os efeitos de uma mesma lei. Cada um tem sua própria entidade regulatória e lei respectiva, o que deve ser anotado para precisar os limites deste estudo. No primeiro caso, os contratos estão sob a supervisão e controle da Autoridade de Supervisão de Seguros e Fundos de Pensões (ASF), que trata exclusivamente do seguro e da atividade das seguradoras em Portugal. Por sua vez, o plano de saúde não apresenta uma legislação específica, é um contrato atípico[9] e está sob a observação de outra entidade, a Entidade Reguladora da Saúde (ERS).[10]

O plano de saúde, em Portugal, constitui-se a partir de prestadores de serviços de saúde que, organizados em rede, dispõem aos consumidores seus serviços com preços mais atrativos e descontos. A oferta de tais

[8] Insurance Contract Act (*Versicherungsvertragsgesetz*, VVG) of 23 November 2007. Disponível em inglês em: https://germanlawarchive.iuscomp.org/?p=861. Acesso em: 14 fev. 2020.

[9] Art. 405º do CCP sobre liberdade contratual.

[10] ERS – Entidade Reguladora de Saúde. *Os cartões de saúde em Portugal.* Porto: [s.n.], maio 2014. Disponível em: https://www.ers.pt/uploads/writer_file/document/1017/Estudo_ERS_-_Cart_es_de_Sa_ de__EST_001_14_-1.pdf. Acesso em: 12 nov. 2019.

serviços ao mercado consumidor comporta uma variedade de entidades jurídicas que não observam o mesmo rigor exigido para a constituição das seguradoras especializadas em seguro-saúde. Entidades financeiras, prestadores de cuidados com a saúde organizados em rede, concessionárias de serviços públicos, ou seja, até mesmo outras entidades alheias ao setor de saúde, podem ofertar planos de saúde em complemento ao seu negócio.

Além disso, não se observa uma lei própria para os planos de saúde,[11] situação que a distingue do seguro-saúde. O seguro-saúde e as seguradoras estão sob a égide da LCS, a qual estabelece obrigações próprias do seguro. Por um lado, a seguradora suporta o risco da perda econômica que lhe é transferida por contrato, obrigando-se, perante o tomador do seguro ou de outrem, *a realizar a prestação convencionada em caso de ocorrência do evento aleatório previsto no contrato* (art. 1º), o que se dá mediante o pagamento prévio do prêmio. De outro, no plano de saúde não há qualquer transferência de risco ou perdas, mas apenas a organização de diversos prestadores de serviços de cuidados de saúde que, ao atuarem em conjunto, de forma organizada e sob uma estrutura contratual de diretrizes comum a todos, conseguem ofertar preços atrativos ao consumidor, o qual se dispõe a pagar uma quantia mensal (de valor reduzido ou com desconto) para ter acesso aos profissionais do plano.

Elementos próprios do seguro, tais como a presença de uma empresa seguradora – que deve observar organização societária específica e preencher requisitos legais rigorosos a fim de receber autorização prévia para atuar no setor[12] –, gestão de risco, exigência de franquia, reserva técnica e limite de capital segurado[13] não são comuns aos planos de saúde. Outros aspectos comuns nos contratos de seguro-saúde, em especial, a presença de limite de idade fixado em cláusula contratual e a estipulação de carência para os casos de doenças preexistentes também não são exigíveis nos planos de saúde.[14]

[11] A regulação considera a Lei de Base da Saúde (LBS), aprovada pela Lei nº 96/2019.

[12] Regime Jurídico de Acesso e Exercício da Atividade Seguradora e Resseguradora (RJASR), aprovado pela Lei nº 147/2015, de 9 de setembro, e Diretiva nº 2009/138/CE do Parlamento Europeu e do Conselho, de 25 de novembro de 2009.

[13] Sobre os elementos, ver exemplos nos arts. 43º, 44º e 49º da LCS.

[14] Ver arts. 22º e 216º da LCS. Cf. ERS – Entidade Reguladora de Saúde. *Os cartões de saúde em Portugal* cit., p. 19-17.

A precisão da LCS quanto ao tema do seguro-saúde possibilitará a aproximação da matéria em comparação com o mesmo seguro no Brasil. Por outro lado, o fato de o contrato denominado plano de saúde apresentar um padrão distinto dos seguros, com entidade regulatória própria e ausência de lei específica, afastá-lo-á de nossa análise. Logo, o presente estudo não abordará os planos de saúde em Portugal, os quais poderão ser tema para outro estudo, uma vez que não se confundem com os seguros, consoante as características e obrigações indicadas nos termos da Lei do Contrato de Seguro (art. 1º) e normas reguladoras do setor.

Brasil

Em contrapartida, a diferenciação e a delimitação supraindicadas tornam-se mais trabalhosas no regime brasileiro, pois a Lei nº 9.656/1998 (Lei de Planos de Saúde – LPS) *dispõe sobre os planos e seguros privados de assistência à saúde* (seguro-saúde) sob os efeitos de uma legislação única, na tentativa de aproximar diferentes contratos que se relacionam com prestações de assistência à saúde, ainda que se trate de estruturas contratuais distintas.

Vale observar que as demais modalidades de seguro, de forma geral, estão previstas no Código Civil brasileiro (CCB) de 2002. Aliás, o art. 802 do CCB, ao tratar do seguro de pessoas, expressamente indica que suas disposições não se aplicam às situações de garantia de reembolso de despesas hospitalares e tratamento médico, próprias do seguro-saúde, deixando o referido contrato ao amparo da lei especial referenciada *acima*. Não obstante, a parte geral sobre seguros, presente no Código Civil brasileiro (arts. 757 a 777), poderá ser aplicada ao seguro-saúde, no que couber.

Não obstante ser tratada em lei especial, no Brasil, a chamada Lei dos Planos de Saúde (LPS ou Lei nº 9.656/1998) não diferencia claramente seguro-saúde das demais modalidades de contratos destinados à prestação de serviços de saúde, tendo o legislador optado, à época, por uma definição geral que recai sobre toda e qualquer pessoa jurídica que atue com a prestação de serviços de saúde, inclusive seguradoras que operam com seguro-saúde.[15]

Diante do exposto, e em virtude das mudanças ocorridas no mercado nos últimos 20 anos, ficou a cargo da Agência Nacional de Saúde (ANS),

[15] O art. 1º e incisos da LPS.

do Conselho de Saúde Suplementar (CONSU), bem como de decisões dos Tribunais Superiores, remediar descompassos legislativos.

Assim, a Lei nº 9.656/1998 (LPS) não apresentou efetivamente uma definição para *seguradora e operadora*, embora tenha mencionado formas de organização de pessoas jurídicas que podem atuar no setor de saúde suplementar ou privada. A partir disso, a ANS ocupou-se de aprofundar essa distinção a partir de Resolução da Diretoria Colegiada (RDC) nº 39/2000, além das Resoluções Normativas (RN) nº 40/2003, nº 137/2006 e nº 196/2009 e nº 451/2020.

Da leitura das respectivas normativas supra-apontadas observa-se que, na atualidade, operam na área de saúde privada no Brasil: administradoras de benefícios, grupos de autogestão, cooperativas médica e odontológica; grupos empresariais de medicina ou odontologia; filantropias e seguradoras especializadas em saúde, cada uma delas com estruturação e obrigações diferenciadas na ANS.

Como tivemos a oportunidade de salientar em trabalho pregresso, gradativamente, após a LPS, considerável doutrina e decisões dos tribunais brasileiros inclinaram-se por aproximar o seguro-saúde dos demais contratos de assistência privada à saúde (denominando-os como *planos de saúde* de forma generalizada) a partir de suas semelhanças, considerando sua relação-fim com a prestação de serviços à saúde. Mesmo assim, o seguro apresenta particularidades que não se confundem com outros contratos de assistência privada à saúde.[16] Esses contratos não são sinônimos, como se afirmou anteriormente, e suas diferenças necessitam ser ponderadas, a nosso sentir, sobretudo porque neste trabalho trataremos exclusivamente do seguro-saúde e das seguradoras especializadas em saúde.[17]

[16] Vale notar que há alguns atos de diferenciação, em especial para pequenas cooperativas e autogestão, particularmente nos últimos anos, contudo o movimento de aproximação é observado para as demais pessoas jurídicas que atuam com os regimes de contratação *por adesão* e *empresarial* (ver item sobre Seguro de Grupo adiante). Conferir, nesse sentido, a Súmula nº 608/2018 do STJ e Resoluções Normativas ANS nº 137/2006; nº 392/2015, com alterações da Resolução nº 419/2016; e nº 451/2020.

[17] Conferir tese de doutoramento aberta ao público, como contrapartida ao suporte dado pelo CNPq, na biblioteca virtual da PUC/SP (Zanetti, Andrea Cristina. *Denúncia nos contratos privados de assistência à saúde.* 2018. Tese (Doutorado) – Pontifícia Universidade Católica de São Paulo, São Paulo, 2018. Disponível em: https://tede2.pucsp.br/handle/handle/20843. Acesso em: 12 out. 2019).

O seguro tem como finalidade a garantia de um determinado *risco* relacionado ao interesse legítimo da parte contratante (que poderá indicar beneficiários, inclusive). Os planos de saúde, por seu turno, tal como definidos no Brasil, não se relacionam com o risco em si, mas com modos de organização para acesso à prestação de serviços de assistência à saúde e, em regra, limitados à sua rede previamente credenciada. O risco circunscrito ao seguro-saúde refere-se especialmente aos riscos de assistência médica e hospitalar, consoante o art. 129 do Decreto-lei nº 73/1966 da Superintendência de Seguros Privados (SUSEP).[18]

O seguro-saúde brasileiro, antes do advento da LPS, foi regulado pelo Decreto-lei nº 73/1966 da SUSEP e, em sua concepção inicial, limitava a atuação das seguradoras ao pagamento direto ou reembolso das despesas pecuniárias de assistência médico-hospitalar. A partir da Resolução nº 16/1988 do Conselho Nacional de Seguro Privado (CNSP), as seguradoras também puderam oferecer rede referenciada com o uso de acordos e convênios com os prestadores de serviços médico-hospitalares para pagamento direto a eles, desde que preservada a livre escolha do segurado.[19]

O seguro-saúde ainda preserva o direito de *livre escolha* de médicos, laboratórios e hospitais (art. 130, § 2º, do Decreto-lei nº 73/1966), sendo o valor pago diretamente ao profissional referenciado ou mediante apresentação de comprovante, respeitados os limites da apólice,[20] o que não se dá nos

[18] Em Portugal, na expressão empregada no art. 213º da LCS, trata-se de riscos relacionados com *a prestação de cuidados de saúde.* Conferir também CORDEIRO, António Menezes. *Direito dos seguros* cit., p. 852-853.

[19] Aliás, observe-se que a livre escolha dos serviços médico-hospitalares poderá afastar das seguradoras a responsabilidade solidária com relação à prestação realizada pelo médico, clínica, hospital, laboratório, o que não é o caso das cooperativas médicas e empresas de medicina em grupo, em regra. Cláudio Luiz Bueno de Godoy, atento à coligação entre os contratos da rede credenciada, assevera que, "posto contrate o usuário com o plano de saúde, ou com o hospital, laboratório ou clínica, o credenciamento indica, precisamente, a existência de um liame contratual entre todos esses estabelecimentos, os quais, em cadeia, prestam serviço, enfim, de atendimento à saúde" (Terceirização nos serviços prestados na área da saúde. *In*: SILVA, Regina Beatriz Tavares (coord.). *Responsabilidade civil na área da saúde.* 2. ed. São Paulo: Saraiva, 2009. p. 58. [Série *GVlaw*.]). Ver também: LOUREIRO, Francisco Eduardo. Planos e seguros de saúde. *In*: SILVA, Regina Beatriz Tavares (coord.). *Responsabilidade civil na área da saúde.* 2. ed. São Paulo: Saraiva, 2009. p. 318. [Série *GVlaw*.]).

[20] Na visão de Silvio Luís Ferreira da Rocha, seguros privados de assistência à saúde ou seguro-saúde são aqueles prestados por seguradoras que, "mediante recebimento de prêmio, garantem a cobertura de riscos de assistência à saúde, obrigando-se, nos limites da apólice, a reembolsar

planos de saúde em geral. No caso dos planos, o usuário paga valor prévio à operadora e está restrito ao uso de sua rede credenciada ou referenciada predeterminada. Em alguns planos até será possível o reembolso, mas esse percentual costuma ser inferior ao valor pago pela pessoa ao profissional, de forma a direcionar a escolha do consumidor.

Soma-se às diferenças o regime societário aplicável às seguradoras. No Brasil, somente poderão operar com seguros-saúde privado sociedades anônimas ou cooperativas (arts. 24 e 143 do Decreto-lei nº 73/1966), restrição que não se verifica para as demais empresas de planos assistenciais, podendo, inclusive, assumir a forma de fundação e sociedades civis (inciso II, art. 1º, da LPS).[21]

Nota-se ainda que há exigências especiais quanto à criação, autorização, funcionamento, bem como constituição de reserva técnica para as seguradoras, o que a diferencia das demais operadoras de planos de saúde. Atualmente, além das regras residuais do Sistema Nacional de Seguros Privados[22] aplicáveis ao seguro-saúde, há regras do Sistema Financeiro Nacional (SFN),[23] bem como aquelas da ANS. Portanto, ao mesmo tempo que se submete ao controle da ANS, por força da LPS, a seguradora se sujeita às normas do Conselho Monetário Nacional (CMN), por força da Lei nº 10.185, de 12 de fevereiro de 2001 (art. 1º, § 5º),[24] dualidade que não

o segurado ou a pagar por ordem e conta deste as despesas decorrentes de eventos cobertos" (Tipos de planos e coberturas na Lei nº 9.656/1998. *In*: MARQUES, Claudia Lima; LOPES, José Reinaldo de Lima; PFEIFFER, Roberto Augusto Castellanos (coord.). *Saúde e responsabilidade*: seguros e planos de assistência privada à saúde. São Paulo: RT, 1999. p. 66).

21 Na legislação portuguesa, aliás, a autorização da atividade de seguro e resseguro é restrita, a exemplo das sociedades anônimas e mútuas de seguro (nº 1, art. 3º, do RJASR).

22 Cf. art. 129 e seguintes do Decreto-lei nº 73/1966.

23 BOTTESINI, Maury Ângelo. Contratos de planos e seguros privados de assistência à saúde. *In*: CARNEIRO, Luiz Augusto Ferreira (coord.). *Planos de saúde*: aspectos jurídicos e econômicos. Rio de Janeiro: Forense, 2012. p. 50.

24 Assim, na dicção do art. 1º da Lei nº 10.185/2001: "As sociedades seguradoras poderão operar o seguro enquadrado no art. 1º, inciso I e § 1º, da Lei nº 9.656, de 3 de junho de 1998, desde que estejam constituídas como seguradoras especializadas nesse seguro, devendo seu estatuto social vedar a atuação em quaisquer outros ramos ou modalidades. [...] § 5º As sociedades seguradoras especializadas em seguro-saúde, nos termos deste artigo, continuarão subordinadas às normas sobre as aplicações dos ativos garantidores das provisões técnicas expedidas pelo Conselho Monetário Nacional – CMN" (BRASIL. Planalto. Lei nº 10.185, de 12 de fevereiro de 2001. Disponível em: http://www.planalto.gov.br/ ccivil_03/leis/leis_2001/ l10185.htm. Acesso em: 25 nov. 2017).

se verifica para as demais entidades que operam planos assistenciais,[25] enfim, aspectos que denotam maior rigor legal aplicável às seguradoras, seja para sua constituição, seja para sua operação no mercado.

Além dessas diferenças contratuais e estruturais entre seguro e planos de saúde, no Brasil, há outra razão para o recorte metodológico proposto nesta pesquisa, o que está no fato de inexistir a terminologia *operadores de saúde* em Portugal, tal como é utilizado no Brasil. Naquele país, a denominação *entidade gestora* é usada para aqueles que viabilizam o *cartão saúde e planos* para a população e, como já assinalado: (i) ainda carecem de uma regulamentação específica; (ii) não integram a Lei do Contrato de Seguro naquele país; e (iii) estão sob a observação da ERS.[26]

Método

Com o objetivo de viabilizar um estudo reflexivo e normativo dos sistemas jurídicos ora comparados, optou-se pelo exame do que já está previamente estruturado em lei específica nesses ordenamentos sobre o seguro-saúde. Portanto, o *seguro de saúde* previsto nos arts. 213º e ss. da LCS, no direito português; e o *seguro-saúde*, delimitado no art. 129 do Decreto-lei nº 73/1966 e no art. 1º, I, da LPS, no direito brasileiro. Eis as considerações prévias que direcionam nossa análise.

Adiante, quando nos detivermos sobre o estudo da legislação, do tratamento doutrinário e das decisões acerca do seguro-saúde em cada país, certamente encontrar-se-ão aspectos comuns e posicionamentos distintos. Esses aspectos, em especial a respeito da cessação desses contratos pela denúncia, serão mapeados de maneira a traçar o potencial e os limites dessa forma de encerramento para os contratos de seguro-saúde em

[25] Nesse sentido, o Banco Central (Bacen) – autarquia que executa as orientações do CMN – editou a Resolução do Bacen nº 4.444, de 13 de novembro de 2015, disciplinando a aplicação dos recursos das reservas técnicas, das provisões e dos fundos das sociedades seguradoras, incluindo aquelas especializadas em seguro-saúde. Na sequência, a ANS, mediante a RN nº 392, de 9 de dezembro de 2015, também estabeleceu regras de "aceitação, registro, custódia, movimentação e limites de alocação e concentração de ativos garantidores, que visam lastrear as provisões técnicas, no âmbito do sistema de saúde suplementar". Cf. §§ 1º e 2º da RN nº 392/2015 da ANS (ANS – Agência Nacional de Saúde Suplementar. Resolução Normativa – RN nº 392, de 9 de dezembro de 2015. Disponível em: http://www.ans.gov.br/component/ legislacao/?view=legislacao&task=TextoLei&format =raw&id=MzElMg==. Acesso em: 25 out. 2017).

[26] ERS – Entidade Reguladora de Saúde. *Os cartões de saúde em Portugal* cit.

cada país, sobretudo quanto à indicação de critérios extraídos da lei, do contrato e de fontes interpretativas para sua aplicação.

Afinal, considerando os ordenamentos jurídicos português e brasileiro, a denúncia deve seguir alguma previsão legal específica ou as partes podem pactuá-la de forma livre? Há critérios para sua estipulação em cláusula contratual? Quais? Se a denúncia decorre de previsão legal e está prevista em cláusula contratual, é possível que seu exercício importe em abuso direito? Há situações identificáveis? Se sim, quais os critérios para sua identificação e efeitos? A denúncia considerada abusiva tem as mesmas consequências de uma denúncia que não observa prazo e requisitos legais para o seu exercício? Existe alguma garantia legal para a pessoa enferma que recebe a notificação de denúncia e que terá sua cobertura encerrada? Essas são as perguntas que norteiam a temática ora delimitada.

Tão relevante quanto a delimitação do tema é o percurso a ser seguido por este trabalho para a fundamentação das possíveis respostas às questões ora apresentadas. Parece-nos essencial, para a presente pesquisa científica, traçar os aspectos gerais dos contratos de seguro-saúde a partir de uma construção doutrinária e legislativa de cada país, aspecto que também será considerado para a delimitação do sentido de "denúncia" como modalidade de encerramento da relação contratual entre a seguradora e o tomador do seguro (no Brasil, denominado como "estipulante"), e ainda com relação ao segurado.

As noções iniciais, portanto, são necessárias para que se possa compreender a finalidade do contrato em questão, bem como a razão de cada ordenamento jurídico (português e brasileiro) assegurar o uso ou limitar a denúncia como formação de cessação dos contratos de seguro-saúde. Trata-se, portanto, de problemas descritivos, que exigem uma organização prévia da legislação existente de cada ordenamento jurídico pesquisado para que sejam possíveis a reflexão e a análise do objeto de pesquisa, o que não dispensa as considerações da dogmática jurídica e, posteriormente, o enquadramento prático do assunto.[27]

[27] Anota Rafael Mafei Rabelo Queiroz que "pesquisas assim simplesmente propõem-se a descrever qual é o estado da arte da regulação jurídica de determinado assunto ou problema, com vistas a facilitar a construção de respostas jurídicas naquela matéria" (Como encontrar um tema dentro da minha área de interesse?. *In*: FEFERBAUM, Marina; QUEIROZ, Rafael Mafei Rabelo (coord.). *Metodologia jurídica*: um roteiro prático para trabalhos de conclusão de curso. São Paulo: Saraiva, 2012. p. 70-71).

A propósito, quando se trata dos efeitos da denúncia, seus limites e controle concreto na relação triangular – seguradora, tomador e segurado –, os estudos doutrinários e as disposições legislativas organizadas previamente deverão ser complementados pelo pragmatismo dos julgados, no intuito de traçar a evolução da matéria e os desafios atuais. Por isso mesmo, o presente estudo elege o método dialético, uma vez que, para a dialética, as coisas não devem ser analisadas na qualidade de objetos fixos, mas em movimento: *nenhuma coisa está acabada, encontrando-se sempre em vias de se transformar, desenvolver*, como esclarecem Marina de Andrade Marconi e Eva Maria Lakatos.[28]

Portanto, segundo essa perspectiva dinâmica, ou seja, de um tema em constante aperfeiçoamento, pretendem-se tratar as perguntas supraidentificadas a partir do estágio atual de desenvolvimento jurídico-normativo de cada sistema jurídico.

Por fim, esclareça-se ao leitor que: (i) o trabalho em questão segue o desenvolvimento de cada capítulo e item, apresentando, inicialmente, a perspectiva do tema em âmbito português e, conforme o caso, confrontando com a legislação europeia, para depois tratá-lo no âmbito jurídico brasileiro, sendo realizadas análise e ponderações no fechamento do item, quando necessário. Eventualmente, aspectos similares entre os ordenamentos poderão ser referidos no mesmo parágrafo ou parágrafos subsequentes, o que será apontado no próprio texto; (ii) a palavra "denúncia" empregada neste trabalho sempre será considerada denúncia imotivada ou *ad nutum*. Ainda que ambos os ordenamentos jurídicos em análise também apresentem a denúncia motivada, tal perspectiva não será abordada no presente estudo.

[28] MARCONI, Marina de Andrade; LAKATOS, Eva Maria. *Fundamentos da metodologia científica*. 8. ed. São Paulo: Atlas, 2017. Disponível em: https://integrada.minhabiblioteca.com.br/books/9788597010770. Acesso em: 5 nov. 2019.

1
PROTEÇÃO DA SAÚDE

1.1. Distinções iniciais entre o setor público e privado

A saúde está presente na Constituição da República Portuguesa (CRP) de 1976 e na Constituição Federal brasileira (CF) de 1988 como um direito de proteção do Estado.[29]

Ao tratar da saúde, o legislador constituinte português, no art. 64º, nº 1, estabelece que todos têm direito à proteção da saúde e o dever de a defender e promover.[30] Em seguida, como uma das medidas para realização da proteção ao direito de saúde, é prevista a implementação de um "serviço nacional de saúde universal e geral", tendencialmente gratuito,[31] tendo em conta as condições econômicas e sociais dos cidadãos (alínea "a", nº 2, art. 64º).[32]

[29] Previsto também no art. 25º da Declaração Universal dos Direitos Humanos e art. 11º da Carta Social Europeia.

[30] Anotam Marcelo Rebelo de Sousa e José de Melo Alexandrino que "a proteção da saúde aparece aqui na sua feição típica de direito social" (*Constituição da República Portuguesa comentada*. Lisboa: Lex, 2000. p. 173). Ver também Gouveia, Jorge Bacelar. *Manual de direito constitucional*. 4. ed. Coimbra: Almedina, 2011. v. I, p. 1084.

[31] Sobre o princípio da universalidade e igualdade de acesso, ver: Canotilho, José Joaquim Gomes. *Direito constitucional e teoria da constituição*. 7. ed. Coimbra: Almedina, 2003. p. 416, 426 e 430; Gouveia, Jorge Bacelar. *Manual de direito constitucional* cit., p. 1091 e 1094.

[32] A disposição em questão determina ação atribuída ao Estado, entre outras, para a promoção da saúde. Conferir sobre o art. 64º, nº 2: Canotilho, José Joaquim Gomes; Moreira, Vital. *Constituição da República Portuguesa anotada*. 4. ed. Coimbra: Coimbra Ed., 2007. v. I, p. 825 e 827. Também: Monge, Cláudia. As preocupações sociais e de assistência na doença, nas Constituições portuguesas (1822 a 1976). *In*: Nunes, José Martins (coord.). *Resgate da dignidade*: a Declaração Universal dos Direitos Humanos e os 40 anos do SNS. Coimbra: Minerva Coimbra, 2019. p. 146-147.

A Constituição portuguesa prevê, ainda, como uma das maneiras de assegurar o direito à proteção da saúde a incumbência prioritária do Estado em disciplinar e fiscalizar as formas empresariais e privadas de medicina, articulando-as com o serviço nacional de saúde, garantindo adequados padrões de eficiência e qualidade tanto nas instituições de saúde públicas quanto privadas (alínea "d", nº 3, do art. 64º).[33] Tal disposição constitucional aponta, portanto, para a existência de um sistema nacional de saúde, atribuído ao Estado, além de reconhecer atuação privada no setor, de modo complementar, ambos sob a fiscalização, regulação e sanção do Estado.

Em Portugal, a saúde em caráter nacional, universal e geral[34] foi atribuída ao Serviço Nacional de Saúde (SNS),[35] e suas insuficiências, como observa Francisco Luís F. Ribeiro Alves, podem ser minoradas com os serviços privados de saúde, incluindo aqueles que se tornam acessíveis pelo uso de seguros.[36] Essa atuação conjunta e complementar do setor público e privado poderá auxiliar na melhor proteção à saúde da população em geral, todavia no setor privado de saúde, e também nos seguros de saúde, há uma racionalidade que se pauta pelo necessário retorno financeiro do investimento e por princípios próprios do direito privado, como a autonomia privada e liberdade contratual, expressões da liberdade de iniciativa privada,[37] o que divisa o setor privado e o público, ainda

[33] Sobre a revisão constitucional de 1997 e os termos da alínea "d", nº 3, do art. 64º, cf. SOUSA, Marcelo Rebelo de; ALEXANDRINO, José de Melo. *Constituição da República Portuguesa comentada* cit.

[34] Conferir sobre igualdade, universalidade e generalidade: MIRANDA, Jorge; MEDEIROS, Rui. *Constituição Portuguesa anotada*. 4. ed. Coimbra: Universidade Católica, 2007. t. I, p. 1311; e NOVAIS, Jorge Reis. Constituição e Serviço Nacional de Saúde. *In:* JORGE, Simões (coord.). *30 anos do Serviço Nacional de Saúde*: um percurso comentado. Coimbra: Almedina, 2010. p. 242-243.

[35] O Estatuto da SNS foi aprovado pelo Decreto-lei nº 11/1993, de 15 de janeiro.

[36] ALVES, Francisco Luís F. Ribeiro. O regime do contrato de seguro de saúde no direito português. *Revista Fórum*, Lisboa, ano XIII, n. 27, p. 8, jul. 2009. No mesmo sentido, tratando dos contratos de seguro em geral e sua percepção como complemento das prestações do Estado é a posição de Paula Ribeiro Alves na obra *Contrato de seguro à distância*: o contrato eletrónico. Coimbra: Almedina, 2009. p. 92.

[37] Conferir, respectivamente, art. 405º do Código Civil português (CCP) sobre autonomia privada, art. 11º da Lei do Contrato de Seguro (LCS) sobre liberdade contratual e art. 61º, nº 1 da Constituição: "A iniciativa económica privada exerce-se livremente nos quadros definidos pela Constituição e pela lei e tendo em conta o interesse geral".

que haja regulamentação especial ou interesse do Estado pela atuação do particular.[38]

A Constituição brasileira, de forma similar à portuguesa, apresenta a saúde como um direito de todos e dever do Estado, determinando o acesso aos serviços de saúde pública de forma universal e igualitária (art. 196). Além disso, o legislador constituinte brasileiro ressalvou no art. 199 da CF que a *assistência à saúde é livre à iniciativa privada*, possibilitando a atuação de particulares na área.

A saúde pública brasileira, ou rede pública, está regulada pela Lei nº 8.080/1990, e constitui-se por serviços públicos prestados diretamente à população – realizados a partir do Sistema Único de Saúde (SUS) –, podendo ser complementada por entidades particulares que se credenciem na Administração Pública. Nesses casos, tanto a saúde pública quanto os convênios e contratos celebrados entre os agentes privados e o SUS, o que se denomina como *saúde complementar*, observam princípios e diretrizes que orientam o setor público.[39]

Entretanto, o que se denomina como *saúde suplementar* – designação da área de saúde privada no Brasil, desenvolvida pela atuação econômica exclusiva de particulares[40] – é onde se encontram os mesmos princípios típicos do direito privado mencionados anteriormente (autonomia privada e liberdade contratual), direcionando a atuação dos agentes privados (das seguradoras,[41] no caso), ainda que haja uma especial regulamentação e controle estatal de suas atividades.[42]

[38] A liberdade contratual é referenciada por diversas vezes na Lei do Contrato de Seguro (cf. art. 6º, nº 1; arts. 11º e 52º da LCS).

[39] Art. 24 da Lei de Organização da Saúde (Lei nº 8.080/1990): "Quando as suas disponibilidades forem insuficientes para garantir a cobertura assistencial à população de uma determinada área, o Sistema Único de Saúde (SUS) poderá recorrer aos serviços ofertados pela iniciativa privada. Parágrafo único. A participação complementar dos serviços privados será formalizada mediante contrato ou convênio, observadas, a respeito, as normas de direito público".

[40] Quando o Estado não atua diretamente, incumbe-lhe regulamentar, fiscalizar e controlar as atividades de terceiros. Para Fernando Campos Scaff, as ações e serviços de saúde são de relevância pública (*Direito à saúde no âmbito privado*: contratos de adesão, planos de saúde e seguro-saúde. São Paulo: Saraiva, 2010. p. 22).

[41] Nesse mesmo sentido, FIGUEIREDO, Leonardo Vizeu. *Curso de direito de saúde suplementar*: manual jurídico de planos e seguros de saúde. São Paulo: MP Ed., 2006. p. 75.

[42] Oportuno mencionar que, a partir da Lei nº 10.181/2001, as seguradoras especializadas em seguro-saúde deixam de ser autorizadas e fiscalizadas pela SUSEP e ficam sujeitas à regulação do CONSU e da ANS.

Assim, em ambos os ordenamentos jurídicos, podem-se divisar, ao menos dois setores distintos para a prestação e acesso aos serviços à saúde com sujeitos, princípios e estruturação diferentes, não havendo como confundir os deveres próprios do Estado na área da saúde, transpondo-os para os particulares, em que a liberdade de atuação privada é esperada. A existência de regras específicas e, por vezes, imperativas para a área privada, com fixação de critérios e limites à sua iniciativa, não significa desconsiderar as fronteiras do direito público e privado. O seguro-saúde, pelo seu objeto, interessa ao Estado, entretanto continua a ser um contrato intrínseco do direito privado, ainda que persista a discussão sobre sua classificação na subdivisão entre direito civil e o direito comercial ou empresarial.[43]

Nesse mesmo sentido são as lições de José Vasques ao ressaltar a diferenciação do seguro privado e do seguro social (que, no Brasil, se vincula à ideia de seguridade social formada pela previdência, assistência social e saúde pública), o que sintetiza da seguinte forma: a) no seguro privado a relação das partes fundamenta-se no contrato, mesmo que exista a obrigação legal de contratar; no seguro social o fundamento está na própria lei; b) há, no contrato de seguro privado, a presença do sinalagma e, por conseguinte, o descumprimento de um dos contraentes possibilita a aplicação da *exceptio inadimpleti contractus*, situação que não se verifica no seguro social, pois as partes são *independentes* da reciprocidade de prestações; c) constata-se a incidência da autonomia privada no seguro privado, enquanto no seguro público é a exigência social que determina a iniciativa estatal; d) o seguro privado tem uma clara dimensão econômica, a finalidade é a obtenção de lucro com a atividade, e o seguro público não tem tal fim, como também não apresenta equivalência matemática entre prêmio e prestação do segurador ou mesmo a separação entre a pessoa obrigada ao pagamento do prêmio e aquele que receberá a prestação do segurador.[44]

[43] Em Portugal, António Menezes Cordeiro assinala que, "no dilema Direito civil/Direito comercial, o fiel da evolução histórica inclina-se para o primeiro" (*Direito dos seguros* cit., p. 486-487). No Brasil, Fabio Ulhôa Coelho trata do seguro-saúde empresarial na disciplina de Direito Comercial (*Tratado de direito comercial*: obrigações e contratos empresariais. São Paulo: Saraiva, 2015).

[44] VASQUES, José. *Direito dos seguros*. Coimbra: Coimbra Ed., 2005. p. 18.

1.2. Interesse do Estado

Interesse e responsabilidade do Estado, o direito de proteção à saúde individual e coletiva aparece nos regulamentos de entidades criadas pelo próprio Estado com o objetivo de efetivar tal proteção e, para tanto, não exclui de suas normas os particulares que operam no setor privado de saúde. No referido setor, a atuação dos particulares transcendem a ideia de consumo'[45] pois toca à saúde do contratante, o que não comporta a classificação reduzida de bem ou serviço de consumo, determinando a especialização da lei (não raro acompanhada de uma complexa rede regulatória), o que se nota tanto no território português quanto no brasileiro. Daí a razão pela qual é comum a afirmação de que o seguro-saúde apresenta uma dimensão econômico-social, o que é observado em ambos os regimes jurídicos ora estudados.[46]

O Decreto-lei nº 11/1993, em Portugal, ao aprovar o Estatuto do SNS, estabeleceu como âmbito do referido estatuto as instituições e os serviços que integram o SNS, inclusive as entidades privadas e os profissionais liberais integrados à rede nacional de prestação de cuidados de saúde, na medida em que se articulem com os serviços nacionais de saúde.

O referido Estatuto prevê, ainda, em seu art. 24º, o *seguro alternativo de saúde*, pelo qual as seguradoras podem se responsabilizar, total ou parcialmente, pela prestação de cuidados de saúde aos beneficiários do SNS (nº 1), desde que tal contrato de seguro não acarrete restrição ao direito de livre acesso aos cuidados de saúde oferecidos pelo SNS (seja para o tomador, seja para o segurado), logo, mantém-se o direito de opção, ainda que a seguradora possa estabelecer responsabilidade contratual para o tomador ou segurado, caso façam uso da opção indicada (nº 2). Por sua vez, o nº 3 do art. 24 determina que o regime de tais seguros será definido em portaria conjunta dos Ministros das Finanças e da Saúde.

Ainda sobre o especial interesse do Estado pelos contratos de seguro-saúde, a Lei de Bases da Saúde, também em Portugal – aprovada pela Lei

45 Lopes, José Reinaldo de Lima. Consumidores de seguros e planos de saúde (ou doente também tem direitos). *In*: Marques, Claudia Lima; Lopes, José Reinaldo de Lima; Pfeiffer, Roberto Augusto Castellanos (coord.). *Saúde e responsabilidade*: seguros e planos de assistência privada à saúde. São Paulo: RT, 1999. p. 25.

46 Martinez, Pedro Romano. *Direito dos seguros*: apontamentos. Cascais: Principia, 2006. p. 24; Vasques, José. *Contrato de seguro*: notas para uma teoria geral. Coimbra: Coimbra Ed., 1999. p. 22.

nº 95/2019, de 4 de setembro de 2019 –, tratou de indicar, nas disposições da base 27, o dever prévio de informar na referida modalidade de seguro, exigindo que a informação seja clara e inteligível, a fim de esclarecer as condições contratuais às pessoas interessadas em sua subscrição, com menção especial ao âmbito, exclusões, limites da cobertura do contrato e a "eventual interrupção ou descontinuidade de prestação de cuidados de saúde, caso sejam alcançados os limites de capital seguro contratualmente estabelecidos" (nº 1).[47]

Da leitura da referida disposição, em cotejo com a LCS, nota-se que os deveres supramencionados já estavam presentes nos *deveres de informar e deveres de esclarecimentos* previstos na LCS, aprovada pelo Decreto-lei nº 72/2008. Aliás, a LCS ainda acrescenta outras condições contratuais de informação obrigatória da seguradora ao tomador do seguro e segurado, além de prever as consequências do descumprimento (arts. 18º a 23º). De toda forma, a base 27 da Lei de Bases da Saúde e o art. 24º do Estatuto do SNS exemplificam o interesse especial do Estado pela atuação das seguradoras no setor, na medida em que tal atuação facilita o acesso da população aos serviços de cuidados à saúde.

As referidas normas, todavia, não excluem da ASF,[48] em Portugal, as atividades de fiscalização e controle do mercado de seguros, inclusive do seguro-saúde. Trata-se de entidade supervisora independente com o fim de atuar na fiscalização e regulação dos seguros de forma geral, bem como dos fundos de pensões.[49]

Essa atuação da ASF, especificamente para o seguro-saúde, poderá contar com atos de outra entidade regulatória, a ERS,[50] a qual, no âmbito

[47] O mesmo dever foi aplicado aos estabelecimentos de saúde (nº 2 da Lei de Bases da Saúde – aprovada pela Lei nº 95/2019, de 4 de setembro de 2019) quanto ao fornecimento de informações às pessoas sobre custos relacionados à prestação de cuidados de saúde, ao abrigo de seguros e planos de saúde, com a indicação do total dos custos do procedimento sugerido ou, então, a apresentação de justificativa diante da falta de elementos que impeçam tal cálculo.

[48] Como indica o art. 1º do Decreto-lei nº 1/2015, de 6 de janeiro, o anterior Instituto de Seguros de Portugal (ISP) passa a denominar-se Autoridade de Supervisão de Seguros e Fundos de Pensões (ASF).

[49] Ver o Estatuto da Autoridade de Supervisão de Seguros e Fundos de Pensão aprovado pelo Decreto-lei nº 1/2015, de 6 de janeiro.

[50] Sobre as especificidades do setor de saúde e sua regulação pela ERS conferir: Simões, Jorge. A regulação do Sistema de Saúde. *Inst Hig Med Trop*, n. 15, Supl. 1, p. S57-S63, 2016. Disponível em: https://research.unl.pt/ws/portalfiles/portal/4174152/A_regula_o_do_Sistema_de_Sa_de.pdf. Acesso em: 21 nov. 2019.

específico da regulação econômica do seguro-saúde, poderá emitir pronunciamentos e recomendações com condicionantes e regras para essa modalidade de seguros, além de atuar em cooperação com a ASF.[51]

No Brasil, a SUSEP é a entidade reguladora voltada à área de seguros privados em geral, conforme o Decreto-lei nº 73, de 21 de novembro de 1966. Todavia, diferente do que ocorre na perspectiva da regulatória portuguesa, a fiscalização e a regulação das seguradoras especializadas em seguro-saúde não se encontram mais sob a supervisão da entidade de seguros, mas sob a competência da ANS, desde o ano de 2001.

A partir da edição da LPS, seguida da criação da ANS pela Lei nº 9.961, de 28 de janeiro de 2000, e, em especial, com o advento da Lei nº 10.185/2001, art. 1º, § 2º, de 12 de fevereiro de 2001, o setor de saúde suplementar e o seguro-saúde, respectivamente, passam a ser fiscalizados e controlados pela ANS, entidade regulatória independente voltada ao setor privado de assistência à saúde.[52]

Consolidando sua competência sob os seguros-saúde, a ANS editou sucessivas resoluções dispondo sobre as seguradoras especializadas em seguro-saúde e estabelecendo os critérios para provisões técnicas.[53] Aliás, vale notar que o seguro-saúde, no Brasil, ainda se submete às regras SFN e às normas do CMN acerca dos ativos garantidores das provisões técnicas, por força da Lei nº 10.185, de 12 de fevereiro de 2001 (art. 1º, § 5º). Desse modo, o setor privado de saúde opera sob o controle de entidades regulatórias criadas pela Administração Pública.

No regime português, como salienta Maria Inês de Oliveira Martins, o seguro-saúde privado tem função *complementar* e caráter *facultativo* diante do sistema público de cuidados de saúde, sendo seus pressupostos regulados na LCS.[54] No Brasil, de forma similar, dada a existência do sistema

[51] Consoante o art. 15º, "d", do novo Estatuto da ERS, aprovado pelo Decreto-lei nº 126/2014, de 22 de agosto. As eventuais intervenções da ERS visam dar efetividade ao objetivo previsto no art. 10º, "e", do referido Estatuto, ou seja, "zelar pela legalidade e transparência das relações económicas entre todos os agentes do sistema".

[52] A definição de *operadora de plano de assistência à saúde da* Lei nº 9.656/1998, art. 1º, II, é ampla e incluiu as seguradoras que atuam no setor de saúde privada, consoante o próprio título da lei. A própria lei indica que seu âmbito de atuação inclui *os planos e seguros privados de assistência à saúde.*

[53] Como se observa da Resolução Normativa (RN) nº 451/2020 que revogou a RN nº 209/2009.

[54] MARTINS, Maria Inês de Oliveira. *Contrato de seguro e conduta dos sujeitos ligados ao risco.* 1. ed. Coimbra: Almedina, 2018. p. 297.

público de saúde, o seguro-saúde regulado pela LPS apresenta-se como não obrigatório e suplementar ao serviço público prestado pelo SUS. Em ambos os ordenamentos, portanto, desponta o interesse público por essa modalidade de seguro privado, que é oferecido para além dos serviços públicos igualitários e universais presentes na rede pública de saúde (SNS e SUS, respectivamente).[55]

Não obstante tal interesse, vale a ressalva de Otávio Luiz Rodrigues Jr. ao concluir que a existência de normas legais ou administrativas não afeta o direito privado. Mesmo no caso em que tais normas tipifiquem as criações da autonomia privada aceitas no meio social ou mesmo para casos extremos em que tais disposições legais visem "restringir a autonomia privada por meio de um emaranhado de regras públicas de diversos setores de interesse do Estado" (situação exemplificada pelos contratos de seguro-saúde), tais circunstâncias não implicam confusão entre sistemas jurídicos, remanescendo a distinção direito público e direito privado.[56] Aliás, observações igualmente aplicáveis quando se trata da diferenciação do setor público e setor privado de saúde.

1.3. Autonomia privada

A livre-iniciativa privada está mencionada e assegurada tanto na Constituição portuguesa (art. 61º) quanto na brasileira (art. 170, *caput*). Trata-se da liberdade de atuação dos particulares no desenvolvimento de suas atividades econômicas,[57] tendo em conta a própria Constituição, leis e o interesse geral.[58] É esse sentido de liberdade[59] que alcança a autonomia privada, princípio de relevância no âmbito das relações privadas a possi-

[55] Para uma comparação entre a organização do setor da saúde privado no Brasil e em Portugal, ver Araujo, Isabelle Maria Mendes de; Nascimento, Dmitri Felix do; Pereira, Angela Maria Pereira. Regulação em saúde no setor privado: o caso da ANS no Brasil e da ERS em Portugal. *Revista de Saúde Coletiva*, Rio de Janeiro, v. 28, n. 4, p. 1-22, 2018. Disponível em: https://www. scielosp.org/scielo.php?pid=S0103-73312018000400612&script=sci_arttext. Acesso em: 14 nov. 2019.

[56] Rodrigues Jr., Otávio Luiz. *Direito civil contemporâneo*: estatuto epistemológico, Constituição e direitos fundamentais. São Paulo: GEN, 2019. p. 129.

[57] Cf. nº 1 do art. 61º da CRP.

[58] Silva, José Afonso da. *Curso de direito constitucional positivo*. São Paulo: Malheiros, 2000. p. 771.

[59] Para Clóvis Couto e Silva, essa liberdade permite aos particulares agir na resolução de seus conflitos de interesse, criar associações, efetuar escambo, prestação de serviços, dinamizando as relações sociais (*A obrigação como processo*. Rio de Janeiro: FGV, 2006. p. 24).

bilitar aos particulares a autorregulação de seus interesses. No campo dos contratos, a autonomia privada expressa-se como princípio da *liberdade contratual*,[60] previsto no art. 405º do Código Civil português (CCP)[61] e no art. 421º do CCB.[62]

Em seus estudos, António Menezes Cordeiro observa que o seguro, e logo o seguro-saúde, como contrato, beneficia-se da aplicação do art. 405º do CCP[63] e, no Brasil, pode-se obter o mesmo entendimento quanto à aplicação do art. 421 do CCB para o seguro-saúde regido pela LPS, embora cada sistema tenha suas diferenças no que concerne aos limites à liberdade contratual, como se observa da própria redação dos dispositivos mencionados.[64]

Contudo, ainda que a *liberdade contratual* possibilite a contratação ou não do seguro, a escolha do contratante e a definição de cláusulas, observados os limites da lei geral (e em especial aqueles relacionadas aos seguros),[65] a

[60] Sobre a relação entre autonomia privada, liberdade contratual e limites, conferir em Portugal: Varela, João de Matos Antunes. *Das obrigações em geral*. 10. ed. Coimbra: Almedina, 2010. v. I, p. 230-256; Leitão, Luís Manuel Teles de Menezes. *Direito das obrigações*. 7. ed. Coimbra: Almedina, 2008. v. I, p. 21-51; Poças, Luís. *O dever de declaração inicial do risco no contrato de seguro*. Coimbra: Almedina, 2013. p. 203-204; Teles, Joana Galvão. Liberdade contratual e seus limites – Imperatividade absoluta e imperatividade relativa. *In*: Rego, Margarida Lima (coord.). *Temas de direito dos seguros*. 2. ed. Coimbra: Almedina, 2016. p. 203-215. Ver também no Brasil: Dantas, San Tiago. *Problemas de direito positivo*: estudos e pareceres. 2. ed. Rio de Janeiro: Forense, 2004. p. 4-5. Sobre a importância da autonomia e sua relação com outros princípios, como a boa-fé, ver Gomes, Orlando. *Contratos*. Atualizadores Antônio Junqueira de Azevedo e Francisco Paulo de Crescenzo Marino. Rio de Janeiro: Forense, 2009. p. 25-51; Azevedo, Antônio Junqueira. Relatório sobre revisão contratual apresentado para as Jornadas Brasileiras da Associação Henri Capitant. *In*: Azevedo, Antônio Junqueira. *Novos estudos e pareceres de direito privado*. 1. ed. São Paulo: Saraiva, 2010. p. 182-298; Martins-Costa, Judith. *A boa-fé no direito privado*: critérios para sua aplicação. São Paulo: Marcial Pons, 2015. p. 164.

[61] Nos termos do art. 405º: "1. Dentro dos limites da lei, as partes têm a faculdade de fixar livremente o conteúdo dos contratos, celebrar contratos diferentes dos previstos neste código ou incluir nestes as cláusulas que lhes aprouver. 2. As partes podem ainda reunir no mesmo contrato regras de dois ou mais negócios, total ou parcialmente regulados na lei".

[62] Nos termos do art. 421: "A liberdade contratual será exercida nos limites da função social do contrato".

[63] Cordeiro, António Menezes. *Direito dos seguros* cit., p. 510.

[64] Afinal, a ideia de controle da liberdade contratual pelo princípio da função social (art. 421 do CCB), não está presente na legislação portuguesa que optou pela expressão "dentro dos limites da lei" prevista no art. 405º do CCP.

[65] Teles, Joana Galvão. Liberdade contratual e seus limites – Imperatividade absoluta e imperatividade relativa cit., p. 105.

realidade social apresenta também situações de seguros obrigatórios (art. 10º da LCS) e contratos sem possibilidade efetiva de negociação, como nos contratos de seguro feitos por adesão,[66] o que leva relatividade na aplicação desse princípio.

No regime português dos seguros, o art. 11º da LCS também consagra a *liberdade contratual* como princípio geral que norteia os contratos de seguro, com aplicação supletiva às disposições dessa Lei, entretanto ela mesma cuida de conformar o mencionado princípio. Assim, são apresentados como limites legais, no âmbito dos seguros, nos arts. 12º (imperatividade absoluta), 13º (imperatividade relativa), 14º (seguros proibidos) e 15º (práticas discriminatórias).[67]

Por outro lado, no regime brasileiro, a LPS não faz qualquer menção ao princípio supramencionado e deixa pouco espaço à atuação das partes. As disposições da referida lei especial são, em sua grande maioria, cogentes ou imperativas, determinando deveres às seguradoras e outras empresas que atuam na área da saúde suplementar, os quais não podem ser afastados por disposições contratuais. Assim, especificam aspectos sobre o conteúdo mínimo que deverá constar da cobertura da apólice (art. 10), formas de segmentação dessas coberturas (art. 12), prazo de carência (art. 11), modos e limites para a extinção dos contratos individuais (art. 13), informações essenciais do contrato de seguro-saúde (art. 16), direitos do segurado ou beneficiário em manter-se temporariamente no contrato de seguro-saúde coletivonas situações previstas nos arts. 30 e 31, entre outros.[68]

[66] Sobre o uso da expressão "contrato por adesão", relativo à estrutura do contrato, em vez de contrato "de adesão", ver: CORDEIRO, António Menezes. *Direito dos seguros* cit., p. 654; e FERNANDES, Wanderley. Os contratos de adesão e a racionalização dos processos de produção e contratação. *In*: ANCONA, Teresa; AGUIAR JR., Ruy Rosado de (coord.). *Contratos de consumo e atividade econômica*. São Paulo: Saraiva, 2009. p. 79-112. Sobre o seguro como contrato por adesão: "Por via de regra, o contrato de seguro é celebrado com o recurso a cláusulas padronizadas, previamente elaboradas pela seguradora, que o tomador do seguro subscreve, justificando-se atender ao regime das cláusulas contratuais gerais e às respectivas particularidades no âmbito dos contratos" (MARTINEZ, Pedro Romano. *Direito dos seguros*: apontamentos cit., p. 77).

[67] Não há disposição semelhante da LPS, no Brasil. O art. 35-G da LPS remete à aplicação subsidiária das leis do Código de Defesa do Consumidor (CDC). Assim, poderá haver a aplicação de limites e controles previstos no CDC, como o caso da boa-fé e do equilíbrio contratual aplicados como limite à liberdade contratual (arts. 6º, IV, e 51, IV, do CDC) e também a proibição de práticas abusivas (prevista no art. 39 do CDC).

[68] Nesse sentido também: FIGUEIREDO, Leonardo Vizeu. *Curso de direito de saúde suplementar* cit., p. 157.

Por fim, se o objetivo é delinear uma perspectiva inicial sobre o alcance da aplicação da liberdade contratual nos contratos de seguro, além das considerações já feitas, cumpre-nos pontuar alguns aspectos gerais do *equilíbrio contratual e boa-fé* que, não raras vezes, aparecem como limite à *liberdade contratual.* Para tanto, trataremos, a seguir, da Lei de Cláusulas Contratuais Gerais,[69] a Diretiva nº 93/13/CEE, de 5 de abril (*relativa às cláusulas abusivas celebradas com os consumidores)* e a Lei de Defesa do Consumidor nº 24/1996, 31 de junho, todas aplicáveis ao ordenamento jurídico português. No ordenamento brasileiro, a questão passa pelo exame do Código de Defesa do Consumidor brasileiro – CDC (Lei nº 8.078/1990) e Código Civil brasileiro.

Portanto, estabelecer parâmetros para a liberdade na relação contratual também considera os limites dados pelo equilíbrio e pela boa-fé.[70]

A busca pelo equilíbrio no contrato expressa a preocupação com cláusulas abusivas e, nessas condições, a legislação portuguesa e brasileira estabelecem instrumentos de controle a fim de evitar o proveito desproporcional, habitualmente associado a um sacrifício desarrazoado para o aderente ou consumidor.[71] Além disso, a liberdade contratual deve ser sopesada com a boa-fé, princípio que deve ser observado nas diferentes fases da relação contratual securitária (pré-contratual, fase de execução contratual e pós-contratual)[72] e que poderá determinar a nulidade de cláusulas que lhe sejam contrárias (por força de previsão legal).[73]

[69] Cf., em Portugal, o Decreto-lei nº 446/1985, de 25 de outubro, que instituiu o regime jurídico das cláusulas contratuais gerais.

[70] Sobre boa-fé: CORDEIRO, António Menezes. *Da boa-fé no direito civil.* Coimbra: Almedina, 2007; SILVA, Clóvis V. do Couto e. *A obrigação como processo* cit.; MARTINS-COSTA, Judith. *A boa-fé no direito privado*: critérios para sua aplicação cit.

[71] Sobre contratos de adesão ver: ALMEIDA, Carlos Ferreira de. *Contratos I.* 5. ed. Coimbra: Almedina, 2015. p. 169-189. Sobre a relação entre equilíbrio e boa-fé para controle das cláusulas abusivas, em comentários ao Regime das Cláusulas Contratuais Gerais (LCCG), aprovado pelo Decreto-lei nº 446/1985, ver: RIBEIRO, Joaquim de Sousa. *Direito dos contratos*: estudos. Coimbra: Coimbra Ed., 2007. p. 275-276. No Brasil, sobre o princípio do equilíbrio contratual conferir: MARTINS, Fernando Rodrigues. *Princípio da justiça contratual.* São Paulo: Saraiva, 2009. p. 278 e ss.; ZANETTI, Andrea Cristina. *Princípio do equilíbrio contratual.* São Paulo: Saraiva, 2012. p. 315-316.

[72] SILVA, Clóvis V. do Couto e. *A obrigação como processo* cit., p. 19-21; e ALVES, Francisco Luís F. Ribeiro. *O regime do contrato de seguro de saúde no direito português* cit., p. 10.

[73] Ver o art. 15º da LCCG em Portugal e art. 51, IV, do CDC no Brasil. Cf. sobre o tema, CORDEIRO, António Menezes. *Direito dos seguros* cit., p. 675; e CORDEIRO, António Menezes. *Da boa-fé no direito civil* cit., 2007, p. 632.

Nesse contexto, as normas presentes nos ordenamentos jurídicos português e brasileiro direcionam a atuação dos contraentes e intérpretes, inclusive no caso do seguro-saúde. Vejamos, primeiro, a legislação portuguesa.

A LCS, em Portugal, possibilita a aplicação das disposições atinentes à Lei de Cláusulas Contratuais Gerais (LCCG),[74] a Lei de Defesa do Consumidor e legislação sobre contratos celebrados com consumidores a distância (art. 3º).[75]

Assim, a LCCG,[76] no regime português, trata das cláusulas previamente elaboradas, sem negociação individual, em que: a) proponentes ou destinatários indeterminados, encontram-se limitados a aceitar ou subscrever (art. 1º, nº 1); e b) estão inseridas em contratos singulares, mas cujo conteúdo elaborado com antecedência não pode ser influenciado pelo destinatário (art. 1º, nº 2).[77]

A proibição de cláusulas gerais contrárias à boa-fé está contida no art. 15º da LCCG, tendo referida disposição legal direcionado a boa-fé para o *controle de conteúdo* do contrato, controle *abstrato* e que vai além do tradicional dever de conduta esperada das partes, na visão de Joaquim de Sousa Ribeiro.[78] Exemplos de cláusulas abusivas, com proibição absoluta ou rela-

[74] Em análise histórica sobre as cláusulas contratuais gerais (CCG) e sua relação com os contratos de seguro, ver CORDEIRO, António Menezes. *Tratado de direito civil*: parte geral. 4. ed. Coimbra: Almedina, 2017. t. II, p. 359-363.

[75] MARTINEZ, Pedro Romano *et al. Lei do Contrato de Seguro*: anotada. 3. ed. Coimbra: Almedina, 2016. p. 41.

[76] Aprovada pelo Decreto-lei nº 446/1985 e sucessivamente atualizada por legislações posteriores.

[77] Anotam Mário Júlio de Almeida Costa e António Menezes Cordeiro que as cláusulas contratuais gerais manifestam como características: "a) são pré-elaboradas, existindo disponíveis antes de surgir a declaração que as perfilha; b) apresentam-se rígidas, independentemente de obterem ou não a adesão da partes, sem possibilidade de alteração; c) podem ser utilizadas por pessoas indeterminadas, quer como proponentes, quer como signatários" (*Cláusulas contratuais gerais*: anotação ao Dec.-lei nº 446/85, de 25 de outubro. Coimbra: Almedina, 1987. p. 2).

[78] Em sua obra, Joaquim de Sousa Ribeiro aponta que a boa-fé nos termos da Lei de Condições Gerais de Contratação é elevada à norma de *controle de conteúdo* e, nesse caso, está associada à ideia de "equilíbrio ou equidade contratual". Portanto, para o autor, o controle das cláusulas abusivas poderá ocorrer de duas maneiras: a) controle abstrato – ao "utilizador incumbe não lesar desmesuradamente os interesses da contraparte através da inclusão de cláusulas de conteúdo significativamente desequilibrado"; e b) controle concreto – relacionado à proibição da frustração das expectativas legítimas, ponderando fatores comportamentais nos contratos de adesão (*Direito dos contratos*: estudos cit., p. 275-276).

tiva, podem ser encontrados entre os arts. 17º a 22º da LCCG e incluem tanto a relação entre empresários (ou entidades equiparadas) quanto aquelas que envolvem consumidores finais.[79]

A boa-fé, no contexto da LCCG, apresenta-se como forma de limite à livre atuação das partes, inclusive para os contratos de seguro-saúde. Logo, direciona e assenta limites à liberdade contratual no que se refere à estipulação do conteúdo.[80] A proibição de contrariedade à boa-fé,[81] prevista no art. 15º, é concretizada por meio da disposição do art. 16º da LCCG[82] que indica elementos para a consideração do juiz em sua eventual intervenção.[83]

Posteriormente, a Diretiva nº 93/13/CEE, de 5 de abril de 1993, veio disciplinar as cláusulas abusivas nos contratos *pré-formulados*[84] entre profissionais e consumidores, determinando como tal a cláusula contratual que não tenha sido objeto de negociação individual e que, em contrariedade à boa-fé, "der origem a um desequilíbrio significativo em detrimento do consumidor" (art. 3º, nº 1). Em complemento, o nº 2 do art. 3º da referida Diretiva estabeleceu como cláusula que não foi objeto de negociação individual aquela que tenha sido redigida previamente e, logo, sem que o consumidor pudesse influenciar seu conteúdo, especialmente nas situações de contrato por adesão.

[79] Sobre o tema ver: CORDEIRO, António Menezes. *Direito dos seguros* cit., p. 675-688.

[80] COSTA, Mário Júlio de Almeida; CORDEIRO, António Menezes. *Cláusulas contratuais gerais*: anotação ao Dec.-lei nº 446/85, de 25 de outubro cit., p. 41. Lembra António Menezes Cordeiro que "o recurso a cláusulas contratuais gerais não deve fazer esquecer que elas questionam, na prática, apenas a liberdade de estipulação, e não a liberdade de celebração" (*Direito dos seguros* cit., p. 662).

[81] Prevista no capítulo V das "Cláusulas contratuais gerais proibidas", o art. 15º dispõe no subtítulo "Princípio geral" a proibição das cláusulas contratuais gerais contrárias à boa-fé.

[82] Na expressão do art. 16º, o intérprete, na aplicação do art. 15º, deve ponderar sobre os valores fundamentais do direito, relevantes em face da situação considerada e, especialmente: "a) A confiança suscitada, nas partes, pelo sentido global das cláusulas contratuais em causa, pelo processo de formação do contrato singular celebrado, pelo teor deste e ainda por quaisquer outros elementos atendíveis; b) O objectivo que as partes visam atingir negocialmente, procurando-se a sua efectivação à luz do tipo de contrato utilizado".

[83] No contexto do art. 16º da LCCG, lembra António Menezes Cordeiro: "A remissão para a boa-fé equivale a delegar, no juiz, o poder de, perante cada cláusula, concretizar os valores gerais do sistema. Ela remonta à criação pretoriana dos 'bonae fidei iudicia' e, no campo das CCG, acolhe a experiência alemã" (*Tratado de direito civil*: parte geral, cit., p. 451).

[84] Cf. Contratos com as características de pré-elaboração e rigidez. Cf. LEITÃO, Luís Manuel Teles de Menezes. *Direito das obrigações* cit., 2008, p. 49-50.

A normatização referenciada no parágrafo antecedente visou aproximar o tratamento legal dado às cláusulas abusivas nos Estados-membros para contratos celebrados entre profissional e consumidor (art. 1º, parágrafo 1º), cujas cláusulas não foram objeto de uma negociação preliminar (art. 3º, parágrafo 1º) e permitiu um duplo controle, como aponta José Carlos Moitinho de Almeida: o primeiro relativo à transparência das cláusulas contratuais redigidas, de tal maneira que, em caso de dúvida, a interpretação será mais favorável ao consumidor (art. 5º), e o segundo atinge o próprio conteúdo do contrato, ao considerar como abusiva a cláusula que cria para o consumidor um desequilíbrio significativo entre os direitos e obrigações das partes assumidas na avença firmada entre eles.[85]

Especificamente quanto à legislação voltada à proteção do consumidor, o ordenamento português também preconizou o equilíbrio e a boa-fé no art. 9º, nº 1, da Lei de Defesa do Consumidor (LDC), Lei nº 24/1996, de 31 de julho, que instituiu o direito à proteção dos "interesses económicos, impondo-se nas relações jurídicas de consumo a igualdade material dos intervenientes, a lealdade e a boa-fé", tanto nas relações preliminares quanto na formação e execução dos contratos.

A prevenção de abusos em contratos pré-elaborados, prevista no art. 9º da LDC, determina que o fornecedor de bens e o prestador de serviços a) apresente cláusulas contratuais gerais redigidas de forma clara e precisa, em caracteres facilmente legíveis, inclusive as inseridas em contratos singulares (alínea "a", nº 2, do art. 9º da LDC); e b) não inclua cláusulas significativamente desequilibradas para o consumidor, nos contratos singulares (alínea "b", nº 2, do art. 9º da LDC), tendo como consequência de descumprimento, em ambos os casos, a aplicação do regime das cláusulas contratuais gerais (nº 3 do art. 9º da LDC).[86]

Por fim, quanto aos contratos a distância celebrados com consumidores, em Portugal, observam-se as normas do Decreto-lei nº 95/2006, de 29 de maio, e suas subsequentes alterações.[87] No art. 12º, Título II, referente às

[85] ALMEIDA, José Carlos Moitinho de. Droit communautaire et contrat d'assurance. *In*: GAITANIDES, Charlotte; KADELBACH, Stefan; IGLESIAS, Gil Carlos Rodriguez (Hrsg.). *Europa und seine Verfassung*: Festschrift für Manfred Zuleeg. Verlag: Nomos, 2005. p. 584-585.

[86] ALVES, Francisco Luís F. Ribeiro. O regime do contrato de seguro de saúde no direito português cit., p. 11.

[87] O Decreto-lei nº 95/2006 trata do regime jurídico dos "contratos à distância relativos a serviços financeiros celebrados com consumidores, transpondo para a ordem jurídica nacional

"Informações Pré-contratuais", do Decreto-lei nº 95/2006, mais uma vez, há o dever de observar o princípio da boa-fé presente no dever de clareza da informação quanto aos aspectos contratuais. A propósito, tal dever de informação aparece ainda na fase pré-contratual (art. 11º) e inclui informações relativas ao prestador de serviços (art. 13º); ao serviço financeiro (art. 14º); ao próprio contrato (art. 15º); mecanismos de proteção (art. 16º), outras informações adicionais (art. 17º) e deveres informacionais relativos às comunicações por telefonia vocal.[88]

No Brasil, diferentemente do que se verificou na legislação portuguesa, a LPS não esboça expressamente em seu conteúdo os princípios ora referenciados. Ainda assim, a aplicação do equilíbrio contratual e da boa-fé poderá ocorrer em virtude do art. 35-G da LPS que possibilita a aplicação *subsidiária* do Código de Defesa do Consumidor brasileiro. Trata-se, portanto, de uma norma de acesso.[89] Assim, equilíbrio e boa-fé aplicam-se às cláusulas abusivas do seguro-saúde quando "estabeleçam obrigações consideradas iníquas, abusivas, que coloquem o consumidor em desvantagem exagerada, ou sejam incompatíveis com a boa-fé ou a equidade", na forma do art. 51, IV.

Também não se verifica no Brasil uma lei própria sobre cláusulas contratuais gerais (tal como se observou na diretiva da União Europeia), mas

a Diretiva nº 2002/65/CE, do Parlamento Europeu e do Conselho, de 23 de setembro, relativa à comercialização à distância de serviços financeiros prestados a consumidores". Nas definições do art. 2º, evidencia sua aplicabilidade para os seguros ao incluir nos "serviços financeiros" referenciados de suas disposições "qualquer serviço bancário, de crédito, de seguros, de investimento ou de pagamento e os relacionados com a adesão individual a fundos de pensões abertos".

[88] Não nos deteremos mais sobre o tema, uma vez que nossa intenção é tão somente delinear aspectos gerais sobre a liberdade contratual e seus limites, não sendo o referido assunto nosso objeto principal de estudo. Recomenda-se sobre o tema: ALVES, Paula Ribeiro. *Contrato de seguro à distância*: o contrato eletrónico cit., p. 61-68.

[89] As normas de acesso permitem que normas e princípios presentes em outros códigos e leis possam ser aplicados a determinado microssistema legal, respeitadas condições especiais. Por exemplo, é essencial que se observe a coerência valorativa na aplicação dos princípios (como a boa-fé e o equilíbrio), pois eles apresentarão intensidades diferentes conforme se trate de um contrato civil ou empresarial, um contrato de consumo, entre outros. Nesse sentido: GODOY, Cláudio Luiz Bueno de. Código Civil e Código do consumidor: convergência de princípios e distinção de sua modulação. Um paralelo entre os deveres que criam. *In*: MELGARÉ, Plínio (org.). *O direito das obrigações na contemporaneidade*: estudos em homenagem ao Ministro Ruy Rosado de Aguiar Júnior. Porto Alegre: Livraria do Advogado, 2014. p. 115.

os incisos e parágrafos do art. 51 do CDC indicam o que habitualmente é denominado como *condição geral de contratação* pela doutrina brasileira.[90] Em outros termos, estabelece limites as cláusulas uniformes, impessoais e que não comportam negociação, elaboradas antes do próprio contrato. A inobservância do art. 51, seus incisos e parágrafos, determina a nulidade da cláusula, considera-a abusiva, consoante os termos presentes em seu *caput*.[91]

Há uma questão a ser enfrentada quanto à possibilidade de aplicação do Código Civil para o seguro-saúde, no Brasil. A dúvida surge porque o art. 35-G da LPS somente referenciou a aplicação subsidiária do Código de Defesa do Consumidor, mas não menciona o Código Civil. Como apontado no início deste trabalho, a nosso sentir, o seguro-saúde é contrato típico do direito privado e, logo, não exclui as normas do Código Civil aplicáveis às relações entre particulares. A lei especial sobre os planos e seguro-saúde

[90] Essa expressão é utilizada pela doutrina brasileira, a exemplo dos autores: LÔBO, Paulo Luiz Netto. Condições gerais dos contratos e o Código Civil. *In*: CASTRO JR., Torquato; COSTA FILHO, Venceslau Tavares (coord.). *A modernização do direito civil*. Recife: Nossa Livraria, 2011. v. 1, p. 152; ROCHA, Silvio Luís Ferreira da. Contratos de adesão e cláusulas abusivas. *In*: LOTUFO, Renan; NANNI, Giovanni Ettore (coord.). *Teoria geral dos contratos*. São Paulo: Atlas, 2011. p. 353; FERNANDES, Wanderley. Os contratos de adesão e a racionalização dos processos de produção e contratação cit., p. 85. Todavia, Orlando Gomes considera tecnicamente impróprio o uso da expressão, pois, por exemplo, a "condição" apresenta significado jurídico distinto do empregado na expressão assinalada, na medida em que remete a elemento acidental do negócio (GOMES, Orlando. *Contratos* cit., p. 131).

[91] Cita-se parcial do art. 51 da Lei nº 8.078/1990, apenas como exemplificação. Não trataremos do tema exaustivamente, lembrando que nosso trabalho se refere especificamente à denúncia, e não às cláusulas abusivas. "Art. 51. São nulas de pleno direito, entre outras, as cláusulas contratuais relativas ao fornecimento de produtos e serviços que: I – impossibilitem, exonerem ou atenuem a responsabilidade do fornecedor por vícios de qualquer natureza dos produtos e serviços ou impliquem renúncia ou disposição de direitos. Nas relações de consumo entre o fornecedor e o consumidor pessoa jurídica, a indenização poderá ser limitada, em situações justificáveis; II – subtraiam ao consumidor a opção de reembolso da quantia já paga, nos casos previstos neste código; III – transfiram responsabilidades a terceiros; IV – estabeleçam obrigações consideradas iníquas, abusivas, que coloquem o consumidor em desvantagem exagerada, ou sejam incompatíveis com a boa-fé ou a equidade; V – (*Vetado*.); VI – estabeleçam inversão do ônus da prova em prejuízo do consumidor; VII – determinem a utilização compulsória de arbitragem; [...] XI – autorizem o fornecedor a cancelar o contrato unilateralmente, sem que igual direito seja conferido ao consumidor; XII – obriguem o consumidor a ressarcir os custos de cobrança de sua obrigação, sem que igual direito lhe seja conferido contra o fornecedor; XIII – autorizem o fornecedor a modificar unilateralmente o conteúdo ou a qualidade do contrato, após sua celebração [...]".

no Brasil não determina a existência de um regime de seguro-saúde isolado do Código Civil brasileiro e mesmo da Constituição Federal, portanto também as referidas leis são aplicáveis ao seguro-saúde. Há espaço para aplicação do Código Civil no que couber e nos casos em que a LPS, como lei especial, deixar de regular a matéria.

Assim, o Código Civil brasileiro poderá ter acesso ao seguro-saúde por consolidar normas aplicáveis às relações entre particulares em geral, a exemplo das disposições sobre negócio jurídico (art. 104 e ss.); vícios referentes às nulidades e anulabilidades (arts. 138, 156 e ss.); boa-fé como dever de conduta nas relações contratuais (art. 422) e o abuso de direito (art. 187).[92]

Em síntese, o alcance da *liberdade contratual* no seguro-saúde, seja no regime português ou no regime brasileiro, observa, em linhas gerais no que se refere ao conteúdo do contrato: a) as determinações presentes em leis especiais (LCS e LPS, com o intuito de atender às especificidades do seguro-saúde e sua finalidade); e b) os parâmetros de *equilíbrio e boa-fé,* que possibilitam o controle de cláusulas e práticas abusivas, conforme critérios previamente estabelecidos na lei de cada país.

Por último, atente-se que tal controle de conteúdo não dispensa a observância da boa-fé objetiva como *regra de conduta*[93] verificável ao longo de todas as fases do processo contratual, inclusive em situações pré-contratuais e pós-contratuais e, nesse âmbito, a observação de tal regra encontra-se presente em ambos os regimes jurídicos de seguro-saúde ora estudados. A exemplo, no ordenamento jurídico português, os deveres pré-contratuais expressos no 227º do CCP *(culpa in contrahendo)* também podem ser constatados na declaração inicial do risco (previsto no art. 24º da LCS) e deveres pós-contratuais relativos aos deveres de guarda e sigilo das informações de saúde após a cessação do contrato (art. 119º, nº 1, da LCS).[94] No Brasil, uma vez que a LPS não tratou especificamente desse aspecto, a questão dos deveres pré-contratuais e os deveres pós-contratuais estão

[92] Também BARBUGIANI, Luiz Henrique Sormani. *Planos de saúde*: doutrina, jurisprudência, legislação. Coordenação Fernando Herren Aguillar. São Paulo: Saraiva, 2015. p. 37-43.

[93] CORDEIRO, António Menezes. *Da boa-fé no direito civil.* Coimbra: Almedina, 2007. p. 632 e ss. e 1290.

[94] POÇAS, Luís. *O dever de declaração inicial do risco no contrato de seguro* cit., p. 202; CORDEIRO, António Menezes. *Da boa-fé no direito civil* cit., 2007, p. 632-660; CORDEIRO, António Menezes. *Direito dos seguros* cit., p. 603-605.

ao alcance da interpretação do art. 422 do CCB, bem como das disposições gerais atinentes às declarações e demais circunstâncias do contrato de seguro, previsto no art. 765 do CCB (no que couber, tendo em conta as normativas editadas pelas entidades reguladoras do setor).[95] Adiante, em nossa exposição, detalharemos alguns desses deveres.

[95] Martins-Costa, Judith. *A boa-fé no direito privado*: critérios para sua aplicação cit., p. 344-350; e Martins-Costa, Judith. A boa-fé e o seguro no novo Código Civil brasileiro. *III Fórum de Direito do Seguro José Sollero Filho*. São Paulo: IBDS, 2003. p. 81-92.

2
CONSPECTO GERAL DO CONTRATO DE SEGURO-SAÚDE

O seguro-saúde ganha complexidade não só pelo fato de prolongar-se no tempo, mas também em razão da cobertura de eventos relacionados à prestação de assistência à saúde, o que tem demandado especial atenção do Estado, diante de sua relevância social (além do viés econômico), como apontado neste trabalho.

A boa-fé objetiva, presente como princípio a ser observado nos contratos em geral – exigível em momentos que precedem a celebração do negócio, durante a execução e mesmo após a cessação do contrato, em deveres de conduta[96] –, na tradição e história das relações securitárias é tratada com rigor e de forma especializada, normalmente justificada pela assimetria informativa. Daí a afirmação de Pedro Alvim que, ao analisar decisões judiciais, aponta que o referido seguro não é apenas um contrato de *bonae fidei*, mas de *uberrimae fidei*.[97]

[96] Em Portugal, por exemplo, sobre o dever de sigilo do segurador previsto no art. 119º, nº 1, da LCS: "O segurador deve guardar segredo de todas as informações de que tenha tomado conhecimento no âmbito da celebração ou da execução de um contrato de seguro, ainda que o contrato não se tenha celebrado, seja inválido ou tenha cessado". Esclarece António Menezes Cordeiro que o dever de sigilo resulta da *boa-fé contratual (pré ou pós-contratual)* sendo notória a importância do sigilo para os seguros. Cf. *Direito dos seguros* cit., p. 736. No Brasil, sobre a fundamental importância da boa-fé para o seguro-saúde, ver: SCAFF, Fernando Campos. *Direito à saúde no âmbito privado*: contratos de adesão, planos de saúde e seguro-saúde cit., p. 39. Ainda, no direito brasileiro, sobre a obrigação de informar, dever de transparência e dever de sigilo, ver Resolução Normativa (RN) da ANS nº 389/2015.

[97] ALVIM, Pedro. *O contrato de seguro*. 3. ed. Rio de Janeiro: Forense, 2001. p. 132. Em Portugal, em especial, esse entendimento tem sido motivo de questionamento e reflexão por alguns

O mutualismo dos contratantes, por sua vez, relaciona-se com os riscos à saúde e à prestação de cuidados que visem sua preservação, tratamento ou restabelecimento.[98] Tais características podem ser encontradas tanto nos contratos celebrados em Portugal quanto naqueles firmados no Brasil. Entretanto, o tratamento legislativo dado à matéria e as construções doutrinárias têm diferenças significativas que requerem alinhamento, cuja comparação exige cautela.

Assim, antes de efetivamente tratar da denúncia, apresentamos, em linhas gerais, aspectos elementares do seguro-saúde. Os aspectos próprios dos seguros em geral não serão expostos ao detalhe, uma vez que o foco do trabalho está especificamente em um dos modos de cessação do contrato de seguro-saúde, e não propriamente no comparativo geral do regime de seguros em Portugal e no Brasil. Portanto, o que será demonstrado a seguir são elementos básicos à compreensão do seguro-saúde e suas particularidades, no que importa à *denúncia,* objeto de nossa análise.

2.1. Noção

A tradição histórica do comércio marítimo em Portugal, em especial no final do século XIII e início do século XIV, impulsionou o desenvolvimento do seguro no Reino de Portugal, em especial o seguro marítimo.[99] Em 1552, o Reino já contava com a primeira obra organizada sobre a matéria de autoria de Pedro de Santarém,[100] intitulada *Tractatus de Assecurationibus et Sponsionibus Mercartorum.*[101]

A linha histórica indica, assim, que o seguro de danos (com a finalidade de cobertura de bens) consolidou-se antes do seguro de pessoas, em Portugal. Pedro Romano Martinez considera tal perspectiva para assinalar que a partir do seguro de danos houve a evolução para o seguro de pessoas (o seguro de vida, por exemplo, surge a partir do século XVII).[102]

No caso específico do seguro-saúde, não é possível precisar o exato momento de seu surgimento, mas José Carlos Moitinho de Almeida apre-

autores. Margarida Lima Rego, por exemplo, questiona a necessidade da *uberrima fides* diante do regime dado pelos arts. 227º/1 e 762º/2 do CCP.

[98] Ver detalhes sobre o risco segurado no Capítulo 2 a seguir.

[99] CORDEIRO, António Menezes. *Direito dos seguros* cit., p. 77-83.

[100] Ver referências em MARTINEZ, Pedro Romano. *Direito dos seguros*: apontamentos cit., p. 28.

[101] SANTAREM, Pedro de. Tractatus de Assecurationibus et Sponsionibus Mercartorum. 2. ed. Lisboa: [s.n.], 1971.

[102] MARTINEZ, Pedro Romano. *Direito dos seguros*: apontamentos cit., p. 29

senta relato de que o "seguro de doença" (modalidade que mais se aproxima do atual seguro-saúde) remonta à Idade Média.[103] Na história recente, ao longo dos séculos XIX e XX, o que viria a ser denominado como seguro-saúde, em países como Alemanha e Inglaterra, é um seguro de característica social, em especial na modalidade de grupo, e por isso mesmo não é incomum que sua exigência seja obrigatória.[104]

Na Alemanha, há relatos de que o seguro-saúde social obrigatório foi instituído em 1884 e contemplava apenas os trabalhadores das indústrias. Todos os demais grupos populacionais ficavam sujeitos à cobertura de assistência médica privada. Posteriormente, em 1989, os trabalhadores que recebiam proventos acima de determinado valor podiam optar entre o seguro-saúde obrigatório (*Gesetzliche Krankenversicherung* – GKV) e o seguro-saúde privado (*Private Krankenversicherungen* – PKV), com exceção dos funcionários públicos, que sempre tiveram cobertura privada, além de contarem com o suporte dado pelo Estado.[105]

No Brasil,[106] a história do seguro-saúde aponta para uma consolidação tardia, já no século XX.[107] Esse mercado se desenvolveu, sobretudo, a par-

[103] Anota José Carlos Moitinho de Almeida: "Os seguros contra a doença praticados pelas antigas sociedades de socorros mútuos (guildas e 'friend-societies'), expandiram-se em meados do século XIX em Inglaterra, no início deste século na Alemanha, e mais tarde em França. Entre nós, não existe ainda um seguro contra a doença dotado de autonomia" (*O contrato de seguro no direito português e comparado*. Lisboa: Sá da Costa Ed., 1971. p. 401).

[104] Sobre a evolução dos contratos de seguro de grupo, Kara L. Clark apresenta dois fatos históricos relevantes. O primeiro ocorreu na Alemanha, com a implementação do programa de seguro-doença e o primeiro seguro-social para pessoas idosas no final dos anos 1800; e o segundo, no Reino Unido, *The National Insurance Act*, em 1911, estabeleceu benefícios no caso de doença e desemprego. Em continuidade, a Revolução Industrial impulsionou o crescimento do seguro de grupo em diversos países da Europa e também nos Estados Unidos, com destaque, à época, para o seguro de acidentes e doença. Cf. Clark, Kara L. The Group Insurance Marketplace. *In*: Bluhm, William F. (ed.). *Group Insurance*. 6. ed. Winsted: Actex Publications, 2012. p. 3-4.

[105] Roman-Urrestarazu, Andres; Yang, Justin; Ettelt, Stefanie; Thalmann, Inna; Seguel Ravest, Valeska; Brayne, Carol. Private health insurance in Germany and Chile: two stories of co-existence, segmentation and conflict. *International Journal for Equity in Health*, v. 17, Issue 1, article n. 112, p. 4, 2018. Disponível em: https://equityhealthj.biomedcentral.com/ articles/10.1186/s12939-018-0831-z. Acesso em: 5 dez. 2019.

[106] Quanto à origem histórica do seguro, no Brasil, observa-se que os acontecimentos que impulsionaram seu desenvolvimento foram a vinda da família real portuguesa para o Brasil e a subsequente abertura dos portos brasileiros às nações amigas, em 1808, por ato de D. João VI. Em seus estudos, assinala Alexandre Dartanhan de Mello Guerra: "No Brasil, o início do

tir da década de 1980 dadas as deficiências do sistema público de saúde brasileiro e, em 1995, conforme observa Leonardo Vizeu Figueiredo, a área de saúde suplementar, em que se encontra o seguro-saúde privado, apresentava como características: a) complexidade de mercado; b) alta heterogeneidade do setor (pois também havia outras operadoras e cooperativas atuando no setor com contratos de assistência privada à saúde); c) falta de conhecimento técnico sobre as atividades das seguradoras e operadoras por parte da população; e d) aumento das reclamações dos segurados e beneficiários acerca da atuação das seguradoras e operadoras. Tais fatores, entre outros, motivaram a elaboração e a edição da LPS de 1998.[108]

A evolução do contrato de seguro leva à diversificação de suas modalidades, bem como à especialização dos riscos cobertos, tal como acontece no seguro-saúde. Para chegar à sua noção atual é importante considerar o conceito de seguro eleito na legislação portuguesa e brasileira.

O conceito de *seguro,* entre os especialistas portugueses, poderá assumir diferentes perspectivas[109] e, diante da própria complexidade da matéria na atualidade,[110] a LCS optou por apresentar características e elementos

tratamento securitário se deu em 1808, com a vinda da família real e a abertura dos portos. O Código Comercial de 1850 desenvolveu o seguro marítimo e o Código Civil de 1916 tratou-o como contrato nominado (típico), o que igualmente fez o Código Civil em vigor, a partir do art. 757" (O contrato de seguro sob a perspectiva do direito civil-constitucional. *In*: LOTUFO, Renan; NANNI, Giovanni Ettore; MARTINS, Fernando Rodrigues (coord.). *Temas relevantes do direito civil contemporâneo.* São Paulo: Atlas, 2012. p. 471).

107 ASENSI, Felipe Dutra. O direito à saúde no Brasil. *In*: ASENSI, Felipe Dutra; PINHEIRO, Roseni (org.). *Direito sanitário.* Rio de Janeiro: Elsevier, 2012. p. 2.

108 FIGUEIREDO, Leonardo Vizeu. *Curso de direito de saúde suplementar*: manual jurídico de planos e seguros de saúde cit., p. 137.

109 Entre as definições ou ensaios nesse sentido: SILVA, Fernando Emygdio da. *Seguros mútuos.* Coimbra: Imprensa da Universidade, 1911. p. 8-9; MARTINEZ, Pedro. *Teoria e prática dos seguros.* Lisboa: Imprensa Artística, 1953. p. 1; VASQUES, José. *Contrato de seguro*: notas para uma teoria geral cit., p. 94; REGO, Margarida Lima. *Contrato de seguro e terceiros*: estudo de direito civil. Coimbra: Almedina, 2010. p. 66.

110 Com cautelas quanto à definição rígida e acabada ver: REGO, Margarida Lima. *Contrato de seguro e terceiros*: estudo de direito civil cit., p. 32-36 e p. 61-66; ALVES, Paula Ribeiro. *Contrato de seguro à distância*: o contrato eletrónico cit., p. 89. Sobre a dificuldade de qualificação diante de contratos típicos que poderiam ser classificados como contrato de seguro, em uma acepção ampla; ou ainda pela dificuldade da concepção tradicional de seguro em contemplar as operações de capitalização relacionados aos seguros, ver: MARTINEZ, Pedro Romano *et al. Lei do Contrato de Seguro*: anotada cit., p. 38.

típicos[111] dos contratos de seguro, em vez de eleger uma definição. Assim, no art. 1º da LCS, o seguro é indicado com obrigação contratual de cobertura de risco determinado, assumida pelo segurador, que recai sobre "o tomador do seguro ou de outrem, obrigando-se a realizar a prestação convencionada em caso de ocorrência do evento aleatório previsto no contrato", o que se dá mediante o prévio pagamento de valor correspondente ao prêmio pelo tomador do seguro.[112]

A noção do *seguro-saúde* está prevista no art. 213º da LCS, posicionado no Título III do "Seguro de Pessoas", Capítulo III "Seguros de acidente e saúde", Secção II "Seguro de saúde", e indica como característica especial do seguro-saúde o fato de o segurador cobrir "riscos relacionados com a prestação de cuidados à saúde". São contratos que tratam de *riscos de massa* e, logo, recebem do legislador uma proteção especial para tutelar a parte débil do seguro (tomador do seguro).[113] A noção atual do art. 213º, como observa Francisco Luís F. Ribeiro Alves, ressalta a cobertura desse seguro, sem tratar de aspectos conceituais específicos, acolhendo os elementos gerais presentes no art. 1º da LCS.

Se a LCS não enuncia o que está incluído na prestação de serviços à saúde, a doutrina portuguesa, por sua vez, tem se ocupado dessa questão. Observa-se que o atual seguro-saúde poderá incluir tanto o tradicional seguro-doença[114] quanto aquele referente às despesas médicas (inclusive

[111] A opção do legislador pelo "conteúdo típico" apresenta linha semelhante àquela encontrada na Alemanha, que também trata do seguro em lei específica – *Versicherungsvertragsgesetz* (VVG), apresentados como "obrigações típicas" no § 1º. Cf. versão disponível em inglês: https://germanlawarchive. iuscomp.org/?p=861#1. Acesso em: 4 dez. 2019.

[112] Como observado por Margarida Lima Rego: "A lei nova descreve não os deveres típicos, mas, mais amplamente, o conteúdo típico de um contrato de seguro, como é próprio de um ordenamento jurídico que não reduz o contrato ao seu conteúdo obrigacional" (O contrato e a apólice de seguro. *In*: REGO, Margarida Lima (coord.). *Temas de direito dos seguros*. 2. ed. Coimbra: Almedina, 2016. p. 17).

[113] Quanto aos riscos de massa, elucida Maria Inês de Oliveira Martins "são aqueles em que há um desnível de poder entre o segurador e sua contraparte [...]". Tal situação, complementa a autora, é verificada com a própria natureza do risco segurado e é "este desnível que aciona, dentro da própria regulação do contrato, o carácter 'semi-imperativo' de várias disposições, de acordo com a técnica legislativa [...]" (*Contrato de seguro e conduta dos sujeitos ligados ao risco* cit., p. 247-248).

[114] Antes da LCS, o seguro-doença estava previsto no revogado Decreto-lei nº 176/1995, de 26 de julho, havendo regimes diferenciados para o seguro doença com vigência e renovação anuais (art. 14º, nº 1, "a" e "b"), e o seguro-doença de longo prazo (art. 14º, nº 2, "a", "b" e "c"; art. 22º,

exames, consultas, partos e outros relativos à saúde). Nesse contexto, José Alves de Brito anota a distinção do seguro-doença (relacionado à *alteração involuntária do estado de saúde*) em relação ao seguro de despesas médicas no âmbito do seguro-saúde.[115] Além disso, quanto à cobertura das despesas, Margarida Lima Rego aponta que o seguro-saúde poderá relacionar-se apenas com o reembolso de despesas ou, então, o pagamento direto da seguradora ao prestador de serviço de saúde (previamente listado em sua rede).[116]

Ainda, numa perspectiva geral do seguro-saúde, observa-se que o legislador português, na LCS, reconhece a especificidade do regime aplicado a esses seguros, conferindo regramento especial, por exemplo: (i) o afastamento das regras gerais de agravamento do risco (em outros termos, o agravamento do estado de saúde da pessoa segurada) que não se aplicam ao seguro-saúde (arts. 215º, "a", 93º e 94º); (ii) o afastamento do dever geral presente no seguro de pessoa que determina ao tomador do seguro, beneficiário ou à pessoa segura informar à seguradora sobre a existência de mais de um seguro capaz de cobrir o risco (art. 215º, com referência ao art. 180º, nºs 2 e 3);[117] e (iii) a previsão da extensão dos efeitos do seguro-saúde por dois anos, no caso de denúncia feita para os contratos renováveis, cobrindo doença ou outro fato manifestado na vigência do seguro-saúde (observado o limite do capital segurado no último período de vigência do contrato), caso o risco não esteja coberto por um seguro posterior (art. 217º).

nº 1). No RAEASR, o seguro-doença estava indicado no "ramo não vida" (segundo a divisão "vida" e "não vida") – e incluia a) prestações convencionadas; b) prestações indemnizatórias; c) combinações de ambas na forma (art. 123º, nº 2). Observa-se que o último diploma legal mencionado está revogado pelo RJASR, o qual indica como categoria dos seguros "não vida" a modalidade do seguro-doença, mantendo a divisão em "prestações convencionadas, prestações indemnizatórias e combinações dos dois tipos de prestações" (art. 8º, *b*, do RJASR).

[115] BRITO, José Alves de *et al. Lei do Contrato de Seguro*: anotada. 3. ed. Coimbra: Almedina, 2016. p. 577.

[116] REGO, Margarida Lima. O contrato de seguro em Portugal. *In*: REGO, Margarida Lima; PEÑA LÓPEZ, Fernando. *Regulação do contrato de seguro em Portugal e em Espanha*: análise comparada. Santiago de Compostela: Editorial Fundación Inade, 2019. p. 94.

[117] Na percepção de Francisco Luís F. Ribeiro Alves, essa disposição, na medida em que possibilita o tomador ou segurado acionar as prestações indenizatórias que lhe convierem, revela "a preocupação superior do legislador com o seguro de saúde na protecção da saúde do cidadão, dando um cariz ainda mais social à função dos seguradores" (O regime do contrato de seguro de saúde no direito português cit., p. 13).

No Brasil, verifica-se que o art. 757 do CCB[118] também não tratou de definir o seguro,[119] mas o apresenta como contrato que estabelece a "obrigação do segurador de, mediante o pagamento do prêmio, garantir interesse legítimo do segurado, relativo a pessoa ou a coisa, contra riscos predeterminados".

Diferentemente do regime português dos seguros estabelecido na LCS, o Código Civil brasileiro não prevê "tomador do seguro" e "outrem". A expressão "segurado" do Código Civil brasileiro refere-se, em regra, tanto à pessoa que tem o direito ao recebimento da indenização, uma vez ocorrido o evento segurado, quanto àquele que está obrigado ao pagamento do prêmio, mas poderá haver a indicação de beneficiário pelo segurado.[120]

Ademais, apesar de não constar dos dispositivos do Código Civil brasileiro e da LPS, há nos contratos de grupo ou coletivos, no regime brasileiro, a figura do "estipulante", que é a pessoa contratante na modalidade de seguro coletivo. O estipulante contrata com as sociedades seguradoras em nome do grupo segurado.[121] Os segurados, por sua vez, relacionam-se com o estipulante por vínculo associativo ou de trabalho, o que se faz necessário para seu ingresso e manutenção no grupo segurado.[122]

[118] Atualmente, existe o Projeto de Lei nº 29/2017 em trâmite no Congresso brasileiro, com o objetivo de regular toda a parte do contrato de seguro, atualmente prevista no CCB, em lei especial. Note que o referido projeto de lei regula o seguro-saúde, mas prevê no art. 9º, § 2º: "Os seguros e planos de saúde regem-se por lei própria, aplicando-se-lhes esta Lei em caráter subsidiário".

[119] A doutrina brasileira encaminha suas definições a partir da enunciação de atributos e qualidades próprias do seguro: ALVIM, Pedro. *O contrato de seguro* cit., p. 113; COMPARATO, Fábio Konder. *Novos ensaios e pareceres de direito empresarial*. Rio de Janeiro: Forense, 1981. p. 353; PASQUALOTTO, Adalberto. *Contratos nominados III*: seguro, constituição de renda, jogo e aposta, fiança, transação e compromisso. Estudos em homenagem ao Prof. Miguel Reale. Coordenação Miguel Reale e Judith Martins-Costa. São Paulo: RT, 2008. v. 9, p. 27. Sobre a definição do seguro-saúde, em especial, assinala Leonardo Vizeu Figueiredo: "[...] trata-se de pacto celebrado entre a seguradora de saúde e o respectivo segurado, no qual este se obriga ao pagamento do valor pecuniário de contratação estipulado na apólice e do valor da franquia, quando estiver previsto, ao passo que aquele se obriga a pagamento do prêmio, quando da ocorrência de enfermidades contratualmente cobertas" (*Curso de direito de saúde suplementar*: manual jurídico de planos e seguros de saúde cit., p. 185).

[120] SCAFF, Fernando Campos. *Direito à saúde no âmbito privado*: contratos de adesão, planos de saúde e seguro-saúde cit., p. 38-39.

[121] A definição de estipulante está prevista no art. 1º da Resolução CNSP, nº 107, de 2004.

[122] Abordaremos o tema novamente quando tratarmos do seguro-saúde coletivo.

No presente trabalho, não nos ocuparemos de forma exaustiva dos termos indicados no art. 757 do CCB (ou sua comparação terminológica com as previsões da LCS), mas apontaremos seus sentidos, os quais são importantes para a compreensão das distinções de cada regime ora analisado (precisamente o português e o brasileiro), bem como o alcance técnico de expressões que aparentemente são sinônimas na língua portuguesa, porém, segundo a técnica jurídica de cada ordenamento, não o são (como se dá no caso das partes contratantes, o que será detalhado no próximo item).

No Brasil, apenas as disposições gerais dos contratos de seguros previstos no Código Civil brasileiro podem ser aplicadas ao seguro-saúde, mas de forma complementar à legislação especial (art. 777 do CCB). Logo, para uma noção de seguro-saúde, considera-se a definição constante do art. 129 do Decreto-lei nº 73/1966, mesmo que a maioria de seus dispositivos tenha sido revogada pelo Código Civil brasileiro,[123] e isso é possível porque a LPS, art. 1º, I, não revogou expressamente o referido decreto-lei. De outro modo, a definição ampla adotada pelo legislador na LPS acaba por integrar várias espécies de contratos de assistência à saúde, entre elas o conceito de seguro-saúde presente no Decreto-lei nº 73/1966 sob a denominação comum de "plano privado de assistência à saúde".[124] Assim, o seguro-saúde visa "dar cobertura aos riscos de assistência médica e hospitalar".[125]

A LPS, por sua vez, utiliza as expressões (i) "operadora" para incluir a seguradora; (ii) "beneficiário" para incluir o segurado; (iii) "carteira" para o conjunto dos contratos em que há a cobertura de custos assistenciais ou de serviços de assistência à saúde em qualquer das modalidades de que

[123] Cf. PEREIRA, Caio Mário da Silva. *Instituições de direito civil.* 12. ed. Rio de Janeiro: Forense, 2007. v. III, p. 471; e GUERRA, Alexandre Dartanhan de Mello. O contrato de seguro sob a perspectiva do direito civil-constitucional cit., p. 471-472.

[124] Nos termos da art. 1º da LPS: "Submetem-se às disposições desta Lei as pessoas jurídicas de direito privado que operam planos de assistência à saúde, sem prejuízo do cumprimento da legislação específica que rege a sua atividade, adotando-se, para fins de aplicação das normas aqui estabelecidas, as seguintes definições: I – Plano Privado de Assistência à Saúde: prestação continuada de serviços ou cobertura de custos assistenciais a preço pré ou pós-estabelecido, por prazo indeterminado, com a finalidade de garantir, sem limite financeiro, a assistência à saúde, pela faculdade de acesso e atendimento por profissionais ou serviços de saúde, livremente escolhidos, integrantes ou não de rede credenciada, contratada ou referenciada, visando a assistência médica, hospitalar e odontológica, a ser paga integral ou parcialmente às expensas da operadora contratada, mediante reembolso ou pagamento direto ao prestador, por conta e ordem do consumidor [...]".

[125] Termos do art. 129 do Decreto-lei nº 73/1966.

tratam o inciso I e o § 1º do art. 1º; e (iv) "planos de assistência privada à saúde" para indicar os diversos contratos oferecidos no setor privado de saúde,[126] inclusive o seguro-saúde, sem, todavia, revogar a noção presente no art. 129 do Decreto-lei nº 73/1966.

Por isso mesmo, na prática, é comum atribuir a denominação de "plano de saúde" ao seguro-saúde. Entretanto, a escolha do legislador brasileiro por unificar diversos contratos sob uma mesma nomenclatura não descaracteriza o contrato de seguro em si. O seguro-saúde brasileiro, convém observar, tem os mesmos elementos de um contrato de seguro (incluindo seguradora, segurado, sinistro e prêmio),[127] e a doutrina ainda opta por diferenciar plano e seguro-saúde,[128] o que também é adotado no presente trabalho, como salientado quando da delimitação do tema deste estudo.

O legislador do Código Civil brasileiro reconheceu a especificidade do seguro-saúde ao afastar suas disposições especiais, referentes ao seguro de pessoas, do seguro-saúde regulado pela LPS (art. 802 do CCB). Entretanto, mesmo com tal reconhecimento, observa Sérgio Cavalieri Filho que o mencionado seguro não deixa de ser uma espécie de seguro de pessoas.[129]

Da comparação com a doutrina portuguesa observa-se que não há na realidade brasileira uma orientação de divisão entre a cobertura de doença (*processo patológico desenvolvido no interior do corpo e não imputável a*

[126] Conforme art. 1º da LPS, incisos II e III: "II – Operadora de Plano de Assistência à Saúde: pessoa jurídica constituída sob a modalidade de sociedade civil ou comercial, cooperativa, ou entidade de autogestão, que opere produto, serviço ou contrato de que trata o inciso I deste artigo; III – Carteira: o conjunto de contratos de cobertura de custos assistenciais ou de serviços de assistência à saúde em qualquer das modalidades de que tratam o inciso I e o § 1º deste artigo, com todos os direitos e obrigações nele contidos".

[127] Nesse mesmo sentido, ver: SCAFF, Fernando Campos. *Direito à saúde no âmbito privado*: contratos de adesão, planos de saúde e seguro-saúde cit., p. 43.

[128] É o caso dos seguintes autores: MARQUES, Claudia Lima; MIRAGEM, Bruno. Seguro e planos de assistência à saúde: risco, solidariedade e os direitos do consumidor. *In*: MIRAGEM, Bruno; CARLINI, Angélica (org.). *Direito dos seguros*: fundamentos de direito civil, direito empresarial e direito do consumidor. São Paulo: RT, 2015. [s.p.]. Livro eletrônico; CAVALIERI FILHO, Sérgio. *Programa de responsabilidade civil*. 7. ed. São Paulo: Atlas, 2007. p. 411-412; FIGUEIREDO, Leonardo Vizeu. *Curso de direito de saúde suplementar*: manual jurídico de planos e seguros de saúde cit., p. 185; CARNEIRO, Luiz Augusto Ferreira. Princípios básicos de seguros e planos de saúde. *In*: CARNEIRO, Luiz Augusto Ferreira (coord.). *Planos de saúde*: aspectos jurídicos e econômicos. Rio de Janeiro: Forense, 2012. p. 67; ROCHA, Silvio Luís Ferreira da. Tipos de planos e coberturas na Lei nº 9.656/98 cit., p. 67; SCAFF, Fernando Campos. *Direito à saúde no âmbito privado*: contratos de adesão, planos de saúde e seguro-saúde cit., p. 38-52.

[129] CAVALIERI FILHO, Sérgio. *Programa de responsabilidade civil* cit., p. 411.

causa externa, súbita e violenta)[130] e aquele atinente às despesas médicas,[131] contudo pode ser estipulado que a seguradora pague diretamente ao prestador dos serviços (habitualmente presente em sua rede referenciada) ou efetue o reembolso ao segurado, em momento posterior, à semelhança do procedimento aplicado ao seguro-saúde português.[132]

Em cotejo legislativo, verifica-se que a LCS apresenta, em linhas gerais, normas supletivas, em que prevalece a liberdade contratual (art. 11º); regras relativamente imperativas (que poderão ser modificadas em benefício do tomador do seguro, segurado ou beneficiário, particularmente nos seguros de risco de massa, não havendo tal restrição para os seguros de grandes riscos – art. 13º) e poucas normas absolutamente imperativas (art. 12º).[133] A situação é distinta no ordenamento brasileiro em que se constata a preponderância de dispositivos cogentes na LPS, cuja imperatividade restringe a liberdade contratual, na medida em que não podem ser modificados pelos contratantes. Assim, sobressaem os dispositivos imperativos e, mesmo que se pudesse cogitar alguma modificação mais benéfica ao segurado ou beneficiário, tal iniciativa não é comum na prática brasileira (*v.g.*, arts. 1º, 10, 13, 16, 30, 31 e 35-G).[134]

[130] ALMEIDA, José Carlos Moitinho de. O contrato de seguro no direito português e comparado cit., p. 401-402.

[131] E tal se deve aos próprios termos da LPS que, no denominado "plano referência", inclui ampla possibilidade de doenças (cuja referência considera a lista classificatória da OMS) e partos, além de despesas médicas relacionadas a exames, procedimentos, equipamentos e acessórios para cirurgias (como órteses e próteses relacionadas às doenças cobertas pelo seguro), consoante o art. 10 da LPS.

[132] Constatam Claudia Lima Marques e Bruno Miragem que, na atualidade, a forma habitualmente utilizada considera um contrato misto contrato da modalidade pré-pagamento, em que a utilização dos serviços médicos "conveniados" é livre, não necessitando pagamento e consequente reembolso. O reembolso das despesas médicas e de pré-pagamento fica reservado aos tratamentos mais caros ou casos excepcionais (tratamento em outras cidades etc.) (Seguro e planos de assistência à saúde: risco, solidariedade e os direitos do consumidor cit., [s.p.], livro eletrônico).

[133] Consoante expressa o art. 12º, são de imperatividade absoluta: "1. São absolutamente imperativas, não admitindo convenção em sentido diverso, as disposições constantes da presente secção e dos artigos 16º, 32º, 34º e 36º, do nº 1 do artigo 38º, dos artigos 43º e 44º, do nº 1 do artigo 54º, dos artigos 59º e 61º, dos nºs 2 e 3 do artigo 80º, do nº 3 do artigo 117º e do artigo 119º. 2. Nos seguros de grandes riscos admite-se convenção em sentido diverso relativamente às disposições constantes dos artigos 59º e 61º".

[134] O *dirigismo contratual* presente na LPS (Lei nº 9.656/1998), no Brasil, é reforçado pela subsidiariedade de aplicação do CDC aos seguros-saúde. Nesta linha: "[...] a aplicação da

2.2. Partes

O contrato de seguro, no regime português, apresenta como partes o segurador e o tomador do seguro.[135] Ao segurador é dada a atribuição de cobrir um risco predefinido em contrato, o qual poderá relacionar-se à esfera do próprio tomador do seguro[136] ou de outrem.[137] No primeiro caso, temos a coincidência das figuras do tomador e do segurado; no segundo caso, tal não ocorre. Margarida Lima Rego especifica a diferença, respectivamente, entre "tomador-segurado" e "terceiro-segurado".[138]

O tomador do seguro é a contraparte obrigada ao pagamento de um prêmio, salvo se as partes convencionarem de outra forma (arts. 1º e 51º, nº 1, LCS).[139] Esse dever de pagamento do prêmio inicial deve ser mantido ao longo da duração do contrato de seguro, com adimplemento dos prêmios subsequentes, para que, uma vez ocorrido o sinistro, o segurado tenha o direito à indenização.[140] No seguro-saúde, em especial, veremos que a ideia de sinistro toma o sentido de eventos que poderão resultar, para a seguradora, no reembolso de despesas de saúde, pagamento direto ao prestador dos cuidados à saúde, ou mesmo a possibilidade de uso pelo segurado da rede referenciada da seguradora.[141] O aspecto sinalagmático entre o prêmio e a cobertura do risco, ressalta Pedro Romano Martinez, leva à "regra de não haver cobertura do risco sem pagamento (prévio) do prêmio".[142]

Lei 9.656/1998 aos conflitos entre as operadoras e usuários dos planos e seguros privados de assistência à saúde é imperativa, no sentido de que não pode ser afastada. A aplicação supletiva da lei tem como finalidade superar alguma lacuna da lei imperativa, ou promover a integração dela ao sistema legislado para sua completude, nos casos em que todas as situações possíveis não foram previstas no texto legal específico da matéria regulada" (Bottesini, Maury Ângelo; Machado, Mauro Conti. *Lei dos planos e seguros de saúde.* 3. ed. São Paulo: Forense, 2015. [s.p.]. Livro eletrônico).

135 Art. 1º da LCS.

136 Trata-se do seguro celebrado por conta própria (nº 2, art. 47º, da LCS).

137 É o seguro por conta de outrem e, nesse caso, o nome do segurado deverá constar da apólice ou, ao menos, ser identificável (art. 48º da LCS).

138 Rego, Margarida Lima. *Contrato de seguro e terceiros*: estudo de direito civil cit., p. 46.

139 Martinez, Pedro Romano. *Direito dos seguros*: apontamentos cit., p. 53.

140 Brito, José Miguel de Faria Alves de. Seguro-caução. Primeiras considerações sobre o seu regime e natureza jurídica. *In*: Albuquerque, Ruy de; Cordeiro, António Menezes (coord.). *Estudos em memória do Professor Doutor José Dias Marques*. Coimbra: Almedina, 2007. p. 425.

141 Nesse sentido, conferir: Martins, Maria Inês de Oliveira. *Contrato de seguro e conduta dos sujeitos ligados ao risco* cit., p. 299-300.

142 Martinez, Pedro Romano *et al. Lei do Contrato de Seguro*: anotada cit., p. 93.

Ainda na perspectiva portuguesa, a figura do segurado, na expressão utilizada por José Alves de Brito, "se apresenta como o titular do interesse que, pela interpretação do contrato, se conclui pretender tutela",[143] podendo ser parte do contrato do seguro ou não, conforme haja sua identificação com a pessoa do tomador.[144] Mesmo assim, o segurado sempre será o sujeito que está coberto pelo seguro.[145] Em obra anterior ao novo Regime de Seguros português, José Vasques já identificava como "segurado" tanto a pessoa que tinha o interesse coberto pelo contrato de seguro quanto a denominada "pessoa segura", ou seja, aquela cuja *vida, saúde ou integridade física* poderia ser objeto de seguro.[146]

No direito português, há ainda os autores que assinalam a diferença entre o *segurado* e a *pessoa segura*, o último como expressão específica para o seguro de pessoas, a denominar aquele que tem a vida ou integridade física coberta pelo seguro. É a pessoa exposta, portanto, ao risco. Logo, nesse posicionamento doutrinário, segurado e pessoa segura são pessoas distintas, como exemplifica António Menezes Cordeiro citando o caso do patrocinador (tomador do seguro) que, ao contratar seguro de vida com a seguradora, indica o clube de futebol patrocinado (segurado) como titular ao recebimento da indenização, caso ocorra a morte de um jogador (pessoa segura) do time de futebol.[147]

143 BRITO, José Alves de. *Contrato de seguro por conta de outrem.* O seguro por conta de outrem nos seguros de danos. 2005. Dissertação (Mestrado) – Faculdade de Direito de Lisboa, Lisboa, 2005, p. 31.

144 Na proposta presente na tese de Margarida Lima Rego, a partir de estudos do direito civil, "entre os vários terceiros relativamente a um contrato de seguro, sobressaem os terceiros-segurados [...] Os terceiros-segurados existem sempre que o tomador do seguro seja pessoa diversa do(s) segurado(s)" (REGO, Margarida Lima. *Contrato de seguro e terceiros*: estudo de direito civil cit., p. 869).

145 Trata-se de uma proteção direta proveniente do seguro (REGO, Margarida Lima; PEÑA LÓPEZ, Fernando. *Regulação do contrato de seguro em Portugal e em Espanha*: análise comparada. Santiago de Compostela: Editorial Fundación Inade, 2019. p. 25).

146 VASQUES, José. *Direito dos seguros* cit., p. 171-172.

147 CORDEIRO, António Menezes. *Direito dos seguros* cit., p. 531; REGO, Margarida Lima. *Contrato de seguro e terceiros*: estudo de direito civil cit., p. 48-52; POÇAS, Luís. *O dever de declaração inicial do risco no contrato de seguro* cit., p. 539-552. Margarida Lima Rego indica a diferenciação a partir de exemplificação do próprio texto do art. 183º da LCS. Ver: REGO, Margarida Lima; PEÑA LÓPEZ, Fernando. *Regulação do contrato de seguro em Portugal e em Espanha*: análise comparada cit., p. 25.

A seguradora ou *empresa de seguros* é a contraparte do contrato de seguro legalmente habilitada a exercer a atividade seguradora,[148] obrigada à prestação contratualmente prevista, diante da ocorrência dos eventos ali indicados (art. 1º da LCS). O acesso e o exercício da atividade seguradora, em Portugal, estão determinados tanto por normas regulatórias daquele país quanto pelas diretivas da comunidade europeia, confluindo as legislações dos Estados-membros de maneira a possibilitar e facilitar a operação das seguradoras entre os diversos países-membros da União Europeia.

Sem a pretensão de aprofundar a temática, nota-se ainda que a regulação aplicável exige das seguradoras portuguesas comprovação de solvência, reserva técnica e outros requisitos rigorosos para a garantia da solvibilidade e adequação da seguradora ao mercado europeu. Sua organização, em regime de estabelecimento, se dá apenas nas formas de sociedade anônima; mútua de seguros ou resseguros; sucursal de empresa de seguro ou de resseguro com sede em outro Estado-membro ou país terceiro (uma vez atendidos os requisitos exigidos pela lei específica). Também se admitem empresas de seguros públicas ou de capitais públicos, originadas nos termos da lei portuguesa, cujo objeto seja a realização de operações de seguro ou de resseguro em condições equivalentes às das empresas de direito privado e empresas de seguro e resseguro que adotem a forma de sociedade europeia, conforme legislação aplicável.[149]

Por fim, no direito dos seguros em Portugal, podemos encontrar o termo "beneficiário" previsto nos arts. 198º a 201º da LCS. Nesse caso, o beneficiário é o interveniente a favor de quem se estipula o recebimento da prestação pecuniária, ou seja, o benefício decorrente do sinistro.[150] Relaciona-se com o seguro de vida, de acidentes e outros que fixam capital, como anota Pedro Romano Martinez.[151] O beneficiário poderá ser o próprio tomador, mas haverá casos, como no seguro de vida supramencionado, em que a pessoa designada será terceiro-beneficiário. A propósito, poderá haver intervenientes não previamente designados no contrato, mas que serão indicados pelo terceiro-beneficiário, como pondera António Menezes Cordeiro.[152]

148 VASQUES, José. *Direito dos seguros* cit., p. 170.

149 Cf. nºs 1, 2, 3 do art. 3º do RJASR.

150 REGO, Margarida Lima; PEÑA LÓPEZ, Fernando. *Regulação do contrato de seguro em Portugal e em Espanha*: análise comparada cit., p. 25.

151 MARTINEZ, Pedro Romano. *Direito dos seguros*: apontamentos cit., p. 54.

152 CORDEIRO, António Menezes. *Direito dos seguros* cit., p. 533.

Assim, no regime português, são partes do contrato de seguro a seguradora e o tomador do seguro. O segurado poderá ser ou não parte contratante, conforme se identifique com o tomador. Por exemplo, no seguro-saúde coletivo contratado entre o empregador (tomador do seguro) e a seguradora para disponibilizar cobertura aos seus funcionários (segurado), não haverá coincidência entre tomador e segurado. Ainda, no tocante ao seguro-saúde, não se exclui também a possibilidade de que haja a nomeação do beneficiário, pois, como anota Maria Inês de Oliveira Martins, tanto o seguro-saúde como o seguro de acidentes podem apresentar a modalidade de pagamento de somas (comum no caso do seguro de vida) ou prestações predeterminadas, e ainda a forma indenizatória, todas de alguma maneira mensuradas geralmente na extensão do dano apurado.[153]

No ordenamento brasileiro, à semelhança do direito português, também há a figura da seguradora e do segurado, todavia a estruturação desses sujeitos no contrato é distinta e inclui diferenças de nomenclatura. No Brasil, não há propriamente a figura do "tomador do seguro" como parte do contrato. Consoante os termos do art. 757 do CCB, são partes no contrato de seguro a seguradora e o segurado.[154] Logo, a seguradora assume a cobertura ou garantia de um interesse legítimo e compromete-se com a específica prestação, diante da ocorrência de determinados riscos previamente indicados no contrato pelas partes. O segurado, por sua vez, é aquele (pessoa física ou jurídica) que tem interesse legítimo em precaver-se diante do risco e celebra o contrato de seguro com tal objetivo.[155]

A seguradora também deve estar previamente autorizada pela entidade reguladora do setor antes de operar no mercado (parágrafo único do art. 757 do CCB). No caso dos seguros em geral, no Brasil, a entidade reguladora é a SUSEP, todavia, dada a especificidade das seguradoras que operam com seguro-saúde, conforme determinação legal, a atuação dessa agência reguladora foi afastada, prevalecendo as normativas, os regula-

[153] Seja qual for a modalidade no seguro-saúde, segundo a autora, "os critérios de fixação estão geralmente ligados à gravidade do dano verificado na saúde ou integridade física. Assim, nesses casos, a extensão da prestação do segurador depende totalmente ou em alguma medida da extensão das consequências do sinistro – o que dota de especial interesse a sua contenção" (MARTINS, Maria Inês de Oliveira. *Contrato de seguro e conduta dos sujeitos ligados ao risco* cit., p. 247).

[154] Cf. art. 757 do CCB.

[155] Pedro Alvim esclarece que o segurado "é a denominação técnica e jurídica do titular do risco" (*O contrato de seguro* cit., p. 195).

mentos e a fiscalização da ANS desde 2001.[156] De todo modo, quanto às regras atinentes aos ativos garantidores de provisões técnicas, as seguradoras que atuam com o seguro-saúde devem atender, ainda, às determinações expedidas pelo CMN.[157]

Além disso, quanto à estrutura societária, observa-se a exigência da constituição de sociedade anônima ou cooperativa para as seguradoras que pretendem operar com seguro-saúde no Brasil (arts. 24 e 143 do Decreto-lei nº 73/1966). A comprovação da solvência (necessária constituição da reserva técnica) e o rigor na forma de constituição da sociedade, tal como no regime português, visa dar, entre outros, segurança às relações securitárias, bem como assegurar o recebimento do crédito pelo segurado.[158]

No direito brasileiro, e segundo a classificação do seguro, podemos encontrar ainda o *estipulante* e o *beneficiário*. Nessa perspectiva, a modalidade coletiva do seguro-saúde (coletivo empresarial e coletivo por adesão) apresenta ambas as figuras que não se confundem, como será explicitado no subitem relativo ao seguro de *grupo*.

No momento, pode-se dizer que estipulante, no seguro brasileiro, é o intermediário que contrata o seguro para outrem (art. 21, § 1º, do Decreto-lei nº 73/1966). Pedro Alvim ressalta que se trata de seguro por conta de terceiro, o qual se distingue do seguro por conta própria (quando o ato de contratar é realizado diretamente pelo segurado).[159] O estipulante equipara-se ao segurado nos seguros obrigatórios (art. 21, *caput*, do Decreto-lei nº 73/1966) e funciona como mandatário do grupo de segurados no seguro facultativo (art. 21, § 2º, do Decreto-lei nº 73/1966).

No âmbito específico do seguro-saúde, apesar de a LPS não tratar diretamente da figura do estipulante,[160] a noção é construída a partir do art. 1º

[156] É o que determina o art. 1º da Lei nº 10.185/2001.

[157] Ver § 5º do art. 1º da Lei nº 10.185/2001.

[158] Ribeiro, Maria Eduarda *et al. Lei do Contrato de Seguro*: anotada. 3. ed. Coimbra: Almedina, 2016. p. 83.

[159] Alvim, Pedro. *O contrato de seguro* cit., p. 193.

[160] Aliás, para Ernesto Tzirulnik, a figura do estipulante de seguros coletivos e profissionais, o qual pactua com a seguradora uma apólice mestra, recebendo posteriormente adesões de uma massa de segurados, a partir de propostas simplificadas acaba por alargar a ideia original de estipulante, "onde se revelava intenso vínculo de interesses entre o 'estipulante' e o grupo de segurados" (Tzirulnik, Ernesto; Cavalcanti, Flávio de Queiroz B.; Pimentel, Ayrton. *O contrato de seguro:* de acordo com o novo Código Civil brasileiro. 2. ed. São Paulo: RT, 2003. p. 49).

da Resolução do CNSP nº 107/2004, que define como "estipulante" a pessoa física ou jurídica contratante da "apólice coletiva de seguros, ficando investido dos poderes de representação do grupo" segurado perante as sociedades seguradoras. Sobre a extensão da representação do estipulante, no seguro-saúde, o Superior Tribunal de Justiça (STJ) tem proferido decisões assinalando que a relação havida entre a seguradora e o estipulante "é similar a um contrato por conta de terceiro" e, para os segurados, o "estipulante é apenas um intermediário, um mandatário" dos segurados. Todavia, o estipulante não representa a seguradora.[161]

A denominação *beneficiário* nos seguros celebrados segundo o regime jurídico brasileiro indica aquele que tem o direito à prestação convencionada, caso suceda o sinistro. Em geral, trata-se do recebimento de capital fixo. No entanto, esse conceito é adaptado no seguro-saúde regido pela LPS e se refere à pessoa destinatária dos benefícios de acesso à rede referenciada da seguradora ou aquele que receber o reembolso de despesas efetuadas com serviços de saúde (ou ambos), o que é diferente de uma soma total prefixada por evento.[162]

O termo *beneficiário,* diferentemente da palavra *estipulante,* aparece em diversos dispositivos da lei brasileira sobre planos e seguro-saúde (LPS), mas não apresenta um sentido uníssimo, vale ponderar. Ora *beneficiário* direciona-se para o próprio segurado do seguro-saúde, ora para os usuários e demais pessoas dependentes do segurado. Assim, *beneficiário,* no âmbito do seguro-saúde, será a pessoa que recebe o benefício previsto na cobertura securitária, podendo ser o próprio segurado ou não.[163]

Feitas as distinções iniciais quanto às partes que compõem o contrato de seguro, consoante as diferenças legislativas de cada país, tem-se, em suma, que: a) no ordenamento português, seguradora e tomador do seguro são as partes do referido contrato. O tomador poderá ser o próprio segurado ou, se assim não for, haverá os terceiros-segurados;[164] b) no ordenamento

[161] STJ, 3ª Turma, AgRg no REsp 1.355.612/AL, *DJe* 23.09.2014; REsp 1.510.697/SP, Rel. Min. Ricardo Villas Bôas Cueva, j. 09.06.2015, *DJe* 15.06.2015, *Informativo* nº 0564, 15 a 30 de junho de 2015.

[162] Quanto ao tema, ver item 4.3 sobre *sinistro e indenização.*

[163] Vale notar que a LPS não utiliza a palavra "segurado", apenas beneficiário. A exemplo das alíneas "a" e "b" do § 3º do art. 8º; art. 11; inciso V do art. 16; arts. 30 e 31 da LPS.

[164] Nesse sentido, explica Margarida Lima Rego: "Os terceiros-segurados existem sempre que o tomador do seguro seja pessoa diversa do(s) segurado(s). O mesmo é dizer, sempre que

brasileiro, seguradora e segurado são as partes do contrato de seguro. Não há a figura do tomador do seguro, mas nos contratos coletivos denomina-se como "estipulante" aquele que atuará como intermediário (mandatário) do grupo segurado, em regra.

2.3. Relação entre interesse e o risco segurado

2.3.1. Risco e interesse

No conteúdo do contrato de seguro verifica-se a conexão entre o risco e o interesse, e isso ocorre seja no ordenamento jurídico português, seja no brasileiro. No ordenamento português é o que se extrai do nº 1, art. 43º, da LCS. Afinal, o *interesse* do segurado deve ser "digno de proteção legal relativamente ao risco coberto, sob pena de nulidade do contrato". Portanto, no seguro não há interesse sem risco e vice-versa. Como esclarece Margarida Lima Rego, a cessação do risco elimina a razão da cobertura; e, se o interesse desaparece, também não há sentido em falar de risco ou ameaça de risco, porque não há a necessidade da cobertura que se origina exatamente desse interesse.[165]

Um mesmo interesse pode estar sujeito a mais de um risco e é a existência da probabilidade de ocorrência do risco que justifica a proteção do interesse. Aliás, em Portugal, José Vasques[166] trata de duas dimensões do interesse: a primeira refere-se à relação entre o sujeito e o objeto de interesse e a segunda concerne ao valor econômico desse interesse a partir da consideração do risco; daí tem-se que o *interesse* no seguro tem natureza patrimonial.

No Brasil, vê-se o mesmo cuidado em diferenciar interesse e risco. Fábio Konder Comparato, na perspectiva brasileira, anota que o interesse não se

se haja celebrado um seguro por conta de outrem ou de quem pertencer" (REGO, Margarida Lima. *Contrato de seguros e terceiros*: estudos de direito civil. 2008. 720f. Tese (Doutorado) – Faculdade de Direito da Universidade de Lisboa, Lisboa, 2008. Disponível em: https://run.unl.pt/bitstream/10362/8402/3/MLR_TD_2008.pdf. Acesso em: 14 abr. 2020). Cf. também Maria Inês de Oliveira Martins sobre a perspectiva de contratação em favor de terceiros, na área do seguro de pessoas: *Contrato de seguro e conduta dos sujeitos ligados ao risco* cit., p. 251.

[165] REGO, Margarida Lima. O risco e suas vicissitudes. *In*: REGO, Margarida Lima (coord.). *Temas de direito dos seguros.* 2. ed. Coimbra: Almedina, 2016. p. 390.

[166] VASQUES, José *et al. Lei do Contrato de Seguro*: anotada. 3. ed. Coimbra: Almedina, 2016. p. 235. O caráter de relação econômica entre o interesse da pessoa e um determinado bem também é ressaltado por: ALMEIDA, José Carlos Moitinho de. *O contrato de seguro no direito português e comparado* cit., p. 147.

confunde com o próprio bem ou pessoa segurada, mas se pauta pela relação entre a pessoa contratante e esse bem ou essa pessoa. A etimologia latina "inter esse, ou seja, o que está entre duas entidades", deixa assente a ideia de relação intermediária.[167] Essa distinção entre risco e interesse, vale notar, não está explícita na LPS, mas está presente no art. 759 do CCB, ao determinar como elementos da apólice, entre outros, o *interesse garantido* e a *descrição do risco*. O interesse, por óbvio, deve ser legítimo, sob pena de nulidade,[168] sanção que também se observa no ordenamento português.

É o interesse que motiva a ação da pessoa na prevenção ou atenuação das possíveis repercussões de determinado risco, o qual recai sobre si ou outrem, ou ainda sobre o patrimônio próprio ou alheio. Trata-se da manifestação de uma necessidade da pessoa, expressa em caráter econômico, embora existam autores que entendam pela possibilidade de outras motivações.[169] Em síntese, é o interesse que atua na justificação do contrato de seguro[170] e é o interesse segurado que ganha relevância jurídica, determinando prestações contratuais específicas para as partes envolvidas no seguro.[171]

Se o interesse está pautado pela possibilidade do risco, passo seguinte é perquirir o que seria o *risco segurado*. Nota-se que não há propriamente um consenso acerca do conceito de risco e suas características, em virtude da

[167] COMPARATO, Fábio Konder. Seguro de garantia de obrigações contratuais. *In*: COMPARATO, Fábio Konder. *Novos ensaios e pareceres de direito empresarial*. Rio de Janeiro: Forense, 1981. p. 353.

[168] Assim, o art. 762 do CCB: "Nulo será o contrato para garantia de risco proveniente de ato doloso do segurado, do beneficiário, ou de representante de um ou de outro".

[169] Sobre o sentido e alcance de interesse segurado discute Bruno Miragem, no Brasil: "[...] trata-se, como regra, de interesse de natureza econômica, seja na conservação do patrimônio, seja para assegurar-se de sua não diminuição ou visando à redução ou contenção do passivo patrimonial. Ou ainda para a satisfação de uma necessidade própria do segurado ou de terceiro beneficiário. Todavia, embora controversa, admite-se, inclusive expressamente, a dualidade do interesse econômico e moral como objeto do seguro" (MARQUES, Claudia Lima; MIRAGEM, Bruno. Seguro e planos de assistência à saúde: risco, solidariedade e os direitos do consumidor cit., [s.p.], livro eletrônico). Em Portugal, Margarida Lima Rego propõe para o conceito de interesse uma "relação, objectivamente apreciada, entre o sujeito de uma necessidade e o bem de que necessita", logo, para uma visão que não se limite a uma relação de valor (*Contrato de seguro e terceiros*: estudo de direito civil cit., p. 212-222 e 274-282).

[170] MARTINEZ, Pedro Romano. *Direito dos seguros*: apontamentos cit., p. 59.

[171] PASQUALOTTO, Adalberto. *Contratos nominados III*: seguro, constituição de renda, jogo e aposta, fiança, transação e compromisso cit., p. 135.

polissemia do termo, ponto de discussão seja para autores portugueses[172] ou brasileiros.[173] Mesmo diante disso, e ressalvado que o foco do estudo não é detalhar teorias para uma definição,[174] indicaremos algumas delimitações possíveis da expressão, aplicáveis ao seguro-saúde como objeto de estudo.

Uma das construções tradicionais assinala a importância da consideração do risco como uma incerteza mensurável, em outros termos, o risco com a possibilidade de ser apreciável matematicamente, na expressão dada por Frank Knight.[175] A partir disso, muito se discute teoricamente sobre o que seria quantificável ou não.[176] Entretanto, como aponta Margarida Lima

[172] Diferentes classificações e teorias sobre risco relacionado ao seguro, em Portugal: Rego, Margarida Lima. *Contrato de seguro e terceiros*: estudo de direito civil cit., p. 67-172; Poças, Luís. *O dever de declaração inicial do risco no contrato de seguro* cit., p. 86-95.

[173] Apresentam diferentes características quanto ao risco Pedro Alvim e Munir Karam. O primeiro entende que o acontecimento deve ser possível, futuro, incerto e geralmente oriundo de fortuito ou força maior. O segundo indica o risco preexistente, mas não futuro. Cf. Alvim, Pedro. *O contrato de seguro* cit., p. 214-225; e Karam, Munir. Do contrato de seguro no Código Civil: noções fundamentais. *Revista dos Tribunais*, São Paulo, v. 834, p. 77, abr. 2005. No seguro-saúde, especificamente, a imprevisibilidade do evento também é revista por Luiz Henrique Sormani Barbugiani que exemplifica a situação na comparação entre o seguro de danos automobilísticos e o seguro-saúde. No primeiro, é possível a situação de que o seguro não seja utilizado por décadas, já no segundo é muito difícil imaginar que um indivíduo nunca vai adoecer ao longo dos anos (*Planos de saúde*: doutrina, jurisprudência, legislação cit., p. 6-7).

[174] Não nos ocuparemos das diversas acepções e classificações que o termo polissêmico *risco* poderá apresentar no seguro, ou mesmo as teorias relacionadas. Quanto ao assunto, conferir: Athearn, James L. What is risk? *Journal of Risk & Insurance*, v. 38, Issue 4, p. 639-645, Dec. 1971; Thoyts, Rob. *Insurance theory and practice*. New York: Routledge, 2010. p. 4-23; Vaughan, Emmett J.; Vaughan, Therese M. *Fundamentals of risk and insurance*. 11. ed. New York: John Wiley & Sons, 2014. p. 1-11; Matthews, Robert. *As leis do acaso*: como a probabilidade pode nos ajudar a compreender a incerteza. Tradução George Schlesinger. Rio de Janeiro: Zahar, 2017. Livro eletrônico. Disponível em: https:// integrada.minhabiblioteca.com.br/#/books/9788537816691/cfi/6/2!/4/5@0:0. Acesso em: 5 dez. 2019 (Ver em especial capítulo 16 Garantir ou arriscar?). Sobre uma visão matemática do risco, ver: Chaufton, Albert. *Les assurances*: leur passé, leur présent, leur avenir. Paris: Chevalier-Marescq, 1884. t. I, p. 102 e ss.; Knight, Frank H. *Risk, uncertainty and profit*. New York: Dover, 2006. p. 4 e 50.

[175] "The essential fact is that 'risk' means in some cases a quantity susceptible of measurement." Tradução livre: O fato essencial é que o 'risco' significa, em alguns casos, uma quantidade suscetível de medição (Knight, Frank H. *Risk, uncertainty and profit* cit., p. 20).

[176] Sobre probabilidades objetivas (cálculo caucionado em ciência estatística) e subjetivas (juízo que não se funda na ciência estatística) ver: Martins, Maria Inês de Oliveira. Da incerteza ao risco: as técnicas seguradoras e o seu referente, num diálogo com Knight. *Boletim de Ciências Económicas: Homenagem ao Prof. Doutor António José Alves Nunes*, Organização de Luiz Pedro Cunha *et al.*, Coimbra, v. LVII, t. II, p. 2163, 2014.

Rego, quando "já não se distingue entre o que pode e o que não pode ser medido, mas sim entre o que foi e o que não foi medido, para o feito de tomada de uma decisão", essa discussão já não apresenta o mesmo peso no âmbito da ciência jurídica. Isso porque a questão da probabilidade numérica está voltada à "decisão do sujeito do juízo de risco", logo, passa por uma valoração humana feita previamente ao ato de contratar e que também estará delimitada, segundo o que foi objeto do contrato de seguro, pela estipulação das partes.[177]

De toda sorte, as regras de probabilidade e estatística aplicadas aos eventos ocasionais, ao longo de um tempo determinado, também oferecem sua contribuição para o cálculo mensurável do risco e a probabilidade de sua ocorrência.[178] Assim, a eventualidade de um acontecimento e a possibilidade de sua previsão são aspectos para consideração das partes contratantes no seguro, ponto que repercute nos estudos da doutrina de ambos os países ora analisados.[179]

Em estudo estatístico, Rob Thoyts apresenta a noção de risco como "uma condição do mundo real e desvio adverso de um resultado desejado que é previsto ou esperado".[180] Tal entendimento dá-nos alguns elementos para elucidação das características do risco, em especial o risco relativo ao seguro-saúde: a ideia da necessidade de um risco real, concreto, materializável e sua relação com um acontecimento que poderá ser adverso

177 REGO, Margarida Lima. *Contrato de seguro e terceiros*: estudo de direito civil cit., p. 93.

178 Para além de uma abordagem lusófana, Albert Chaufton lista eventos como a morte, a doença, os acidentes, os naufrágios, as perdas e as avarias de mercadoria no transporte, incêndios em imóveis, entre outros fortuitos, que acontecem com certa regularidade e em proporções matemáticas quase imutáveis, distendidos no tempo. O risco, para o autor, não é outra coisa que o valor atual do possível dano, considerado uma unidade de tempo determinado (*Les assurances*: leur passé, leur présent, leur avenir cit., p. 102-103).

179 Cf. Em Portugal, CORDEIRO, António Menezes. *Direito dos seguros* cit., p. 540; MARTINEZ, Pedro Romano. *Direito dos seguros*: apontamentos cit., p. 57. Ver também: VASQUES, José. *Direito dos seguros* cit., p. 127-128; POÇAS, Luís. *O dever de declaração inicial do risco no contrato de seguro* cit., p. 95-117. No Brasil: SOUZA, Pedro Guilherme Gonçalves de; ZANCHIM, Kleber Luiz. Seguro: ato e atividade. *In*: FERNANDES, Wanderley (coord.). *Contratos de organização da atividade econômica*. São Paulo: Saraiva, 2011. p. 320-325; CARNEIRO, Luiz Augusto Ferreira. Princípios básicos de seguros e planos de saúde cit., p. 77; TZIRULNIK, Ernesto. *Seguro de risco de engenharia*: instrumento de desenvolvimento. 2014. Tese (Doutorado) – Faculdade de Direito da USP, São Paulo, 2014, p. 29-33.

180 Tradução livre do trecho: "Risk is a condition of the real world and adverse deviation from a desired outcome that is expected or hoped for" (THOYTS, Rob. *Insurance theory and practice* cit., p. 2).

ou não (o último aspecto não é contemplado pelo autor citado, contudo entendemos como parte da característica do risco aqui tratado). Afinal, nem sempre o evento será adverso no seguro-saúde, a exemplo da gravidez e do parto, apesar de gerar custos.[181]

Tais aspectos econômicos do *risco segurado*, tratados por Rob Thoyts, podem ser parcialmente traduzidos para a síntese jurídica proposta por Luís Poças,[182] que observa nas características do risco segurado: a) a possibilidade (relacionada à própria ocorrência do sinistro e/ou o momento de sua ocorrência ou ainda atinente ao momento de verificação de seus efeitos); b) a concretude (risco previsível, mensurável e quantificável, logo, passível de individualização, o que influenciará o cálculo do prêmio); c) o fato de ser exógeno (risco que independe do contrato de seguro para acontecer e impactar a esfera pessoal ou patrimonial do segurado); d) licitude (pois o ilícito não pode ser objeto de seguro).

Essas características do risco segurado, a nosso ver, são comuns ao seguro--saúde presente no regime português e no brasileiro. Como se observa, ao menos para o seguro-saúde, optou-se por não incluir as caraterísticas da aleatoriedade (no sentido restrito de *fortuito*)[183] e o efeito desfavorável, sob a consideração de que existem situações, como consultas médicas de rotina no seguro-saúde, que não são propriamente aleatórias, bem como pode não haver efeito negativo (ainda que oneroso), como na situação de exames preventivos em que se verifica a boa saúde da pessoa segurada ou a consulta com médico nutrólogo para melhorar a *performance* dos treinos de um atleta.[184]

[181] Nesse sentido, o evento poderá ser desfavorável ou não, mas ao menos haverá um custo a ele associado, como no caso de um nascimento ou casamento. Cf. Cordeiro, António Menezes. *Direito dos seguros* cit., p. 540. Caio Mário da Silva Pereira descreve que o evento "pode ser infeliz ou sinistro (morte, incêndio, naufrágio etc.) ou feliz (sobrevivência)" (*Instituições de direito civil*: contratos. 22. ed. rev. e atual. Por Caitlin Mulholland. Rio de Janeiro: Forense, 2018. v. 3, [s.p.]. Livro eletrônico).

[182] Poças, Luís. O dever de declaração inicial do risco no contrato de seguro cit., p. 94-95.

[183] Cf. sobre a aleatoriedade do risco nos seguros em geral, em Portugal: Vasques, José *et al.* *Lei do Contrato de Seguro*: anotada cit., p. 240; Martinez, Pedro Romano. *Direito dos seguros*: apontamentos cit., p. 58. No Brasil: Gomes, Orlando. *Contratos* cit., p. 505 e 516. Em outro sentido, conferir, em Portugal: Poças, Luís. *O dever de declaração inicial do risco no contrato de seguro* cit., p. 95. Sobre situações que atenuam e afastam a aleatoriedade, afetando a concepção tradicional de risco nos seguro-saúde, no Brasil: Scaff, Fernando Campos. *Direito à saúde no âmbito privado*: contratos de adesão, planos de saúde e seguro-saúde cit., p. 42-45.

[184] Luís Poças usa a expressão evento *danoso* e exemplifica com seguros de vida, na situação em que não há dano, mas indiferença: "[...] p. ex., o seguro de vida em caso de morte, celebrado

Quanto à não obrigatoriedade do efeito desfavorável na visão de José Carlos Moitinho de Almeida, à época do seguro-doença, anterior ao regime instituído pela LCS, em Portugal, o referido seguro poderia assumir, por um lado, a feição de seguro de pessoas, uma vez que o segurador fosse "obrigado a certas prestações independentemente de qualquer prejuízo sofrido". O mencionado autor também compreendia que o mesmo seguro, por outro lado, poderia tomar a forma de um seguro de danos (no caso de pagamento de despesas médicas, farmacêuticas e hospitalares, por exemplo).[185] Atualmente, a LCS situa o seguro-saúde (expressão que inclui o antigo seguro-doença) no Título III relativo ao "seguro de pessoas".

Por fim, quanto aos possíveis riscos relacionados ao seguro-saúde, constata-se a aproximação de ambos os regimes ora analisados, na expressão da cobertura de eventos que demandam a prestação de cuidados com a saúde, logo, para medidas que podem envolver a prevenção, manutenção, restabelecimento ou mesmo medidas paliativas, segundo a condição de saúde do segurado. É o que se extrai dos exemplos dados por Jorge Sinde Monteiro e Maria José Rangel de Mesquita ao incluírem despesas médicas (consultas, tratamentos e exames), hospitalares, terapêuticas (fisioterapia), odontológicas, custos com medicamento, fornecimento de materiais e insumos (como próteses e lentes de contato, conforme previsão da cobertura) e outros tipos de cuidados médicos relacionados ao risco e sua delimitação contratual.[186]

2.3.2. Risco no seguro-saúde

Adotada a proposta de Luís Poças acerca das caraterísticas do risco segurado, o que foi explicitado no item antecedente, resta diferenciar o que poderá estar incluso no risco coberto pelo seguro-saúde e, nesse aspecto, os dois sistemas ora analisados se diferem. Vejamos inicialmente o regime português.

sobre a própria vida do tomador, a favor de uma instituição de caridade, religiosa, desportiva ou política" (*O dever de declaração inicial do risco no contrato de seguro* cit., nota de rodapé 272, p. 95). Também Pedro Alvim, ao assinalar a incompatibilidade entre dano e seguro de vida: "[...] é muito difícil inserir-se tal noção, por exemplo, no seguro de vida para pagamento em vida ao segurado" (*O contrato de seguro* cit., p. 438).

[185] Almeida, José Carlos Moitinho de. O contrato de seguro no direito português e comparado cit., p. 402.

[186] Monteiro, Jorge Sinde; Mesquita, Maria José Rangel de. *Insurance law in Portugal.* Netherlands: Wolters Kluwer, 2010. p. 118.

Observa-se que, em Portugal, o seguro-saúde evolui do tradicional seguro-doença, já presente no ordenamento antes da LCS aprovada pelo Decreto-lei nº 72/2008, ampliando os eventos relacionados com a saúde para além das situações de enfermidades.[187] Além disso, a presença da liberdade contratual, e sua relevância para a área dos seguros, possibilitou diversidade nas modalidades de seguro-saúde constantes na prática portuguesa, diferentemente do que ocorre no Brasil (onde a lei especial adotou postura intervencionista, limitando possibilidades no seguro-saúde sob a égide da LPS).

O Regime Jurídico de Acesso e Exercício da Atividade Seguradora e Resseguradora (RJASR – aprovado pela Lei nº 147/2015, de 9 de setembro) apresenta a divisão do seguro-doença: (i) em prestações convencionadas; (ii) em prestações indenizatórias; e (iii) na combinação dos dois tipos de prestação (art. 8º, b).

Os apontamentos de Jorge Sinde Monteiro e Maria José Rangel de Mesquita perfilam algumas dessas modalidades, ao indicarem como principais formas do *seguro-saúde*, em Portugal: (i) o reembolso (despesas médicas e hospitalares incorridas, bem como outras despesas cobertas pela apólice e realizadas pelo segurado, limitado aos montantes fixados previamente no contrato); e (ii) a rede de serviços (*health care services*) que apresenta rede médica (*network*) organizada ou contratada pelo próprio segurador (médico, hospitais e clínicas privadas). Anotam os referidos autores que, atualmente, as seguradoras não raras vezes estão ligadas a um grupo financeiro, o qual oferece rede médica própria, incluindo hospitais privados e médicos especialistas, disponibilizados no seguro-saúde.[188]

Na prática, como anota o relatório do antigo Instituto de Seguros de Portugal (ISP), feito durante a vigência do antigo regime de seguros, as seguradoras já operavam com modalidades que estavam além da divisão normativa indicada no Regime de Acesso e de Exercício da Atividade Seguradora e Resseguradora (RAEASR), vigente à época. Assim, consoante levantamento do agente regulador português, em 2003, eram denominadas como seguro-doença as seguintes categorias:[189] (i) reembolso – mediante a apresentação

[187] Brito, José Alves de *et al. Lei do Contrato de Seguro*: anotada cit., p. 577.

[188] Monteiro, Jorge Sinde; Mesquita, Maria José Rangel de. *Insurance law in Portugal* cit., p. 118.

[189] ISP – Instituto de Seguros de Portugal. *Relatório anual sobre o segurador e fundos de pensões*. Lisboa, 2003, p. 173-174.

de comprovantes de pagamento pelo segurado, a seguradora indeniza parte ou totalmente suas despesas (gastos de hospitalização, consultas, medicamentos, tratamentos e diagnóstico; (ii) rede *convencionada* ou *managed care* – rede de profissionais e entidade que oferecem serviços médico-hospitalares ao tomador que poderá optar por ela; (iii) sistema misto – a pessoa pode escolher entre prestadores de serviços não integrantes da rede, entretanto as condições de reembolso são menores comparativamente à rede convencionada; (iv) doença grave (*critical illness insurance ou dread disease insurance*) – doenças graves como câncer, diabetes e disfunções cardíacas dão direito ao pagamento de um capital segurado previamente ou o pagamento das despesas médico-hospitalares necessárias ao tratamento; (v) seguro de dependência (*long-term care*) – utilizado para cobrir gastos com cuidados e assistência à pessoa que sofra alguma limitação em sua capacidade motora ou psíquica (em razão de doença ou acidente), incluindo despesas com mobilidade, higiene pessoal e alimentação, sendo tais serviços prestados na residência do segurado, em estabelecimento especializado ou em ambos. Neste último é presumido que o período seja de longa duração.

A partir da LCS, em 2008, nota-se que o seguro-doença passa a ser designado por *seguro-saúde*, sem indicação de subdivisões pela referida lei. Ainda assim, seguem mantidas as divisões do seguro-saúde presentes no RJASR que revogou o RAEASR[190] e, como expressa Maria Inês de Oliveira Martins, há todo um "manancial de possibilidades de tutela de interesse sobre a cúpula do 'seguro de saúde'".[191]

Nessa perspectiva, a autora analisa as subcategorias do seguro-saúde, na linha do que foi indicado no relatório do ISP, suprarreferenciado, tendo em conta não só situações cuja causa da perturbação da saúde liga-se a um fator interno (como manifestação de um processo patológico atrelado ao corpo do indivíduo e capaz de afetar sua integridade física),[192] mas também situações de incapacidade resultante dessa doença e eventualmente a morte dela decorrente.[193]

[190] Dividido nas modalidades: a) prestações convencionadas; b) prestações indenizatórias; e c) combinação de ambas (art. 8º, *b*, do RJASR).

[191] MARTINS, Maria Inês de Oliveira. Contrato de seguro e conduta dos sujeitos ligados ao risco cit., p. 296.

[192] ALMEIDA, José Carlos Moitinho de. O contrato de seguro no direito português e comparado cit., p. 400-401.

[193] MARTINS, Maria Inês de Oliveira. Contrato de seguro e conduta dos sujeitos ligados ao risco cit., p. 299.

Ao final, das considerações feitas por Maria Inês de Oliveira Martins, quanto ao referido relatório, obtém-se que as modalidades de: a) cobertura – indenizatória ou convencionada – de prestações de serviços de assistência à saúde; b) reembolso de despesas; e c) "prestações periódicas por perda temporária de autonomia" (incapacidade temporária) são as categorias cujo núcleo contratual mais se aproxima da noção própria de seguro-saúde.[194]

Na situação do seguro de dependência para os cuidados necessários à sobrevivência da pessoa, que se torna incapaz de realizar atos da vida diária de maneira permanente, a autora observa que "os serviços de assistência pessoal e doméstica" apartam-se dos *cuidados de saúde,* ou seja, sua ligação com o sentido próprio do seguro-saúde é tênue, diante da sua função previdenciária. Por isso mesmo, com mais razão, nas situações de prestações securitárias relacionadas ao evento morte por doença fica evidenciada sua aproximação do seguro de vida.[195]

Segundo o relatório da ASF em 2015, houve o crescimento do seguro-saúde, tanto no segmento individual quanto no segmento de grupo, em especial para a categoria mista, que reúne prestações convencionadas e indenizatórias.[196]

No Brasil, o seguro-saúde comporta poucas variações em virtude do direcionamento dado pela própria LPS (art. 1º). De modo diverso do regime português, os seguros específicos para doenças graves e outros com caráter assistencial e previdenciário ofertados por seguradoras, com indicação de indenização prefixada, renda temporária ou vitalícia por invalidez, são habitualmente vinculados aos seguros de vida ou acidentes pessoais e estão regulados pela SUSEP.[197] Essa perspectiva não se aplica ao seguro-saúde regido pela LPS no Brasil.[198]

194 Idem, ibidem.

195 Idem, p. 299-300.

196 Ainda, em 2015, os seguros de grupo representavam 55% das subscrições de seguro-saúde, enquanto os seguros individuais eram de 45% (ASF – Autoridade de Supervisão de Seguros e Fundos de Pensões. *Relatório do setor segurador e dos fundos de pensões.* Lisboa, 2015, p. 84).

197 Cf. Resolução do Conselho Nacional de Seguros Privados (CNSP) nº 117/2004, Circular SUSEP nº 302/2005 e Circular SUSEP nº 317/2006.

198 É certo que o Decreto-lei nº 73/1966, em seus arts. 129 e 130, ainda prevê o seguro-saúde na modalidade de reembolso, com indicação de aplicação de franquia e pagamento de quantia em dinheiro para o prestador de serviço, mas, com o advento da Lei de Plano de Saúde e a previsão de cobertura de eventos sem limite financeiro, o segmento encontra-se praticamente absorvido na atualidade.

O seguro-saúde regido pela LPS poderá prever: (i) a disponibilização de serviços de cuidados com a saúde, tais como médico-hospitalares, laboratoriais, terapêuticos e odontológicos ao beneficiário (e seus dependentes), normalmente prestados por terceiros que podem fazer parte de sua rede credenciada; ou ainda (ii) o reembolso de despesas incorridas por ocasião da prestação desses serviços.[199]

Na legislação brasileira, tradicionalmente afirma-se o direito de livre escolha do segurado quanto aos médicos, laboratórios e hospitais (art. 130, § 2º, do Decreto-lei nº 73/1966), situação em que as despesas serão reembolsadas mediante a apresentação de comprovante. Com a evolução do mercado de seguro, e desde a Resolução nº 16/1988 do CNSP, as seguradoras passaram a ofertar rede referenciada no seguro-saúde (a partir de acordos e convênios com prestadores de serviços médico-hospitalares para pagamento direto). Portanto, na atualidade, as seguradoras não só oferecem a modalidade de reembolso, mas também o pagamento direto aos profissionais e estabelecimentos de saúde integrantes de sua rede referenciada.

Atualmente, a modalidade mais contratada é a mista, em que, mediante o pagamento prévio de contraprestação pelo segurado, lhe são garantidos tanto o acesso a uma rede credenciada de médicos, hospitais e laboratórios quanto o reembolso de despesas médicas.[200] A propósito, o fato de as seguradoras atuarem no custeio ou reembolso das despesas, bem como no oferecimento de rede referenciada, sujeita-as aos termos da LPS e à normatização da ANS (art. 1º, § 1º, da LPS). No Brasil, não se admite a indicação de limite de capital referente às doenças seguradas no seguro-saúde regido pela LPS.

Comparando-se os regimes português e brasileiro, observa-se como aspecto comum a possibilidade de o seguro-saúde ser ofertado nas seguintes modalidades: a) reembolso de despesas médicas realizadas pelo contratante ou pagamento direto ao prestador do serviço pela seguradora; b) rede referenciada previamente constituída pela seguradora (a seguradora seleciona e credencia os profissionais e entidades atuantes no setor da saúde privada que serão oferecidos ao tomador do seguro, segurado ou pessoa segura, conforme o caso); e c) a possibilidade de agrupar ambas as modalidades ("a" e "b").

[199] SAMPAIO, Aurisvaldo. *Contrato de plano de saúde.* São Paulo: RT, 2011. p. 188.

[200] MARQUES, Claudia Lima; MIRAGEM, Bruno. Seguro e planos de assistência à saúde: risco, solidariedade e os direitos do consumidor cit., [s.p.], livro eletrônico.

Contudo, as semelhanças não se verificam no caso do seguro-saúde, que estabelece um capital fixo por evento, ou mesmo quanto à estipulação de valor determinado para assistência da pessoa (em caso de doença incapacitante temporária), tal como se dá em Portugal. Essas modalidades não estão definidas, nem são admitidas, para o seguro-saúde regido na LPS (art. 1º, I, da LPS), pois a referida norma dispõe que não poderá haver limite financeiro para os eventos cobertos. Mesmo assim, é possível aproximar as mencionadas modalidades de situações próprias dos seguros de acidentes e de vida.

2.4 Forma

A celebração do contrato de seguro-saúde, tal como os seguros em geral, não depende de uma forma especial no regime português (art. 32º da LCS e arts. 217º e 219º do CCP), o que também é aplicável ao regime brasileiro (arts. 107, 758 e 759 do CCB).[201] Assim, utilizam-se as regras gerais de formação do negócio jurídico,[202] observa-se a liberdade da forma e, como contrato consensual, deve-se considerar a declaração livre, consciente e em consenso das partes para a validade da avença.[203]

Na análise evolutiva do ordenamento português, José Vasques esclarece que a forma escrita como requisito de validade *(ad substantiam)* do contrato de seguro deixa de ser exigida (o que era determinado pelo art. 426º do CCom)[204] a partir do novo regime de seguros em 2008. A exigência do instrumento escrito passa a incidir sobre a apólice (art. 32º, nº 2, da LCS) "ou, quando convencionado, em suporte eletrónico duradouro (art. 34º, nº 2), a assumir o objetivo prático de provar ('ad probationem') o contrato".[205] A apólice expressa a relação entre seguradora e tomador, portanto.

[201] Note que a LPS não trata do tema, sendo aplicado o Código Civil brasileiro quanto à forma do contrato.

[202] REGO, Margarida Lima. O contrato de seguro em Portugal cit., p. 31; e AZEVEDO, Antônio Junqueira. *Negócio jurídico*: existência, validade e eficácia. 4. ed. 7. tir. São Paulo: Saraiva, 2010. p. 126.

[203] ALVES, Paula Ribeiro. *Contrato de seguro à distância*: o contrato eletrónico cit., p. 106; e GOMES, Orlando. *Contratos* cit., p. 505.

[204] Aliás, ainda no Regime dos Seguros português, anterior a 2009, Paula Ribeiro Alves ressalvava que a forma escrita visava facilitar a prova, e não propriamente requisito de validade (*Contrato de seguro à distância*: o contrato eletrónico cit., p. 103).

[205] VASQUES, José *et al. Lei do Contrato de Seguro*: anotada cit., p. 209.

No direito brasileiro, por sua vez, discute-se se a exigência da forma expressa, a partir da "exibição da apólice ou do bilhete do seguro, e, na falta deles, de documento comprobatório do pagamento do respectivo prêmio" (art. 758 do CCB), também seria exigência *ad substantiam* (ou seja, a forma apontada pela lei civil interfere na própria substância e constituição do ato e, logo, em sua validade) ou *ad probationem* (a forma em questão refere-se a fins probatórios) do contrato de seguro.[206]

Em nossa compreensão, a intenção do legislador, no art. 758 do CCB, ao indicar a exibição da apólice ou de outro documento comprobatório do pagamento do seguro, é apontar o valor *ad probationem tantum* do instrumento escrito, portanto, com o objetivo de facilitar a prova da relação contratual entre as partes. Na prática, a falta da forma expressa poderá acarretar dificuldades de prova, mas não é situação a determinar o ato negocial inválido.[207]

A redação da apólice,[208] no regime português, deve ser compreensível, concisa e rigorosa, em caracteres legíveis, com o uso de palavras e expressões da linguagem corrente, quando for prescindível o uso de termos legais ou técnicos (nº 1, art. 36º, da LCS). A língua portuguesa é a que será empregada na redação, salvo solicitação diversa do tomador antes da emissão da apólice (art. 36º, nº 2, da LCS).

A indicação das menções obrigatórias na apólice, por sua vez, está presente no art. 37º da LCS, de forma geral, e inclui a indicação das condições gerais, especiais e particulares acordadas entre as partes (nº 1), além dos elementos mínimos (nº 2)[209] que deverão constar do instrumento. A LCS

[206] Pereira, Caio Mário da Silva. *Instituições de direito civil* cit., 2007, p. 30.

[207] Zanetti, Andrea Cristina; Gramstrup, Erik. Aspectos formativos do contrato na atualidade. *Revista Questio Iuris*, Rio de Janeiro, v. 12, n. 4, p. 685-686, 2019. Disponível em: https://www.e-publicacoes.uerj.br/index.php/quaestioiuris/article/view/38456/33553. Acesso em: 13 jun. 2020.

[208] Sobre a entrega da apólice e consequências, no ordenamento português, ver art. 34º da LCS.

[209] Como exemplificação dos itens relacionados ao conteúdo mínimo, consoante o art. 37º, nº 2, da LCS: designação "apólice" no documento, identificação dos documentos que compõem a apólice, natureza do seguro, riscos cobertos, âmbito territorial e temporal, direitos e obrigações das partes (inclusive segurado ou beneficiário), capital segurado, prêmio ou fórmula do cálculo, início da vigência (com indicação de hora e dia), duração, conteúdo da prestação do segurador em caso de sinistro ou modo de determiná-la, lei aplicável e as condições de arbitragem, conforme o caso.

também estabelece que o contrato deverá ter disposições em destaque, por escrito e em dimensão maior para cláusulas que estabeleçam: a) causas de invalidade, de prorrogação, de suspensão ou de cessação do contrato por iniciativa de qualquer das partes; b) abrangência da cobertura, com indicação de exclusão ou limitação; e c) deveres de aviso que dependam da observância de prazo, aplicáveis ao tomador do seguro ou beneficiário (nº 3). Caso a apólice não observe a disposto no art. 37º, terá o tomador o direito de exigir a correção da apólice a qualquer momento (art. 37º, nº 4) e até mesmo resolver o contrato (nos termos dos nºs 2 e 3, art. 23º).

Ainda no regime português, na especificidade do *seguro-saúde* de longa duração,[210] além das disposições do art. 37º da LCS, a apólice deverá destacar em seu conteúdo a extinção do direito às coberturas do contrato (art. 179º, "a", da LCS); a eventual extensão da cobertura para além do término da vigência contratual (art. 179º, "b", da LCS); o regime de evolução e adaptação dos prêmios ao longo da relação contratual (art. 179º, "c", da LCS).

No regime brasileiro, a doutrina costuma diferenciar o seguro-saúde e o plano-saúde, como abordado anteriormente. Todavia, alguns dos elementos do seguro-saúde, em virtude da incidência da LPS e dos regulamentos da ANS, poderão apresentar denominação e estruturação distintas daquelas tradicionalmente empregadas para os contratos de seguro de forma geral, em especial no tocante à apólice.

Assim, antes da contratação, consoante o art. 24 da RN nº 195/2009 da ANS, a seguradora entregará ao segurado e ao estipulante[211] o Manual de Orientação para Contratação de Planos de Saúde (MPS), os quais deverão apresentar, minimamente, o prazo de carência, a vigência do contrato, os critérios de reajuste, a segmentação da assistência e a abrangência geográfica.[212] O envio poderá ser eletrônico ou impresso, conforme a preferência do segurado ou estipulante. Também os formulários utilizados pelas seguradoras devem referenciar expressamente o MPS e a Guia de Leitura Contratual – GLC (art. 25).

[210] Em comentário quanto ao conceito de "longa duração" nos seguros, José Alves de Brito anota, diante da redação do art. 113º da LCS, como tal o prazo de cinco anos ou superior (*Lei do Contrato de Seguro*: anotada cit., p. 498).

[211] Os segurados, no seguro-saúde individual, receberão antes da contratação e, no seguro-saúde coletivo, antes da assinatura da respectiva proposta para adesão. A medida refere-se ao segurado titular.

[212] Ver também IN DIPRO nº 20 da ANS para detalhes da MPS e GLC.

Por seu turno, o conteúdo do contrato deverá conter as condições para admissão no seguro-saúde (o que é importante, sobretudo na modalidade coletiva), o início da vigência, o período de carências para acesso aos serviços, a faixa etária e os prêmios, bem como reajustes respectivos, as condições que implicam a perda da cobertura, a indicação dos eventos cobertos e excluídos, o regime ou tipo de contratação, a eventual franquia e coparticipação, as demais informações financeiras (como bônus, descontos etc.), a área geográfica de abrangência, os critérios para reajuste e fixação da contraprestação pecuniária (prêmio), o número de registro na ANS (art. 16 e incisos da LPS).

Após a assinatura do contrato de seguro-saúde pelas partes, no regime brasileiro, uma via do contrato deverá ser entregue ao segurado, havendo, no caso da modalidade individual ou familiar, a indicação para a obrigatoriedade da entrega no parágrafo único do art. 16 da LPS. No seguro-saúde, deve-se emitir o "cartão de identificação"[213] do segurado, em formato impresso ou digital, e dever-lhe-á ser entregue acompanhado de instruções gerais,[214] a fim de facilitar a informação e o acesso à rede referenciada da seguradora e demais coberturas previstas no seguro.[215] Tais documentos equivalem às funções da apólice no seguro-saúde.

Além da legislação especial e normas específicas supraindicadas[216], a redação das cláusulas no seguro-saúde no ordenamento brasileiro observa

[213] Cf. arts. 19 e 20 da RN nº 389/2015; art. 24 da RN nº 195/2009; e art. 5º da IN DIPRO nº 20, todas da ANS.

[214] Constantes da GLC (art. 24 da RN nº 195/2009 da ANS e art. 5º da INDIPRO nº 20, de 29 de setembro de 2009).

[215] A ANS, com o fim de reforçar a transparência entre as partes contratantes, emitiu a RN nº 389/2015 no intuito de ampliar o fornecimento do conteúdo mínimo obrigatório aos estipulantes, segurados e beneficiários (entendidos como dependentes do segurado e abrangidos na cobertura do seguro), a partir do uso de meio digital. Assim, em "área específica e restrita", destinada a cada usuário individualmente no portal da seguradora na Internet (Portal de Informações do Beneficiário da Saúde Suplementar – PIN-SS), o segurado ou beneficiário poderá encontrar informações próprias do "componente cadastral e componente de utilização dos serviços". Descrição dos itens obrigatórios encontra-se nos arts. 7º a 18 da RN nº 389/2015 da ANS.

[216] Consoante o art. 16, parágrafo único, da LPS: "A todo consumidor titular de plano individual ou familiar será obrigatoriamente entregue, quando de sua inscrição, cópia do contrato, do regulamento ou das condições gerais dos produtos de que tratam o inciso I e o § 1º do art. 1º, além de material explicativo que descreva, em linguagem simples e precisa, todas as suas características, direitos e obrigações".

as determinações do Código de Defesa do Consumidor (art. 35-G da LPS), de maneira complementar. Assim, o seguro-saúde, como contrato de adesão, deverá ser redigido com clareza, em caracteres ostensivos e legíveis para facilitar a compreensão do estipulante e do segurado. Ademais, as cláusulas que impliquem limitação do direito do segurado ou beneficiário deverão ser destacadas no contrato a fim de facilitar a imediata identificação (art. 54, §§ 3º e 4º, do CDC).

3
O DEVER DE INFORMAR NO CONTRATO DE SEGURO-SAÚDE

A informação que cada contratante possui é dotada de relevância econômica para o contrato de seguro. Seja com relação ao dever de informar quanto aos aspectos contratuais no momento das tratativas, o que possibilita ao segurado conhecimento de suas alternativas e a escolha da cobertura que melhor atenda a seus interesses, seja no tocante à declaração inicial do risco, que no seguro-saúde requer a indicação de doenças e lesões preexistentes pelo segurado para delimitação do risco e cálculo do prêmio correspondente,[217] observa-se o cuidado especial com a matéria, em ambos os regimes analisados, como modo de opor-se aos desvios provocados pela assimetria informativa.

De toda maneira, também é notório que as informações de saúde prestadas pelo proponente à seguradora são informações sensíveis e pessoais que exigem o tratamento diferenciado, sendo atribuído o dever de guarda e sigilo, a fim de resguardar a própria pessoa e sua família, mesmo nas situações em que o contrato não seja celebrado, o que remete aos ditames da boa-fé objetiva.

3.1. Deveres de informar e confidencialidade no seguro-saúde

No seguro-saúde, o dever de informar e a confidencialidade das informações estão intrinsecamente relacionados, independentemente do ordenamento em que o seguro se encontre. No que concerne à empresa seguradora, deverá ela apresentar e esclarecer as condições do negócio

[217] Martins-Costa, Judith. *A boa-fé no direito privado* cit. p. 344

ofertado já na fase precedente ao contrato (pré-contratual). Ao proponente, por sua vez, cumpre o dever de declarar as informações relevantes atinentes à sua condição de saúde, fornecendo os dados solicitados pela seguradora da maneira mais precisa possível, conforme determinação legal e exigências contratuais admissíveis, tendo em conta parâmetros da boa-fé, o que poderá incluir: exames médicos, informações sobre certos hábitos de vida relacionados à saúde, histórico familiar de doenças, enfermidades de que tenha conhecimento, lesões sofridas. Note-se que tais aspectos de saúde são informações sensíveis relacionadas à pessoa, pois a individualizam, tocam sua intimidade e, portanto, devem ser tratadas o tempo todo como sigilosas. Em qualquer caso, havendo ou não contratação, deverá a seguradora atuar na salvaguarda de tais informações, evitando que elas sejam conhecidas por terceiros não autorizados, tratando-as com rigor confidencial a partir do momento do seu conhecimento.

Tais deveres de informar, exemplificados no parágrafo antecedente, são estruturados para remediar a assimetria informativa presente nos seguros, pois, se, por um lado, a seguradora tem informações técnicas relativas ao funcionamento do mercado, de outro, não tem acesso ao estado e histórico de saúde do segurado, os quais são primordiais à análise do risco, cálculo do prêmio e constituição da provisão técnica. A vantagem informativa do último aspecto citado (informações pessoais sobre saúde) pertence ao segurado, contudo ele não tem informação e conhecimento técnico do mercado de seguros, o que também deve ser objeto de consideração.[218] De toda sorte, no seguro-saúde cumpre notar que a seguradora não é considerada a parte mais fraca da relação contratual, como regra geral, reconhecimento que a lei, todavia, confere quando se trata de pessoa que contrata o seguro-saúde.[219]

[218] TELES, Joana Galvão. Deveres de informação das partes. *In*: REGO, Margarida Lima (coord.). *Temas de direito dos seguros*. 2. ed. Coimbra: Almedina, 2016. p. 327-328.

[219] Essa perspectiva se relaciona, em especial, ao tomador do seguro e segurado nos seguros relativos aos riscos de massa, tal como o seguro-saúde, no direito dos seguros português. Conforme trecho da exposição dos motivos presente no Decreto-lei nº 72/2008, que estabeleceu o regime jurídico dos contratos de seguro em Portugal: "Em suma, em especial nos seguros de riscos de massa, importa alterar o paradigma liberal da legislação oitocentista, passando a reconhecer explicitamente a necessidade de protecção da parte contratual mais débil. Não obstante se assentar na tutela da parte contratual mais débil, como resulta do que se indicou, cabe atender ao papel da indústria de seguros em Portugal". Esse reconhecimento da vulnerabilidade do segurado, no Brasil, se dá pela aplicação supletiva do CDC na forma

Evidentemente, tais aspectos gerais e comuns aos regimes português e brasileiro sobre o dever de informar (apontados nos parágrafos anteriores) são estruturados conforme o ordenamento jurídico de cada país, o que detalharemos a seguir, iniciando pelos deveres da seguradora relacionados às informações pré-contratuais para, na sequência, tratar do dever atinente à sua contraparte – que poderá ser o tomador (em Portugal) e estipulante ou segurado (no Brasil). Iniciemos por Portugal.

3.1.1. Dever de informar da seguradora e confidencialidade

O dever de informar atribuído à seguradora, em Portugal, está regulado nos arts. 18º a 22º da LCS.[220] As disposições tratam do dever geral de informação e esclarecimento ao tomador do seguro (pessoa física ou coletiva)[221] a fim de assegurar-lhe o conhecimento do contrato e a compressão de seus termos, condições, possibilidades e limites, que incluem, entre outros: o nome e estatuto societário da seguradora; âmbito do risco que será objeto da cobertura, as exclusões e limites da apólice, valor total do prêmio ou método de cálculo (quando for ajustável ao longo do contrato); pagamento do prêmio e consequência da mora; agravamento; bônus; montante mínimo (seguro obrigatório); montante máximo por período de vigência; períodos de carência; duração e formas de cessação do contrato; riscos de ruptura;[222] regime de transmissão do contrato; formas de reclamação e lei aplicável (arts. 18º, alíneas "a" a "l", e 22º, nºs 1 a 4, da LCS).[223]

do art. 4º, I, com o art. 35-G da LPS, que trata o beneficiário do seguro-saúde, pessoa física, como consumidor. Por outro lado, há discussão quando a contraparte é a pessoa jurídica, dadas as disposições do art. 13, II, da LPS, e o próprio tratamento diferenciado conferido pela Resolução nº 195/2009 da ANS.

220 A Lei do Contrato de Seguros (art. 19º da LCS) não afastou disposições especiais sobre o dever de informar, como no caso do contrato a distância (arts. 11º a 18º do Decreto-lei nº 95/2006, de 29 de maio) e aquelas aplicáveis às relações de consumo (arts. 7º e 8º da Lei nº 24/1996, de 31 de julho).

221 Ressalve-se que há o dever especial de informar do tomador com relação aos segurados na modalidade coletiva de seguro, o que trataremos ao cuidar da classificação do seguro-saúde segundo a pessoa.

222 Exemplificam Arnaldo da Costa Oliveira e Maria Eduarda Ribeiro: "Risco de ruptura de garantia relevante é. *v.g*, o tomador, na renovação do seu seguro de saúde, optar pela subscrição de outro seguro, em detrimento da simples renovação – dessa forma acionando um período de carência que poderá vir a ser relevante" (*Lei do Contrato de Seguros*: anotada cit., p. 119).

223 As disposições legais em questão são consideradas *relativamente imperativas*, na forma do art. 13º da LCS, desse modo eventuais alterações contratuais são admitidas, se estabelecerem

A inobservância do dever de informar e de esclarecimento,[224] supraindicados, é atitude que impacta o "dever geral de atuação de boa-fé",[225] o que poderá acarretar a responsabilidade civil da seguradora (nº 1 do art. 23º da LCS e art. 227º, nº 1º, do CCP),[226] sem prejuízo da possibilidade de resolução do contrato, salvo quando a falta da seguradora não tenha razoavelmente afetado a decisão de contratar da contraparte ou quando terceiro tenha acionado a cobertura (nº 2 do art. 23º da LCS).[227] Nesse último caso, a lei estabelece prazo de 30 dias da recepção da apólice para que o tomador resolva o contrato, com efeitos retroativos, o que tem como consequência a devolução do prêmio pago em sua totalidade (nº 3 do art. 23º da LCS). As consequências servem tanto para a falta quanto para a falha de informação. Exemplificando a questão, em Portugal, Francisco Luís F. Ribeiro Alves trata como falha a existência de desconformidade entre as informações prestadas pela seguradora e aquelas que constam da apólice, "já que é a apólice com seus elementos contratuais mínimos que fixa a base do contrato" (arts. 35º e 37º da LCS).[228]

Além das informações contratuais gerais (art. 18º da LCS), há o dever especial de esclarecimento no regime dos seguros português. A propósito, tal dever revela-se de importância nos contratos de seguro-saúde, dadas a complexidade da cobertura e a variação do montante do prêmio – ou capital do seguro – modulado segundo o tipo e extensão dos riscos de saúde

um regime mais favorável ao tomador do seguro, ao segurado ou ao beneficiário da prestação do seguro.

224 As informações em questão devem "abranger a totalidade do clausulado, com a antecedência necessária a uma cabal apreensão, interiorização e possibilidade de reponderação – normalmente na fase de negociação, ou pré-contratual – e efetivada de modo adequado, tendo-se em conta, designadamente, a importância do contrato e a sua extensão e complexidade das suas cláusulas" (Trecho do acórdão do Tribunal da Relação de Coimbra, Proc. 2029/15.5T8LRA.C1, Rel. Des. Carlos Moreira, j. 10.09.2019. Disponível em: www.dgsi.pt. Acesso em: 1º jul. 2020).

225 Teles, Joana Galvão. Deveres de informação das partes cit., p. 334.

226 A responsabilidade, no caso, é pré-contratual, designada como *culpa in contrahendo*. Aspecto também aplicável ao direito brasileiro, quanto à violação do mesmo dever. Nessa linha: Teles, Joana Galvão. Deveres de informação das partes cit., p. 355-363.

227 O art. 23º, nº 2, da LCS ressalva que a resolução poderá ser afastada "quando a falta do segurador não tenha razoavelmente afectado a decisão de contratar da contraparte ou haja sido accionada a cobertura por terceiro".

228 Alves, Francisco Luís F. Ribeiro. O regime do contrato de seguro de saúde no direito português cit., p. 14.

cobertos (nºs 1 a 3 do art. 22º e nº 4 do art. 24º da LCS). Um dos deveres de esclarecimento incluídos no art. 22º é a indicação, pela seguradora, das modalidades de seguro mais convenientes para o tomador do seguro, o que, como se presume, demanda a necessidade de prévio conhecimento das condições pessoais e de saúde do tomador ou segurado (art. 24º da LCS). Consequentemente, as referidas condições pessoais do tomador ou segurado também observam o dever de sigilo para a seguradora.

O dever legal de sigilo apontado no parágrafo antecedente (art. 119º da LCS) determina que a seguradora – e seus respectivos administradores, funcionários, agentes e auxiliares, mesmo após o término de suas funções – mantenha segredo das informações que obteve por ocasião das tratativas do contrato, o que se estende durante a celebração, execução e mesmo com o encerramento da relação contratual (o dispositivo supraindicado trata das hipóteses de *não celebração, invalidade* ou *cessação* da relação contratual, respectivamente).[229]

Comenta José Pereira Morgado que o dever de sigilo em questão reveste-se da forma de sigilo profissional dada a relevância de ordem pública e privada da garantia de "reserva da vida privada e familiar, sobretudo na esfera pessoal, mais íntima".[230] Maria Inês de Oliveira Martins, por sua vez, destaca que tal dever, decorrente da boa-fé objetiva, está marcado pelo direito fundamental à intimidade privada (nº 1, art. 26, da CRP).[231] E, tal como compreendemos, referido sigilo ganha ênfase no âmbito do seguro-saúde, em que o segurador tem acesso a aspectos íntimos e segredos da vida dos

229 Ver nºs 1 e 2 do art. 119º da LCS.

230 Morgado, José Pereira *et al. Lei do Contrato de Seguros*: anotada cit., p. 388.

231 Nessa perspectiva, sobre a proteção da intimidade da pessoa, assina Maria Inês de Oliveira Martins: "No Direito português, este direito encontra-se antes de mais protegido no art. 26º, ns. 1 e 2, da CRP, que confere uma tutela geral, no plano constitucional, ao direito à reserva da intimidade da vida privada e familiar. Esta tutela de plano encontra um contraponto de Direito privado geral no art. 80º do CC, segundo o qual todos devem guardar reserva quanto à intimidade da vida privada de outrem. [...] No plano constitucional, está nestas condições, para o que aqui importa, o princípio da proibição de tratamento informático ou manual de dados referentes à vida privada (35º, ns. 3 e 714) e o da proibição do acesso a dados pessoais por terceiros (n. 4), bem como a imposição legiferante da organização da protecção dos dados pessoais (n. 2). E, exactamente, no plano do direito ordinário, releva muito especialmente a Lei de Protecção de Dados Pessoais" (Da assimetria informativa ao excesso de informação. *In*: MIRAGEM, Bruno; CARLINI, Angélica (org.). *Direito dos seguros*: fundamentos de direito civil, direito empresarial e direito do consumidor. São Paulo: RT, 2015. [s.p.]. Livro eletrônico).

tomadores e segurados, segredos estes que podem não ter sido expostos sequer para a própria família. Nessa perspectiva, ressalta António Menezes Cordeiro que não é difícil supor as graves e irreversíveis consequências à pessoa que tem a intimidade de sua vida privada revelada, em especial com informações sensíveis como hábitos de vida e dados de saúde, cujo potencial de dano pode ir além da esfera pessoal.[232]

Como forma de complementar as declarações do tomador ou segurado acerca dos aspectos pessoais de hábitos de vida, histórico familiar e saúde, a seguradora poderá realizar entrevistas e solicitar exames médicos para que possa avaliar quais os riscos e informar as coberturas, observadas as disposições dos arts. 177º e 178º da LCS.[233]

Note-se, por oportuno, que os referidos exames médicos igualmente se revestem da mesma confidencialidade exigida no art. 119º da LCS e também daquela imposta pela Lei nº 12/2005, de 26 de janeiro,[234] que estabelece tratamento da *informação genética pessoal e informação de saúde* (nº 2 do art. 177º da LCS). Nesse âmbito, em especial, a lei impede que a seguradora solicite testes genéticos aos potenciais tomadores do seguro ou segurados, contudo a seguradora pode vir a tomar conhecimento de informações genéticas durante a execução do contrato, na eventualidade de testes genéticos serem realizados pelo tomador ou segurado para diagnóstico, por exemplo. Mesmo assim, a seguradora não poderá fazer uso de tais informações genéticas para efeitos do seguro-saúde ou outros efeitos (nºs 2 e 3, art. 6º da Lei nº 12/2005).

O art. 178º, nº 1, da LCS trata de informações a serem prestadas pela seguradora ao interessado na contratação para que ele possa realizar os exames médicos necessários à celebração do contrato (o que inclui discriminação de todos os exames solicitados, entidades credenciadas para efetuá-los, custos relacionados, indicação da pessoa ou entidade que receberá os resultados, entre outros). O ônus probatório desse dever de informar é da própria seguradora (nº 2 do art. 178º da LCS), de tal forma que seu descumprimento ou falha poderá gerar o dever de indenizar. Para tanto,

[232] CORDEIRO, António Menezes. *Direito dos seguros* cit., p. 736.

[233] No regime português do seguro-saúde, nota-se a disposição nº 2 do art. 177º remete à aplicação da lei especial para testes genéticos ou à utilização de informação genética na contratação do seguro. Nesse sentido, conferir Lei nº 12/2005, de 26 de janeiro, que trata da informação genética pessoal e informação de saúde.

[234] Alterada pela Lei nº 26/2016, de 22 de agosto.

Francisco Luís F. Ribeiro Alves assinala que a informação inadequada ou não prestada deve mostrar-se determinante: a) na decisão sobre a realização ou não do exame pela *pessoa segura*, ocasião que exige a avaliação de eventuais transtornos e sofrimento a ela causados; e b) no impacto dos custos suportados pelo proponente, de tal maneira que a pessoa não teria realizado o exame, se soubesse previamente de seu valor.[235]

A forma de comunicação e tratamento dos resultados dos exames médicos realizados para a celebração do contrato de seguro-saúde português observa os nºs 3 a 6 do art. 178º da LCS. Trata-se de um segundo momento no dever de informação. Os resultados dos referidos exames devem direcionar-se apenas à *pessoa segura* ou a quem esta expressamente indique (nº 3 do art. 178º da LCS), sendo dados por médico, em regra.[236] O mesmo cuidado deve ser adotado no caso de o tomador do seguro ou segurador não aceitar celebrar o seguro ou aceitar sob condições especiais – como no caso de agravamento e carência (nº 5 do art. 178º da LCS).[237]

Ainda quanto ao tema, prescreve a lei especial sobre seguros, em Portugal, que a seguradora não pode recusar-se a fornecer à *pessoa segura* todas as informações que tenha sobre a sua saúde, devendo apresentá-las de modo ético e humano em qualquer caso (nº 6 do art. 178º da LCS). Para as hipóteses de recusa na celebração ou agravamento do prêmio diante de deficiência ou risco agravado de saúde, tais informações devem ser prestadas independentemente de pedido nesse sentido, devendo a comunicação ser acompanhada de "informação sobre o rácio" aplicado no caso, na forma do nº 4 do art. 15º da LCS (ver item específico sobre doenças e lesões preexistentes).

[235] ALVES, Francisco Luís F. Ribeiro. O regime do contrato de seguro de saúde no direito português cit., p.18

[236] Ver exceção nº 4, art. 178º, da LCS, que não exige a comunicação por médico em situações em que a doença já seja de conhecimento da pessoa ou se possa supor que já conhecia a doença. Francisco Luís F. Ribeiro Alves exemplifica o fato da diabetes já declarada pela pessoa segura e do exame médico que se limita apenas a confirmar sua existência, sem detalhes novos. Ou quando a pessoa segura toma medicação, por exemplo, para determinada enfermidade e o exame confirma a mesma enfermidade. (O regime do contrato de seguro de saúde no direito português cit., p. 19). Ver as ressalvas de António Menezes Cordeiro sobre o nº 4 do art. 178 em *Direito dos seguros* cit., p. 841.

[237] José Alves de Brito alerta: "[...] quando o tomador do seguro não coincida com a pessoa segura, tal dever de comunicar inclui também o primeiro, pois, nesse caso, os resultados deverão ser comunicados pelo menos a ambos (é o caso, por exemplo, de um seguro de grupo)" (*Lei do Contrato de Seguro*: anotada cit., p. 497).

Recentemente, tem-se discutido, em Portugal, a respeito do tratamento dos dados de saúde dos segurados coletados pela seguradora, diante da entrada em vigor do Regulamento Geral de Proteção de Dados (RGPD).[238] Isso porque o referido regulamento aponta as situações revestidas de licitude do tratamento de dados pessoais em seu art. 1º, mas não cuidou explicitamente da possibilidade de tratamento dos dados em questão[239] pelas seguradoras, o que tem gerado incertezas acerca do tema, não obstante a essencialidade do tratamento desses dados para a gestão do contrato de seguro e efetivação da cobertura.

Consoante o relatório da Comissão Nacional de Protecção de Dados (CNPD) o art. 9º do RGPD não especifica sobre a legitimidade do tratamento de dados de seguro-saúde em contratos de seguro, o que poderia implicar, inclusive, a obrigação de eliminar dados de saúde já tratados pelas seguradoras, uma vez que o referido regulamento entrasse em vigor. Segundo o entendimento da CNPD, a alínea "b" do nº 2 do art. 9º limita a intervenção do legislador nacional às matérias de legislação laboral, de segurança social e de proteção social, razão pela qual apenas o seguro--saúde poderia ser contemplado na expressão *proteção social* da referida alínea. Entretanto, há dúvida se o referido dispositivo alcança apenas a modalidade obrigatória ou inclui a modalidade facultativa do seguro-saúde.[240] No caso do seguro-saúde, dada sua relevância para a proteção social, porquanto funciona como complemento ao sistema de saúde pública em Portugal (SNS), a interpretação inclusiva de ambas as modalidades (obrigatória e facultativa) parece razoável.

[238] Regulamento (UE) nº 2016/679 do Parlamento Europeu e do Conselho de 27 de abril de 2016, cuja execução está assegurada, em Portugal, pela Lei nº 58/2019, de 8 de agosto.

[239] Dados pessoais, na definição 4º, nº 1, do Regulamento (EU) nº 2016/679 é a "informação relativa a uma pessoa singular identificada ou identificável ('titular dos dados'); é considerada identificável uma pessoa singular que possa ser identificada, direta ou indiretamente, em especial por referência a um identificador, como por exemplo um nome, um número de identificação, dados de localização, identificadores por via eletrónica ou a um ou mais elementos específicos da identidade física, fisiológica, genética, mental, económica, cultural ou social dessa pessoa singular". E o nº 15 do mesmo Regulamento indica os dados relativos à saúde, que são "dados pessoais relacionados com a saúde física ou mental de uma pessoa singular, incluindo a prestação de serviços de saúde, que revelem informações sobre o seu estado de saúde".

[240] CNPD. Parecer nº 20/2018 sobre o Projeto de Lei 120/XIII. Disponível em: https://www.cnpd.pt/bin/decisoes/Par/40_20_2018.pdf. Acesso em: 12 jan. 2020.

Nesse sentido, Luís Poças sugere soluções para o problema supraindicado, incluindo o seguro de pessoas de forma geral – vida, saúde e acidentes pessoais – a partir de interpretação extensiva da alínea "b" do nº 2 do art. 9º do RGPD ou ainda pela aplicação da alínea "h" do nº 2 do mesmo artigo. Todavia, se a solução não for acolhida, será indispensável o tratamento da matéria pelo Poder Legislativo, a seu ver, para reconhecimento expresso da possibilidade de tratamento de dados no seguro de pessoa facultativo, visto que os obrigatórios já estão contemplados pela alínea "b" do nº 2 do art. 9º da RGPD.[241]

Quanto ao tema, menciona-se que o legislador português teve a oportunidade de tratar expressamente da matéria na Lei nº 58/2019, que visa assegurar a execução do RGPD na ordem jurídica portuguesa, relativo à proteção das pessoas singulares no que diz respeito ao tratamento de dados pessoais e à livre circulação desses dados. Contudo, não o fez, o que tem exigido um esforço interpretativo dos especialistas em Portugal, como apontado no parágrafo antecedente, para a solução da questão.

No direito brasileiro, a construção do dever de informar para o seguro-saúde é extraída de um conjunto normativo que está além da LPS. A seguradora, no Brasil, para atender ao princípio da boa-fé, deve observar um conjunto de condutas que não envolve apenas a redação de cláusulas claras, e em linguagem simples, consoante prescreve o art. 16 da LPS, portanto. Note que os deveres de informação e transparência foram especificados na RN nº 389/2015 da ANS (art. 1º), o qual determina o dever de transparência e de informação relativo ao conteúdo contratual mínimo obrigatório a ser disponibilizado ao segurado, beneficiário e estipulante (pessoa jurídica contrato do seguro, por exemplo).

Na mesma linha, a RN nº 395/2016 da ANS garante aos beneficiários, sem prejuízos das normas gerais do Código de Defesa do Consumidor aplicáveis ao seguro-saúde, o acesso à informação adequada, clara e precisa quanto aos serviços contratados, especialmente as condições para sua fruição e os mecanismos que as regulam no contrato de seguro-saúde (art. 2º, IV, da RN nº 395/2016 e art. 6º, III, do CDC).

Além das normativas suprarreferenciadas, há a aplicação das leis de consumo de forma complementar à LPS e regulamentos da ANS. Assim,

[241] Poças, Luís. Problemas e dilemas do setor segurador: o RGPD e o tratamento de dados de saúde. *In*: Poças, Luís. *Problemas e soluções de direito dos seguros*. Coimbra: Almedina, 2019. p. 238-239.

constata-se o dever de informar quando da oferta do seguro-saúde (arts. 30 e 31 do CDC) e do dever de transparência a determinar que a seguradora dê conhecimento prévio do conteúdo do contrato ao consumidor – estipulante, segurado e beneficiário –, assegurando-lhe os esclarecimentos necessários, de tal sorte que a falha ou inobservância de tais deveres poderá ter como consequência para seguradora a possibilidade de o consumidor exigir o cumprimento da obrigação tal como ofertada, exigir o oferecimento de serviço equivalente e mesmo a desvinculação do consumidor a partir da resolução contratual (arts. 35 e 46 do CDC),[242] sem prejuízo de indenização a ser paga pela seguradora, uma vez comprovados os danos.

O dever de informar no seguro-saúde e a responsabilização diante de seu descumprimento seriam igualmente exigíveis, no Brasil, ainda que não houvesse lei especial sobre o tema, afinal, o art. 422 do CCB prevê cláusula geral aplicável às relações privadas que determina às partes agir conforme a boa-fé.

No entanto, também como um dever decorrente da boa-fé aplicável a qualquer fase contratual (e exigível, ainda que não haja a celebração do contrato por manifestação do segurado ou mesmo após a cessação da relação contratual), há o dever de sigilo,[243] em caráter semelhante ao que se dá no regime português, porquanto o segurado ou beneficiário necessita fornecer dados e informações pessoais, íntimas, para a negociação e celebração do contrato. A inviolabilidade da intimidade e vida privada (art. 5º, X, da CF) no direito brasileiro especializa-se nas informações e dados pessoais prestados pela contraparte a pedido da seguradora, a qual deve protegê-las a partir do sigilo, estando sob "regras de privacidade e confidencialidade", consoante apontam as RN ANS nº 395/2016, art. 2º, III,[244] e RN nº 389/2015, arts. 11, 13 e 17.[245]

[242] Cf. Marques, Claudia Lima. *Contratos no Código de Defesa do Consumidor.* 5. ed. São Paulo: RT, 2006. p. 216-246; e Khouri, Paulo R. Roque A. O direito à informação e o contrato de seguro. *In*: Miragem, Bruno; Carlini, Angélica (org.). *Direito dos seguros*: fundamentos de direito civil, direito empresarial e direito do consumidor. São Paulo: RT, 2015. [s.p.]. Livro eletrônico.

[243] Sobre o dever profissional de sigilo quanto às informações relacionadas à vida e à saúde dos beneficiários que a seguradora, seus funcionários, administradores e prestadores de serviço tenham conhecimento, ver também art. 154 do Código Penal e art. 35-J da Lei nº 9.656/1998.

[244] Na expressão da RN ANS nº 395/2016, art. 2º: "São garantidos ao beneficiário, sem prejuízo das normas gerais aplicáveis aos serviços de atendimento ao consumidor: [...] III – respeito ao regramento referente ao sigilo profissional e à privacidade".

Por fim, fazem-se necessárias algumas considerações acerca da Lei Geral de Proteção de Dados no Brasil – LGPD (Lei nº 13.709/2018) em paralelo à RGPD em vigor na Comunidade Europeia. A LGPD tratou como *dado pessoal* aquele capaz de identificar a pessoa natural e como uma das hipóteses de *dados pessoais sensíveis* aqueles relacionados à saúde da pessoa natural (tal como o histórico e condição de saúde).[246] Poucas são as hipóteses em que a lei permite o tratamento de dados sensíveis. Quanto à saúde, em regra, o titular ou seu responsável legal deve *consentir, de forma específica e destacada*, indicando a finalidade predeterminada do tratamento. Contudo, o fornecimento do consentimento do titular, no âmbito da saúde, pode ser dispensado para "tutela da saúde, exclusivamente, em procedimento realizado por profissionais de saúde, serviços de saúde ou autoridade sanitária" (art. 11, I, "f", e II, da LGPD).

Diante dos termos da alínea "f", II, do art. 11 da LGDP, compreendemos que há a possibilidade de tratamento dos dados de saúde informados pelo segurado ou beneficiário à seguradora, uma vez que os fins se destinam à tutela da saúde em âmbito contratual interno. Afinal, a interpretação da expressão "serviço de saúde" constante da lei, a nosso sentir, poderá abranger tanto os atos preparatórios e necessários à assistência à saúde quanto o serviço propriamente dito (na modalidade em que há a oferta do serviço em rede própria ou credenciada da seguradora), sentido que privilegia a relevância social do seguro-saúde.

Essa forma de interpretação, supraindicada, a nosso ver, está reforçada também pelo § 4º do art. 11 da LGDP (com a redação dada pela Lei nº 13.853/2019), que veio vedar expressamente a comunicação e o uso compartilhado entre controladores "de dados pessoais sensíveis referentes à saúde com objetivo de obter vantagem econômica, exceto nas hipóteses relativas a prestação de serviços de saúde, de assistência farmacêutica e de assistência à saúde". O referido § 4º do art. 11 da LGDP autoriza, por outro lado, a comunicação e o uso dos dados sensíveis do segurado: a) no

[245] Os dispositivos tratam da exigência de a seguradora disponibilizar em seu portal, e de forma individualizada, em área específica e restrita as informações pessoais mínimas obrigatórias de cada segurado ou beneficiário, sempre observadas medidas para preservar o sigilo, a privacidade e a confidencialidade dos dados.

[246] Cf. incisos I e II do art. 5º da LGPD. As disposições assemelhadas estão previstas nos nºs 1 e 15 do art. 4º da RGPD, que tratam como dados pessoais e dados relativos à saúde, respectivamente.

caso de portabilidade (mediante a solicitação do titular); e b) para as transações financeiras e administrativas resultantes do uso e da prestação dos serviços relacionados aos cuidados com a saúde.[247]

Em complemento, o § 5º do art. 11 da LGDP acompanha o sentido de normas específicas do setor de saúde suplementar no Brasil,[248] ao vedar o tratamento de dados de saúde para a prática de seleção de riscos na contratação, assim como para a exclusão de beneficiários.

Logo, o § 5º do art. 11 da LGDP, ao impedir o tratamento de dados de saúde para a seleção de risco, e o § 4º do mesmo dispositivo, ao possibilitar o uso desses dados para a gestão do contrato de assistência à saúde (categoria que inclui o seguro-saúde), em especial as transações financeiras e administrativas relacionadas à prestação de serviços de saúde, definem os limites da legitimidade para o tratamento de dados de saúde, e, mesmo que a referida lei não tenha expressamente mencionado, parece-nos possível sua aplicação para operadoras e seguradoras que atuam com a prestação de serviços de assistência à saúde direta ou indiretamente (reembolso).

Desse modo, tal como já ocorre na prática, a seguradora poderá recolher dados de saúde e tratá-los com o objetivo de possibilitar a gestão interna do contrato de seguro-saúde e, assim, definir prêmios, reajustes, constituição e atualização de reserva técnica etc.

Em síntese, pode-se considerar nos regimes português e brasileiro, quanto ao seguro-saúde, a presença dos deveres de informar e esclarecimento pré-contratuais decorrentes da boa-fé objetiva. Além disso, recai sobre a seguradora – seus funcionários, prestadores de serviços e demais pessoas que tenham acesso a dados pessoais e de saúde do segurado em virtude de sua relação com a seguradora – o dever de guardar sigilo das informações pessoais prestadas pela contraparte, mesmo que o negócio não venha a se concretizar ou após a cessação da relação contratual.

[247] Explicita Patrícia Peck Pinheiro que o consentimento da pessoa para tratamento desses dados sensíveis é condição intrínseca para a validade da ação, mas em alguns casos esse consentimento pode ser relativizado como no caso da tutela da saúde. Contudo, o controlador deve dar conhecimento à pessoa. Assim, explica: "Os dados sensíveis merecem tratamento especial porque em algumas situações a sua utilização mostra-se indispensável, porém o cuidado, o respeito e a segurança com tais informações devem ser assegurados, haja vista que – seja por sua natureza, seja por suas características – a sua violação pode implicar riscos significativos em relação aos direitos e às liberdades fundamentais da pessoa" (*Proteção de dados pessoais*: comentários à Lei nº 13.709/2018 (LGPD). São Paulo: Saraiva, 2018. p. 70).

[248] A exemplo do art. 14 da LPS e Súmula Normativa da ANS nº 27/2015.

Quanto à proteção e tratamento de dados pessoais dos segurados, observa-se que tais aspectos são inerentes ao funcionamento e manutenção do seguro-saúde, seja em Portugal ou no Brasil. Contudo, a estruturação da matéria em cada ordenamento, como se observou, tem suas particularidades e encontra-se em estágios diferentes. No regime português, como se observou, tal matéria está a ser pormenorizada para o seguro de pessoas, o que poderá necessitar da interpretação de especialistas e entidades regulatórias do setor ou, ainda, eventual intervenção legislativa, sendo a via judicial considerada como última alternativa, caso não se acolha a solução interpretativa, tal como pondera Luís Poças.[249]

3.1.2. Declaração inicial do risco

3.1.2.1. Considerações iniciais sobre assimetria informativa, risco moral e seleção adversa

A assimetria informativa é a falta de informação relevante que uma ou ambas as partes podem carecer para análise das condições do negócio. No mercado do seguro, a análise econômica do contrato aponta para a seleção adversa e o risco moral como formas de sua manifestação.[250] Assim, antes de tratarmos da declaração inicial do risco e informações relevantes que o tomador do seguro ou segurado devem fornecer à seguradora, apontaremos a seguir algumas considerações iniciais sobre o risco moral e a seleção adversa no seguro-saúde, apenas para ressaltar a importância da declaração inicial do risco como uma das formas possíveis de enfrentar da assimetria informativa.

A seleção adversa na atuação empresarial da seguradora é dada pela massa de riscos que necessita lidar, na medida em que não consegue precisar e individualizar cada um dos riscos segurados,[251] o que é comum

[249] Poças, Luís. Problemas e dilemas do setor segurador: o RGPD e o tratamento de dados de saúde cit., p. 247-250.

[250] Martins, Maria Inês de Oliveira. *Contrato de seguro e conduta dos sujeitos ligados ao risco* cit., p. 139-142. Da mesma autora ver: Da assimetria informativa ao excesso de informação cit., [s.p.], livro eletrônico; Poças, Luís. *O dever de declaração inicial do risco no contrato de seguro* cit., p. 115-122; Poças, Luís. Aproximação econômica à declaração do risco no contrato de seguro. *In*: Poças, Luís. *Problemas e soluções de direito dos seguros*. Coimbra: Almedina, 2019. p. 33.

[251] O tema da assimetria informativa e seleção adversa foi amplamente desenvolvido por George Akerlof, Michael Spence e Joseph Stiglitz (Cf. Akerlof, George A. The market for "lemons": quality uncertainty and the market mechanism. *The Quarterly Journal of Economics*, v. 84, n. 3, p. 488-500, Aug. 1970. Disponível em: http://links.jstor.org/sici?sici=0033-5533%28197008%

nos seguros-saúde de grupo, daí sua opção por fixar um valor médio para o prêmio.

Ocorre que, por essa teoria, os sujeitos que procuram pelo seguro nem sempre são aqueles com os melhores riscos ("bons riscos"). Indivíduos com riscos superiores (graves) poderão estar presentes e, logo, influenciar os reajustes dos prêmios, tornando-os cada vez mais caros. No extremo, o resultado acarretaria a desmotivação para aqueles que têm baixo risco ("bons riscos"), e a continuidade da seleção dos riscos piores ("maus riscos") poderia inviabilizar a atividade da seguradora.[252]

Vale notar que para a situação anteriormente exposta o próprio mercado e a lei apresentam contramedidas. O dever de informar na declaração inicial do risco é uma delas. Além disso, a criação do seguro obrigatório (como há em Portugal para os praticantes de esporte, por exemplo) ou a fixação legal de modalidades de seguro-saúde de grupo abrangendo público variado (como na modalidade coletiva empresarial ou por adesão, no Brasil) são outras possibilidades.

Quanto ao risco moral (*moral hazard*), trata-se da postura do tomador do seguro (ou segurado) determinada por um incentivo. Assim, o tomador do seguro (ou segurado) poderá adotar uma conduta menos efetiva para evitar o risco, ou procedimentos para minimizá-lo, por entender que os benefícios indenizatórios do seguro são mais vantajosos.[253] Nos contratos de seguro-saúde parece-nos difícil pensar em alguém que atente contra a própria integridade física para fazer uso do seguro, em especial na modalidade de reembolso.

De toda sorte, o risco moral não está totalmente excluído no seguro-saúde, como pondera Maria Inês de Oliveira Martins, pois profissionais intermediários na efetivação das prestações dos serviços cobertos pelo seguro – terceiro perito (como médico, fisioterapeutas e outros técnicos)

2984%3A3%3C488%3 ATMF%22QU%3E2.0.CO%3B2-6. Acesso em: 26 maio 2020. Cf. ROSTHSCHILD, Michael; STIGLITZ, Joseph. Equilibrium in competitive insurance markets: an essay on the economics of imperfect information. *In*: DIAMOND, Peter; ROSTHSCHILD, Michael (ed.). *Uncertainty in Economics*. Amsterdam: Elsevier, 1978. p. 257-280.

252 POÇAS, Luís. Aproximação econômica à declaração do risco no contrato de seguro cit., p. 40-44.

253 Idem, p. 45. Sobre o risco moral conferir os estudos de: ARROW, J. Kenneth. Uncertainty and the Welfare Economics of Medical Care. *American Economic Review*, n. 53, p. 941-973, 1963; e The Economics of Moral Hazard: further comment. *American Economic Review*, n. 58, p. 537-539, 1968.

– poderão determinar ações dispendiosas, mas pouco efetivas no caso concreto, ou sobrevalorizar o preço do serviço. Também há o perfil de segurado que terá a tendência de utilizar reiteradamente os serviços do seguro por qualquer motivo, sem necessidade, aproveitando a facilidade de acesso e comodidade que o seguro pode proporcionar.[254] Aí estão duas hipóteses de risco moral. No entanto, mesmo no risco moral existem medidas que auxiliam no reequilíbrio da situação como: estabelecer tabelas de reembolso, atribuir valores de coparticipação do segurado e instituir franquias.

Situado o sentido da assimetria informativa no contrato de seguro-saúde, cumpre detalhar como a declaração inicial do risco e as informações relevantes do segurado são tratadas nos respectivos ordenamentos ora analisados.

3.1.2.2. Declaração inicial do risco e declarações relevantes

A declaração inicial do risco é a forma de minorar a assimetria informativa da seguradora com relação às condições pessoais e particulares da contraparte com quem pretende celebrar o contrato. A assimetria informativa está relacionada com os eventos de seleção adversa e risco moral, formas de desvios do negócio percebidos nas leis portuguesa e brasileira, como veremos a seguir.

Em ambos os regimes jurídicos ora analisados, o dever de declaração inicial do risco (ou simplesmente *declarações* como indicado no Código Civil brasileiro) recai sobre tomador ou segurado (na terminologia brasileira, será o estipulante ou segurado). Tal dever, essencial para qualquer seguro, não é diferente para o seguro-saúde. Para gerir riscos inerentes à saúde é necessário mapeá-lo e, ato seguinte, estruturá-lo em categorias assemelhadas (homogêneas) com o objetivo de dispersão para o grupo segurado (mutualidade). Não se trata apenas de identificar o risco comum segurado, mas também de quantificá-lo, o que requer o detalhamento de informações sobre o referido risco a ponto de individualizá-lo. Tal perspectiva exige das contrapartes uma atuação segundo a boa-fé no fornecimento de tais informações.[255]

[254] Martins, Maria Inês de Oliveira. Contrato de seguro e conduta dos sujeitos ligados ao risco cit., p. 139.

[255] A conduta pautada pela boa-fé deve ser observada não só no momento de formação do contrato, mas ao longo de toda a relação contratual. Na fase pré-contratual, temos a declaração inicial do risco. Como exemplo de atitude esperada na relação contratual temos a atuação das

No que diz respeito às declarações do proponente no seguro, não é incomum observar, tanto na doutrina portuguesa quanto na brasileira, a exigência atribuída às partes em guardar a máxima boa-fé (*uberrima bona fides*) como forma de enfrentar a assimetria informativa presente nos contratos de seguro,[256] ainda que, atualmente, existam autores, com posicionamento diverso. Por exemplo, Margarida Lima Rego aponta a desnecessidade de suscitar a *uberrima fides* no direito português, dado o regime resultante dos arts. 227º, nº 1, e 762º, nº 2, do CCP.[257]

A observância da boa-fé e dos deveres daí decorrentes, em virtude da assimetria informativa, é aplicável tanto à seguradora como à sua contraparte. No caso da seguradora, a assimetria está em seu desconhecimento das particularidades e da extensão do risco de saúde que pretende garantir (informação que o tomador do seguro ou segurado tem de forma privilegiada).[258] De outro lado, o tomador ou segurado, mesmo ciente (ou razoavelmente ciente) de sua condição de saúde, não detém o conhecimento especializado do mercado de seguros e, logo, não sabe precisar se o valor oferecido está condizente com sua situação particular. Trata-se,

partes para minorar os efeitos do sinistro (assim, no caso do diagnóstico de câncer, o segurado deve iniciar o quanto antes seu tratamento para reduzir os custos totais com procedimentos e medicamentos e a seguradora deve colaborar enviando a autorização para o tratamento o mais breve possível, a fim de evitar que as chances de sobrevivência do segurado diminuam). O dever de sigilo e confidencialidade da seguradora quanto às informações clínicas do segurado, como apontado no item 3.1, são expressão de deveres pós-contratuais.

[256] ALVIM, Pedro. *O contrato de seguro* cit., p. 132; MARTINEZ, Pedro Romano. *Direito dos seguros*: apontamentos cit., p. 59; TZIRULNIK, Ernesto; CAVALCANTI, Flávio de Queiroz B.; PIMENTEL, Ayrton. *O contrato de seguro:* de acordo com o novo Código Civil brasileiro cit., p. 74; PASQUALOTTO, Adalberto. *Contratos nominados III*: seguro, constituição de renda, jogo e aposta, fiança, transação e compromisso cit., p. 107; MARTINS-COSTA, Judith. *A boa-fé no direito privado*: critérios para sua aplicação cit., p. 342; POÇAS, Luís. O dever de descrição exata e completa do risco a segurar. *In*: POÇAS, Luís. *Problemas e soluções de direito dos seguros*. Coimbra: Almedina, 2019. p. 16.

[257] REGO, Margarida Lima. *Contrato de seguro e terceiros*: estudos de direito civil. 2008. Tese (Doutorado) – Faculdade de Direito da Universidade de Lisboa, Lisboa, 2008, p. 363. Disponível em: https://run.unl.pt/bitstream/10362/8402/3/MLR_TD_2008.pdf. Acesso em: 27 abr. 2020.

[258] Luís Poças exemplifica a seleção adversa a partir de uma base de risco heterogênea, como no seguro-saúde (antigo seguro-doença em Portugal), em que o risco é subvalorizado ou supervalorizado ou, então, no caso da pessoa que está consciente de seu estado de saúde e não o revela ao segurador, de forma maliciosa, e a lei atribui consequências no último caso (*O dever de declaração inicial do risco no contrato de seguro* cit., p. 140).

portanto, de uma relação que exige confiança recíproca, devendo ambas as partes atuar de forma proba, informando sobre condições e fatos relevantes para a celebração do contrato a fim de não induzir a contraparte em erro.[259]

Quando se trata da declaração inicial do risco no seguro-saúde, o que está essencialmente em pauta são questões atinentes às doenças preexistentes e sua ciência, ou não, pelo proponente do seguro-saúde. Com as devidas informações relevantes prestadas, a seguradora poderá realizar a diferenciação do risco a partir de sua *qualidade,* oferecendo coberturas diversificadas, com preço de prêmios diferentes, condizentes com a extensão e a gravidade do risco mapeado.[260]

A assimetria informativa, presente nos contratos de seguro, é minorada, portanto, pelas informações prestadas já na formação do negócio. Trata-se de um ponto de relevância para ambos os ordenamentos jurídicos ora estudados e, diante disso, os regimes analisados estabelecem um escalonamento de sanções aplicáveis ao proponente do seguro conforme sua conduta na declaração inicial do risco, sendo as consequências relativas a omissões e inexatidões, por descuido e sem a intenção de enganar, menos severas do que aquelas reservadas à fraude.

Em Portugal a declaração inicial do risco está destacada na LCS em seu art. 24º, nº 1, prevendo ao tomador ou ao segurado[261] o dever de informar com clareza e exatidão não apenas fatos e condições de que tenha conhecimento (portanto, boa-fé subjetiva aplicada ao agente declarante), mas também todas as circunstâncias "que razoavelmente deva ter por significativas para apreciação do risco pelo segurador".

Portanto, a atitude esperada do tomador do seguro ou segurado, quanto a tais informações, deve ser uma postura ativa,[262] devendo não só informar, mas esclarecer o que for do seu conhecimento, para além do preenchimento do questionário e respostas às perguntas apresentadas pela

[259] Luís Poças, nesse contexto, indica como fundamentos materiais do dever de descrição exata e completa do risco a assimetria informativa e na relação de confiança (O dever de descrição exata e completa do risco a segurar cit., p. 14).

[260] MARTINS, Maria Inês de Oliveira. Contrato de seguro e conduta dos sujeitos ligados ao risco cit., p. 136.

[261] A expressão "ou" utilizada no nº 1 do art. 24º, como interpretado por Margarida Lima Rego, permite que tanto o tomador quanto o segurado, nos casos em que sejam pessoas distintas, possam cumprir com o referido dever (O contrato de seguro em Portugal cit., p. 30).

[262] REGO, Margarida Lima. O contrato de seguro em Portugal cit., p. 30.

empresa seguradora, à medida que tais informações forem relevantes para a apreciação do risco (nº 2 do art. 24º da LCS). Trata-se, dessarte, de um dever de informação e esclarecimento amplo, o que demanda a busca de parâmetros para aplicação da expressão "razoavelmente" significativo aplicável às hipóteses do nºs 1 e 2 do art. 24º da LCS. Nesse ponto, António Menezes Cordeiro assinala como referências as circunstâncias de cada caso e a diligência esperada do *bonus pater familias* como medidas para encaminhamento da análise.[263]

Além desses aspectos, Joana Galvão Teles observa outro parâmetro que sobreveio com a evolução da matéria. Segundo a autora, trata-se da consideração apenas de fatos e circunstâncias conhecidas do tomador ou do segurado, quando da declaração inicial,[264] porquanto observou-se a dificuldade de aplicação do dever de informar de forma ilimitada (por exemplo, o fato de um leigo sofrer de enxaquecas pode parecer-lhe pouco importante, pois acredita que se trata de um momento de *stress* e, ao final, resulta ser tumor cerebral). Ampliar de maneira desarrazoada, sem parâmetros, o entendimento do que seria relevante para um leigo conhecer (ou seja, o elo necessário dos sintomas com a doença) poderia resultar em um dever irrealizável e sujeito à manipulação do segurador.[265]

Vale notar que o próprio legislador português cuida de equilibrar o rigor da declaração inicial do risco, nas hipóteses do nº 3 do art. 24º da LCS. Assim, salvo comprovada a fraude[266] da contraparte, se a segura-

[263] CORDEIRO, António Menezes. *Direito dos seguros* cit., p. 632. Também considerando circunstâncias que um homem médio consideraria, ver: TELES, Joana Galvão. Deveres de informação das partes cit., p. 369.

[264] Nessa linha, consoante trecho do sumário do Acórdão do Tribunal da Relação de Lisboa: "O dever pré-contratual de declaração inicial do risco, a cargo do tomador do seguro ou segurado – previsto no art. 429º do CCom (e actualmente no art. 24º do Regime Jurídico do Contrato de Seguro, aprovado pelo DLei nº 72/2008, de 16-04) –, incide sobre todas as circunstâncias conhecidas do declarante (e só essas), desde que relevantes para a apreciação do risco" (Tribunal da Relação de Lisboa, Acórdão 116711.8YXLSB.L1-6, Rel. Vítor Amaral, 14.03.2013. Disponível em: http://www.dgsi.pt/jtrl.nsf/-/0A1CE0DBBA196C4580257B6B00484CE8. Acesso em: 21 fev. 2020).

[265] TELES, Joana Galvão. Deveres de informação das partes cit., p. 370.

[266] O nº 3 do art. 24º da LCS apresenta a expressão "salvo havendo dolo do tomador do seguro ou do segurado com o propósito de obter uma vantagem". O sentido do dispositivo trata de forma especial de dolo, ou seja, um dolo agravado (e não simples dolo), confundindo-se com fraude, na anotação de Pedro Romano Martinez. Para o referido autor, portanto, não seria o caso de pessoa que, ao dar informação falsa, o faz tão somente para impressionar o funcionário

dora aceitou o contrato sem o cuidado de verificar o que foi informado, não poderá em momento posterior *(venire contra factum propium)*[267] anular a avença invocando situações como: (i) omissão na resposta à pergunta do questionário; (ii) resposta imprecisa à questão genérica formulada; (iii) incoerência ou contradição evidente nas respostas; (iv) o fato de que seu representante, no momento da celebração, sabia da informação inexata ou conhecia a situação omitida na declaração; (v) e, uma última hipótese, a circunstância já conhecida pelo segurador, em especial quando são públicas e notórias. (nº 3 do art. 24º da LCS).[268]

A seguradora, portanto, poderá fazer uso de questionário[269] e o tomador ou segurado, por seu turno, deverá informar o quanto mais saiba ou deva razoavelmente saber, considerando que a empresa seguradora, antes da celebração do contrato, esclareceu acerca do dever de informar à contraparte, tal como previsto no nº 1 do art. 24º da LCS, bem como sobre as consequências de seu descumprimento (nº 4 do art. 24º e arts. 25º e 26º da LCS). A falta de informação prévia da seguradora acerca do regime de descumprimento dos deveres de informar ao tomador do seguro ou segurado (arts. 25º e 26º da LCS) não será justificativa para que os últimos desobedeçam ao dever de declarar e esclarecer (nºs 1 e 2 do art. 24º da LCS), entretanto a lei ressalva a responsabilidade civil da seguradora (nº 4 do art. 24º da LCS) nesses casos.[270]

da seguradora, que é seu conhecido, ou, então, nos casos em que a informação falsa tenha sido dada por vergonha, inércia ou hábito (MARTINEZ, Pedro Romano. Comentário ao art. 24º da LCS. *In*: MARTINEZ, Pedro Romano *et al. Lei do Contrato de Seguro*: anotada cit., 211, p. 152).

267 OLIVEIRA, Arnaldo da Costa. Comentário ao art. 24º da LCS. *In*: OLIVEIRA, Arnaldo da Costa *et al. Lei do Contrato de Seguros*: anotada cit., p. 130.

268 Todas são hipóteses legais indicadas no art. 24º da LCS.

269 Esclarece Maria Inês de Oliveira Martins que o formato elegido no sistema português é o questionário aberto, o que, consoante sua pesquisa, poderá resultar numa maior proteção do segurador e restrição à salvaguarda da intimidade privada do proponente, uma vez que o último tenderá a informar excessivamente para diminuir sua chance de não perder a cobertura pela eventual falta de informação relevante. Aliás, complementa a autora, quanto à referida restrição supra-apontada, que o art. 24º da LCS, enquanto ônus do proponente de identificar e declarar todas as circunstâncias relevantes para avaliação do risco, relativas à sua saúde, poderá importar na própria desconformidade com a Constituição portuguesa (art. 26º, nºs 1 e 2), o Código Civil português (art. 80º), bem como os arts. 8º e 52º da Carta de Direitos Humanos Fundamentais da União Europeia, e art. 8º, nº 2, da Convenção Europeia dos Direitos do Homem. Cf. Da assimetria informativa ao excesso de informação cit., [s.p.], livro eletrônico.

270 Nessa linha, esclarece de Luís Poças que a responsabilidade da seguradora dependerá da postura do tomador do seguro ou segurado, ou seja, se há culpa ou dolo. No primeiro

Além do questionário no seguro-saúde, como modalidade de seguro de pessoas, há a possibilidade de a seguradora solicitar que a *pessoa segura* realize exames médicos no intuito de precisar o risco segurado, como previsto no nº 1 do art. 177º da LCS, o que também deve ser objeto de informação prévia pela seguradora ao tomador do seguro ou segurado (nºs 1 e 2 do art. 178º da LCS). Tais exames são informações sigilosas e obedecem aos procedimentos específicos previstos nos nºs 3 a 6 do art. 178º da LCS. Entretanto, a LCS impõe limites à atuação da seguradora nesse âmbito, a exemplo do pedido de realização de testes genéticos aos proponentes do seguro-saúde, o que já foi abordado neste item do trabalho.[271]

De todo modo, no seguro-saúde, as situações complexas são aquelas em que as doenças não são clinicamente diagnosticadas antes do contrato, tal como nota Francisco Luís F. Ribeiro Alves,[272] e soma-se a isso o fato de que, nos seguros de grupo, os exames médicos minuciosos voltados para cada proponente poderiam inviabilizar o próprio seguro (diante do fator tempo, alto custo, entre outros), razão pela qual nem sempre são solicitados. Portanto, ainda que a medida prevista no parágrafo anterior seja possível, a declaração da *pessoa segura* continua a ser o componente essencial para a determinação do risco a ser segurado, o que normalmente se dá a partir de questionários abertos.[273]

Em escala ascendente de consequências, a LCS trata do incumprimento contratual em virtude das omissões ou inexatidões negligentes (art. 26º da LCS) e, em outro nível, omissões ou inexatidões dolosas (art. 25º da LCS) do tomador do seguro ou segurado. Em qualquer caso, como ressalta Margarida Lima Rego, tais omissões ou inexatidões devem induzir a seguradora em erro na avaliação do risco,[274] sendo dela o ônus da prova.

O art. 26º da LCS distingue as situações de omissão ou inexatidão negligentes verificadas antes ou após a ocorrência do sinistro. Uma vez

caso, devem-se sopesar as culpas (e a eventual responsabilidade por culpas concorrentes); no segundo, a exclusão do nexo de causalidade em relação à seguradora. Cf. O dever de descrição exata e completa do risco a segurar cit.

[271] Nos termos do nº 2, art. 12º, da Lei nº 12/2005, de 26 de janeiro.

[272] ALVES, Francisco Luís F. Ribeiro. O regime do contrato de seguro de saúde no direito português cit., p. 15.

[273] MARTINS, Maria Inês de Oliveira. Da assimetria informativa ao excesso de informação cit., [s.p.], livro eletrônico.

[274] REGO, Margarida Lima. O contrato de seguro em Portugal cit., p. 30.

que a seguradora tome conhecimento do fato, dentro prazo de três meses e mediante declaração encaminhada à contraparte, poderá na ausência de sinistro (nº 1 do art. 26º da LCS): a) propor alteração do contrato, que deverá ser aceite ou objeto de contraproposta, fixando prazo não inferior a 14 dias para manifestação (aceitação ou contraproposta) da contraparte; ou b) cessar o contrato, caso demonstre que em caso algum celebra contratos para a cobertura de tais riscos.[275] Em ambas as circunstâncias, diante da cessação do contrato, o prêmio será devolvido *pro rata temporaris*, atendendo à cobertura realizada (nº 3 do art. 26º da LCS).

Entretanto, se na hipótese do parágrafo antecedente ocorrer o sinistro antes da cessação ou alteração do contrato (nº 4 do art. 26º da LCS), a seguradora terá como opção: a) cobrir o risco proporcionalmente, conforme a diferença do prêmio pago e do prêmio que seria devido, se não houvesse ocorrido omissão ou inexatidão na declaração inicial;[276] ou b) não cobrir o risco e devolver o prêmio pago, se demonstrar que em caso algum celebraria o contrato, se tivesse conhecimento do fato omitido ou declarado de forma inexata.

Por seu turno, no caso das omissões e inexatidões dolosas, o art. 25º da LCS possibilita à empresa seguradora anular o contrato a partir de declaração enviada ao tomador do seguro no prazo de três meses contados do conhecimento do descumprimento (nºs 1 e 2). Nessa hipótese, a seguradora não está obrigada a cobrir o sinistro que ocorrer "antes de ter tido conhecimento do incumprimento doloso referido no nº 1" ou no decurso do prazo de três meses previsto no nº 2 do art. 25 da LCS (nº 3). Efetivada a anulação do contrato por descumprimento doloso, o segurador terá direito aos prêmios proporcionais, até o final do prazo previsto no n.º 2 do art. 25º, salvo se tiver concorrido dolo ou negligência grosseira do segurador ou de seu representante (nº 4).[277] Por outro lado, na hipótese de o tomador ter

[275] A cessação do contrato ocorrerá, se não houver resposta do tomador do seguro, em 20 dias após a recepção da proposta de alteração da seguradora e 30 dias contados do envio da declaração de cessação, no caso da alínea "a", nº 1, do art. 26º (nº 2 do art. 26º da LCS).

[276] Francisco Luís F. Ribeiro Alves exemplifica a questão da seguinte forma: "se o risco equivale ao valor 100 e só recebeu prémio por 50, então só irá cobrir metade dos custos do sinistro" (O regime do contrato de seguro de saúde no direito português cit., p. 16).

[277] Oliveira, Arnaldo da Costa *et al. Lei do Contrato de Seguros*: anotada cit., p. 152. Margarida Lima Rego indica que "o tomador tem direito à devolução proporcional do prémio respeitante ao período de vigência ainda não decorrido" (O contrato de seguro em Portugal cit., p. 31).

agido de forma fraudulenta (ou seja, com o intuito de falsear para obter vantagem), o prêmio será devido até o termo previsto no contrato (nº 5). Por fim, mesmo que tenha ocorrido o sinistro, a seguradora não está obrigada à prestação contratual, se as hipóteses de inadimplemento originam do dolo do tomador ou segurado.[278]

Pedro Romano Martinez assinala que anulabilidade (retroativa) prevista no art. 25º da LCS trata do problema das declarações falsas que levam ao erro negocial, ou seja, é o "dolo negocial" que determina como efeito a invalidade do contrato, acrescido do caráter punitivo previsto nos nºs 4 e 5 do mesmo dispositivo. Na expressão do autor "o efeito punitivo que pode ressaltar destes números pode encontrar a sua justificação na aversão dos seguros a comportamentos dolosos, que não merecem contemporizações e por vezes justificam vias dissuasoras".[279]

A aplicação das consequências depende da capacidade da seguradora de provar a culpa ou o dolo do tomador do seguro (ou segurado) e o nexo de causalidade entre referidas omissões e inexatidões da declaração com relação ao sinistro. Num balanço geral dos dispositivos supramencionados, sintetiza Luís Poças que as consequências do incumprimento negligente visam reequilibrar as posições dos contratantes, mas não cuidam de compensar a seguradora ou de adotar medidas para evitar a negligência da contraparte. No caso das consequências do dolo, entretanto, há "autênticas sanções legais, exprimindo o desvalor jurídico da conduta do proponente no desrespeito por um dever legal".[280]

Em cotejo com a estrutura legal do seguro-saúde no direito brasileiro, observa-se que o Código Civil e a LPS não tecem ao detalhe os aspectos sobre informação relevante ou declaração inicial do segurado (beneficiário) e suas consequências. A construção das consequências requer análise de pressupostos presentes no ordenamento jurídico brasileiro e considera, inclusive, a contribuição de normativas da agência reguladora do setor, para além dos dois diplomas citados.

No regime geral dos seguros no Brasil, segurado e segurador,[281] consoante disposição geral do Capítulo XV "Do Seguro" do Código Civil, são

[278] Rego, Margarida Lima. O contrato de seguro em Portugal cit., p. 31.

[279] Martinez, Pedro Romano *et al. Lei do Contrato de Seguro*: anotada cit., p. 154 e 160.

[280] Poças, Luís. O dever de descrição exata e completa do risco a segurar cit., p. 32.

[281] Sobre o art. 765 do CCB, esclarece Adalberto Pasqualotto: "Apesar de serem referidos apenas o segurado e o segurador no texto do art. 765, por óbvio ele se aplica também ao

obrigados a guardar desde a conclusão, e durante toda a execução do contrato, "a mais estrita boa-fé e veracidade, tanto a respeito do objeto como das circunstâncias e declarações a ele concernentes" (art. 765). Tal dispositivo remete ao dever de conduta das partes e inclui a necessária declaração do segurado quanto a informações relevantes para o cálculo do prêmio na formação do contrato,[282] porém não se limita a isso. O mencionado artigo exige uma atuação cooperativa e de confiança das partes envolvidas em todos os seus atos contratuais (inclusive quando existir a figura do estipulante, e não apenas do segurado), a fim de zelar pelo equilíbrio contratual.[283] Portanto, perspectiva de observância da boa-fé objetiva voltada especialmente para o contrato de seguro previsto no Código Civil brasileiro (para além da cláusula geral de boa-fé indicada no art. 422 do CCB), que também alcança o seguro-saúde regulado pela LPS.

No direito brasileiro, à semelhante do que se verificou no direito português, a doutrina se depara com a questão do sentido a ser dado às informações relevantes do estipulante ou segurado para a celebração do contrato de seguro, ou seja, qual deve ser o sentido da "veracidade" da declaração. Também aqui se observa a necessidade de considerar o caso concreto e, para a questão do dever de informar, completo e verdadeiro, apenas as informações conhecidas pela contraparte no momento de celebração do contrato.[284]

As consequências das declarações inexatas ou omissões de circunstâncias pelo segurado, que possam influenciar a aceitação da proposta

proponente [...]" (*Contratos nominados III*: seguro, constituição de renda, jogo e aposta, fiança, transação e compromisso cit., p. 111).

[282] Vale notar que já no Código Civil brasileiro de 1916 Pedro Alvim ressaltava a importância das informações prestadas pelo segurado e, por isso, o rigor na observância da boa-fé (*O contrato de seguro* cit., p. 130-131).

[283] Nesse mesmo sentido, "as condutas das partes, ações e omissões, com base nesse suporte normativo, deve intensificar-se para manter o equilíbrio contratual obtido por ocasião do contrato" (Tzirulnik, Ernesto; Cavalcanti, Flávio de Queiroz B.; Pimentel, Ayrton. *O contrato de seguro:* de acordo com o novo Código Civil brasileiro p. 74).

[284] Adalberto Pasqualotto, quanto ao entendimento da jurisprudência ainda no CCB de 1916, ressalta: "Assim, não considerava cabível a sanção em seguro de vida quando o segurado não tinha conhecimento de doença preexistente, que viesse depois a vitimá-lo" (*Contratos nominados III*: seguro, constituição de renda, jogo e aposta, fiança, transação e compromisso cit., p. 111). Tal entendimento, vale mencionar, referente ao conhecimento do segurado quanto à doença preexistente para afastar a cobertura do seguro, continua mantido no Código Civil atual.

ou a fixação do prêmio, estão estabelecidas no art. 766 do CCB, o qual determina a perda do direito à garantia do seguro, além da obrigação do pagamento do prêmio vencido. Para compreensão da intenção do legislador nesse dispositivo, há a necessidade de interpretá-lo com seu *parágrafo único*, que trata de inexatidões ou omissões do segurado *desprovidas de má-fé* (atitude culposa), prevendo como soluções: a) a possibilidade de resolver o contrato, caso ainda não tenha ocorrido o sinistro;[285] ou b) cobrar, após o sinistro, a diferença do prêmio e pagar a indenização fixada.[286]

O *caput* do art. 766 do CCB, por sua vez, tratou do descumprimento de má-fé relativo ao dever de informar pelo segurado, então proponente, que omite ou declara informação *falsa* sobre aspectos relevantes do risco, levando a seguradora ao erro negocial (na medida em que a induz à celebração de um contrato com o conteúdo desvirtuado). Aqui a má-fé é compreendida como dolo (intenção consciente de falsear a declaração de maneira a propiciar vantagem para si ou outrem).[287] Nessa perspectiva, a análise do caso concreto considerará a falta de boa-fé subjetiva do segurado, diante da omissão ou inexatidão intencional, bem como da declaração inverídica. A sanção do infrator inclui a anulação do contrato, com a perda do direito à garantia, sendo mantido o dever de pagar os prêmios vencidos mensais, anuais ou de outra forma fixados no contrato, nos limites legais (2ª parte do *caput* do art. 766 do CCB).

O artigo suprarreferido não distingue o momento da verificação da má-fé, logo, se antes ou após o sinistro, no que se difere do direito do orde-

[285] O rigor da consequência referente à resolução, na compreensão de Judith Martins-Costa, deve ser contemporizado com o cânone da boa-fé objetiva, uma vez que o parágrafo único do art. 766 do CCB incide de maneira particularmente gravosa para o segurado. Assim, a autora, para os casos em que não há a presença da má-fé do segurado (dolo), orienta a análise segundo o caso concreto e tece, quanto ao dever de informar do seguro, possibilidades que se aproximam daquelas presentes no regime português dos seguros (Lei do Contrato de Seguro), entre elas, a consideração de que a informação omissa ou inexata já era de conhecimento da seguradora e a postura da seguradora que deixa de verificar um questionário lacunoso ou respostas contraditórias como situações que afastam a resolução (A boa-fé e o seguro no novo Código Civil brasileiro cit., p. 76-81).

[286] Observe que no direito dos seguros português a solução considera o pagamento proporcional da indenização, consoante a diferença entre o prêmio pago e o prêmio que seria devido (alínea "a", nº 4, do art. 26º da LCS).

[287] Essa mesma linha se encontra nos estudos de Orlando Gomes, com a diferença de que para o autor também a culpa grave poderia ser invocada para anulação do contrato. Entendimento que, todavia, não é pacífico. Cf. *Contratos* cit., p. 521.

namento jurídico português. Na prática, a seguradora costuma agir apenas quando toma ciência do sinistro, sendo seu o ônus da prova do dolo (trata-se do dolo previsto nos arts. 145 e 147 do CCB).

No caso do seguro-saúde, regido pela LPS, a situação recebe tratamento especial e, por isso, as disposições do art. 766 do CCB só se aplicam no que a LPS for omissa. A *declaração de saúde* do segurado (beneficiário) no seguro-saúde, dadas sua complexidade e relevância, é tratada no art. 11 da LPS, em que se estabelece como encargo da seguradora o ônus da prova para demostrar o conhecimento prévio do consumidor ou beneficiário *quanto* às doenças preexistentes que eventualmente tenha. Assim, a lei fixa como parâmetro para determinação dos casos de fraude do segurado o conhecimento prévio de sua condição pessoal de saúde e sua não declaração (inexatidão ou omissão intencional), tendo como sanção a anulação do contrato (inciso II, parágrafo único, do art. 13 da LPS), não havendo devolução das mensalidades pagas pelo segurado diante da má-fé comprovada.[288]

Como já assinalado, e à semelhança do regime português, a questão do conhecimento prévio do proponente dependerá da análise fática. A situação fica evidenciada no caso no qual há diagnóstico médico; contudo, se não houver, será necessário avaliar caso a caso. Assim, por exemplo, se o proponente sofre de perda frequente de consciência e já foi internado devido a convulsões, tais fatos são relevantes por si sós, ainda que não haja um diagnóstico laboratorial de epilepsia ou de tumor cerebral. Por outro lado, uma mancha temporária nas costas pode levar o leigo a pensar que não se trata de algo grave, quando anos mais tarde, após a celebração do seguro, descobre ter contraído sífilis.

A RN da ANS nº 162/2007 (com alterações da RN da ANS nº 195/2009) trata especialmente das doenças preexistentes e direciona a forma como deverá ocorrer a coleta de informações com o proponente, além de indicar condutas que deverão ser observadas pela seguradora. Assim, a contratação

[288] Na dicção do art. 5º da RN da ANS nº 162/2007, "nos planos privados de assistência à saúde, individual ou familiar, ou coletivos, em que haja previsão de cláusula de agravo ou cobertura parcial temporária, contratos após a vigência da Lei nº 9.656, de 1998, o beneficiário deverá informar à contratada, quando expressamente solicitado na documentação contratual por meio de Declaração de Saúde, o conhecimento de DLP, à época da assinatura do contrato ou ingresso contratual, sob pena de caracterização de fraude, ficando sujeito à suspensão da cobertura ou rescisão unilateral do contrato, nos termos do inciso II do parágrafo único do art. 13 da Lei nº 9.656 de 1998".

do seguro-saúde deverá ser precedida do envio da "carta de orientação ao beneficiário", documento padronizado elaborado pela ANS e enviado pela seguradora ao proponente (art. 3º da RN ANS nº 162/2007).

Posteriormente, a seguradora poderá coletar as informações sobre o estado de saúde da pessoa e possíveis doenças ou lesões preexistentes a partir de declaração, questionário, exames e entrevistas. Nos limites dos questionamentos possíveis ao proponente, o parágrafo único do art. 10 da RN ANS nº 162/2007 não admite perguntas sobre hábitos de vida, sintomas e medicamentos. Além disso, para a resposta, declaração ou preenchimento do questionário, o proponente terá direito de fazê-lo com orientação médica de profissional que conste da rede credenciada ou referenciada da seguradora. No entanto, se o proponente optar por profissional externo, assumirá exclusivamente os custos (art. 5º, §§ 1º e 2º, da RN da ANS nº 162/2007).

Uma vez celebrado o contrato de seguro-saúde, consoante preconiza o próprio parágrafo único do art. 11 da LPS, a seguradora não poderá suspender a assistência à contraparte (beneficiário) e, portanto, anular o contrato, se não conseguir realizar a prova da fraude na forma da regulamentação editada pela ANS, no caso, a RN da ANS nº 162/2007. Isso significa que, diante do indício de fraude, a seguradora terá como opções legais: a) alterar o contrato para incluir cláusula de cobertura parcial pelo tempo restante da carência legal (a carência máxima para doenças preexistentes é de 24 meses. Após esse prazo a cobertura passa a ser integral);[289] b) alterar o contrato para instituir agravo; ou c) solicitar a abertura de processo administrativo (art. 15 da RN da ANS nº 162/2007) para provar a fraude.

As duas primeiras soluções poderão ser aplicadas em âmbito contratual. Desse modo, constatado o indício de fraude, a operadora deve comunicar imediatamente o segurado ou beneficiário na declaração pelo *termo de comunicação ao beneficiário* (inciso V do art. 18) e, na sequência, poderá oferecer a cobertura parcial temporária pelos meses restantes do contrato, contados da assinatura ou adesão ao seguro-saúde e observado o prazo máximo de 24 meses a partir da referida assinatura ou adesão (inciso I do art. 15 da RN da ANS nº 162/2007) ou aplicar o agravamento no percentual e período estipulados pelas partes (art. 7º e inciso I do art. 15 da RN da ANS nº 162/2007).

[289] Art. 7º da RN da ANS nº 162/2007.

Contudo, caso o segurado (ou beneficiário) não aceite as alegações da seguradora e alterações contratuais indicadas nos parágrafos anteriores, a seguradora poderá optar por anular o contrato e, para tanto, terá que demonstrar em procedimento administrativo a existência do dolo da contraparte (arts. 15 e 16 da RN da ANS nº 162/2007). Uma vez decretada administrativamente a anulação do seguro-saúde por fraude, perderá o segurado o direito à cobertura e deverá pagar os prêmios vencidos, à semelhança do art. 766 do CCB. Tal posicionamento da agência reguladora tem sido reforçado nas decisões do Superior Tribunal de Justiça, como se nota da decisão de sua Terceira Turma, ao afirmar que "a operadora do plano de saúde não pode proceder à resolução do contrato sem a instauração prévia de processo administrativo perante a Agência Nacional de Saúde Suplementar – ANS, conforme determina a Resolução nº 162/07".[290]

O conjunto da LPS e resoluções normativas da ANS, como apontado *supra*, denota, uma vez mais, o *intervencionismo* do Estado no seguro-saúde, sobretudo porque as questões atinentes às declarações fraudulentas necessitam ser apuradas em âmbito administrativo. As normas brasileiras referentes às declarações do segurado no seguro-saúde privilegiam mecanismos para a manutenção do contrato, dificultando soluções que visem a extinção da relação contratual.

Afinal, além do necessário procedimento administrativo na ANS para anular o contrato no caso de fraude, o legislador da LPS determinou que os efeitos da suspensão ou cessação dos efeitos do contrato sejam postergados, caso o beneficiário esteja em condição de internação (parágrafo único, II, do art. 13 da LPS), sem qualquer ressalva para as situações de má-fé do segurado ou beneficiário, o que denota sua intenção de preservar a saúde e a vida do segurado, contudo faltaram medidas sancionatórias mais rigorosas para dissuadir a conduta fraudulenta.[291]

A oportunidade de a seguradora ingressar com o processo administrativo para comprovação da fraude do segurado na declaração de suas lesões

[290] O caso referia-se à suspensão da assistência à saúde por provável omissão do beneficiário quanto ao fato de ser portador do vírus HIV, no momento da celebração do contrato (STJ, 3ª Turma, REsp 1553007/SP, Rel. Min. Marco Aurélio Bellizze, j. 10.11.2015, *DJe* 19.11.2015. Disponível em: www.stj.jus.br. Acesso em: 25 fev. 2020).

[291] Sobre o caráter existencial dos contratos de seguro-saúde e assistência à saúde no Brasil, conferir Aguiar Jr., Ruy Rosado de. Contratos relacionais, existenciais e de lucro. *Revista Trimestral de Direito Civil (RTDC)*, Rio de Janeiro, v. 12, n. 45, p. 91-110, jan./mar. 2011, p. 101; Martins-Costa, Judith. *A boa-fé no direito privado*: critérios para sua aplicação cit., p. 248.

e doenças preexistentes decai em 24 meses da celebração do contrato ou da adesão ao seguro,[292] o que coincide com o prazo máximo de carência permitido pela RN da ANS nº 162/2007 (o prazo máximo de Cobertura Parcial Temporária – CPT, previsto no art. 2º, II, da resolução em questão).

A seguradora também poderá, no regime brasileiro do seguro-saúde, dispensar o proponente da realização de exames e do preenchimento de questionários ou outras declarações, à semelhança do que pode ocorrer no regime português.[293] Contudo, se a seguradora optar por fazê-lo, assumirá o risco e não poderá, posteriormente, alegar questões relativas a doença ou lesões preexistentes.[294] Em contrapartida, se a seguradora decidir efetuar exame ou perícia para complementar a declaração inicial do segurado, não poderá apontar omissão ou inexatidão negligente das informações prestadas pelo segurado ou beneficiário (§ 4º, art. 5º, da RN da ANS nº 162/2007), certo de que tal conduta implica violar a boa-fé objetiva exigida na espécie.

Por fim, observa-se que a normativa não tratou especialmente sobre a declaração omissa ou inexata culposa, todavia, considerando (i) o parágrafo único, II, do art. 13 da LPS (que autoriza a resolução do contrato apenas no caso de fraude) e (ii) os termos do parágrafo único do art. 766 do CCB, que possibilita a cobrança da diferença do prêmio, mostra-se razoável, em nossa compreensão, aplicar a cobertura parcial temporária ao tempo faltante da carência e a cobrança de agravo (diferença do prêmio devido) no mesmo período restante, observado o prazo decadencial de 24 meses do art. 17 da RN da ANS nº 162/2007. Abordar a questão de outro modo, a nosso ver, poderia incentivar a falta de diligência do segurado.

[292] Art. 17º da RN da ANS nº 162/2007.

[293] Em Portugal, o art. 24º da LCS, consoante o art. 13º da mesma lei, é "relativamente imperativo" e pode ser afastado quando for mais favorável ao tomador, segurado ou beneficiário (Martinez, Pedro Romano *et al. Lei do Contrato de Seguro*: anotada cit., p. 144).

[294] Súmula nº 609 do STJ: "A recusa de cobertura securitária, sob a alegação de doença preexistente, é ilícita se não houve a exigência de exames médicos prévios à contratação ou a demonstração de má-fé do segurado".

4
ASPECTOS ECONÔMICOS E SEUS LIMITES NO SEGURO-SAÚDE

Quando tratamos do risco no seguro-saúde, mencionamos que, mesmo diante da relevante decisão do tomador do seguro (ou do segurado, na situação do regime brasileiro) para a definição do risco, não seria possível desconsiderar também sua apreciação econômica, com o auxílio de cálculos matemáticos e atuariais, os quais conferem modulação de valor.[295]

Maria Inês de Oliveira Martins trata da delimitação do risco em dois momentos: o primeiro qualitativo considera a cobertura em aspectos como duração, espaço geográfico, o conteúdo em si dos eventos cobertos, eventos excluídos e a extensão de suas consequências; o segundo, por sua vez, aborda a delimitação quantitativa como franquias e teto de valores segundo cada evento. A "modelação do risco" também poderá ter em consideração a "prevenção do sinistro", pautando-se por exigências de conduta das partes, além da "dispersão das perdas", o que considera a mutualidade entre os segurados e medidas que vão além disso (como o cosseguro e o resseguro).[296]

São esses dois momentos, indicados pela autora suprarreferenciada, que serão abordados neste item, considerando as particularidades dos regimes jurídicos português e brasileiro para o seguro-saúde. Assim, no aspecto

[295] Sobre a análise econômica do risco, Pedro Romano Martinez assenta que o risco segurável considera "critérios matemáticos, concretamente no cálculo probabilístico, ou cálculo actuarial, feito com base na experiência estatística, através da chamada lei de grandes números" (*Direito dos seguros*: apontamentos cit., p. 58).

[296] MARTINS, Maria Inês de Oliveira. Contrato de seguro e conduta dos sujeitos ligados ao risco cit., p. 117-123.

qualitativo, portanto, o cálculo do prêmio no seguro-saúde depende não apenas da extensão da cobertura escolhida pela parte contratante, mas também das próprias condições pessoais do indivíduo que será beneficiado pelo seguro, aferidas com parâmetros objetivos,[297] de maneira a evitar desvios e situações de discriminação, as quais ganham contornos próprios segundo o ordenamento jurídico específico estudado.

Assim, a existência de doenças preexistentes e a idade, por exemplo, são fatores habitualmente considerados pelas seguradoras no seguro-saúde tanto para o cálculo do prêmio quanto do reajuste.[298] Por outro lado, o tratamento e as restrições dadas pela legislação de cada país, no que concerne ao uso desses fatores pessoais (como faixa etária, lesão ou doença preexistente) pelas seguradoras, também poderão impactar o valor do prêmio a ser pago, o que denota a conformação dos aspectos econômicos do seguro-saúde a partir dos fatores jurídicos.

Ainda, para a percepção econômica do risco segurado, deve-se considerar sua inserção no âmbito da modalidade de seguro-saúde individual ou de grupo. Afinal, nessa modalidade há a possibilidade de diluição significativa da repercussão econômica do risco para todo o grupo segurado, enquanto naquela tal possibilidade não se dá. A mutualidade, portanto, associada ao grupo segurado é outro aspecto que influencia economicamente o cálculo do prêmio.[299]

No tocante aos critérios quantitativos, veremos a seguir que a franquia é um mecanismo que poderá ser adotado no seguro-saúde em ambos os regi-

[297] Para leitura legislativa inicial sobre práticas discriminatórias e parâmetros objetivos conferir nºs 1 a 9 do art. 15º da LCS; Lei nº 46/2006; e Diretiva nº 2004/113/CE, transposta por meio da Lei nº 14/2008, de 12 de março, em Portugal. No Brasil, a Lei de Planos e Seguro-Saúde só possibilita a diferenciação para cálculo quanto à idade do segurado, uma vez previsto no contrato (art. 15 da LPS). A prática da seleção de risco "em razão da idade do consumidor, ou da condição de pessoa portadora de deficiência" não é admitida (art. 14 da LPS) no regime brasileiro, mesmo se houver parâmetros objetivos para o cálculo. Tal perspectiva também está presente nas súmulas normativas da diretoria colegiada da ANS nº 19/2001 e nº 27/2015.

[298] Nesse mesmo sentido, em comentários ao regime português do seguro-saúde: MONTEIRO, Jorge Sinde; MESQUITA, Maria José Rangel de. *Insurance law in Portugal* cit., p. 118.

[299] A característica do mutualismo, no seguro, segundo Luiz Augusto Ferreira Carneiro, considera uma solidariedade entre o segurado e o grupo: "No entanto, em seguros, o mutualismo somente funciona apropriadamente sob a condição de segurados serem solidários apenas dentro de seu mesmo perfil de risco" (Princípios básicos de seguros e planos de saúde cit., p. 72).

mes jurídicos ora analisados, todavia, quanto à estipulação de um capital máximo para o seguro-saúde, verifica-se que esse é um aspecto econômico com tratamento distinto no ordenamento português e no ordenamento brasileiro, porquanto em Portugal os limites são legalmente aceitáveis (nºs 1, 2 e 3 do art. 49º e nº 1 do art. 217º da LCS);[300] e no Brasil, ao contrário, a lei determina a garantia "sem limite financeiro", uma vez ocorrido o evento (art. 1º, I, da LPS), ainda que outros instrumentos legais possam ser aplicados (como limite de reembolso, franquia e coparticipação do segurado).[301]

De toda forma, o prêmio (no caso específico do Brasil, o prêmio também poderá ser denominado como *mensalidade*), é a contraprestação pecuniária devida pela parte contratante do seguro à seguradora. Seu valor considera, sobretudo, o cálculo do risco e o tipo de cobertura contratada, sendo retribuição pelos *serviços*[302] disponibilizados pela seguradora. O prêmio é devido independentemente da ocorrência do sinistro e isso se deve à sua conexão direta com a cobertura. Em outros termos, o prêmio não requer a ocorrência do sinistro, que é a concretização do evento segurado.[303] Aliás, quanto ao sinistro e à indenização, tais aspectos ganham contornos próprios no seguro-saúde, se comparados aos seguros em geral, razão pela qual também traçaremos algumas considerações em subitem específico.

4.1. Prêmio

A contratação do seguro-saúde deve obedecer a rigorosas normas atuariais, o que pressupõe o estudo de probabilidades de ocorrência de determinados

[300] Alertamos que há limite aos seguros, em geral, no Brasil (art. 760 do CCB). A situação do seguro-saúde é, portanto, uma exceção determinada pela lei especial brasileira (LPS) que se distancia do Código Civil brasileiro.

[301] Cf. arts. 12, VI, e 16, VII, da LPS. Pondere-se que as referidas restrições e limites só se aplicam aos contratos celebrados a partir de 2 janeiro de 1999, quando entra em vigor a LPS, ou no caso dos contratos de seguro-saúde adaptados para incidência da LPS.

[302] Os *serviços*, na indicação de José Pereira Morgado, referem-se à cobertura do risco e à execução da prestação estipulada no contrato em caso da ocorrência do evento descrito no contrato de seguro (*Lei do Contrato de Seguros*: anotada. 3. ed. Coimbra: Almedina, 2016. p. 258-259).

[303] O sinistro é tratado como a concretização do risco segurado, delimitado pelas partes no contrato de seguro e "pelas ideias subjacentes ao risco assumido e ao interesse seguro", na expressão de: CORDEIRO, António Menezes. *Direito dos seguros* cit., p. 577. Ver no mesmo sentido: TZIRULNIK, Ernesto; CAVALCANTI, Flávio de Queiroz B.; PIMENTEL, Ayrton. *O contrato de seguro:* de acordo com o novo Código Civil brasileiro cit., p. 86.

eventos a partir do uso de cálculos matemáticos, "aspecto técnico" para o cálculo do risco.[304] E isso é importante não só para organizar a reserva técnica necessária à funcionalidade do seguro, mas também para prover retorno financeiro das seguradoras.[305]

O aspecto técnico para o cálculo do risco, e consequente fixação da quota atinente ao prêmio, congrega, na visão de Jean-Luc Fagnart:[306]

a) o mutualismo, compreendido como o agrupamento de pessoas sujeitas a um risco comum e que, por isso, resolvem contribuir para a solução desses riscos (no caso ora tratado, os riscos relacionados às prestações de cuidados à saúde) a partir de uma cotização que será paga por todos; b) a seleção do risco que, por sua vez, trata do delicado equilíbrio entre o próprio mutualismo e o risco selecionado. Afinal, sem a seleção, a seguradora trataria de situações diferentes de maneira igual e obrigaria todo um grupo segurado com risco regular ou normal a subsidiar riscos agravados ou incalculáveis. No extremo, a falta de seleção poderia comprometer a própria solvabilidade da seguradora. Entretanto, essa seleção não poderá ir além dos limites legais aplicáveis ao seguro-saúde do respectivo país;[307] e c) a estatística ou o cálculo de probabilidades, dado pelo uso da lei dos

[304] Na França, o *aspecto técnico* atinente ao cálculo do risco fica evidenciado no próprio conceito de seguro dado por Albert Chaufton ao defini-lo como compensação pelos efeitos do acaso sobre o patrimônio do homem por intermédio de uma mutualidade organizada segundo as leis de estatísticas: "La compensation des effets du hasard sur le patrimoine de l 'homme par la mutualité organisée suivant les lois de la statistique'" (*Les assurances*: leur passé, leur présent, leur avenir cit., p. 347).

[305] Como observa em seus estudos, na Itália, Benedetto Farsaci diz que este é o sentido da conexão entre o contrato e a empresa seguradora: esta última tem uma massa homogênea de riscos segundo assunto/ramo específico e divide entre todos os participantes em comunhão os custos globais da cobertura, sendo tecnicamente possível e financeiramente sustentável o funcionamento estruturado pelo contrato de seguro, com dispersão dos efeitos do risco (*Clausole abusive nel contratto di assicurazione e tutela dell'assicurato* cit., p. 7).

[306] FAGNART, Jean-Luc. *Le contrat d'assurance* cit., p. 5-8.

[307] Jean-Luc Fagnart exemplifica a situação a partir de duas decisões da Corte de Apelação de Bruxelas em matéria de seguro hospitalar, cujas decisões demarcam que a evolução da ciência e da tecnologia nesse campo é mais significativa para aqueles que necessitam utilizar com mais frequência das vantagens desses atos médicos, o que se dá com o segurado em idade avançada e em virtude do aumento da expectativa de vida. O "meio do caminho", apontado pelas decisões, está entre os argumentos da solidariedade necessária ao grupo de segurados e daquele referente ao puro cálculo atuarial – Bruxelles, 25 septembre 2006 et 14 septembre 2010, *For. Ass.*, 2011, nº 128 (*Le contrat d'assurance* cit., p. 5-6).

grandes números, conferindo homogeneidade aos riscos e probabilidade a eventos que tendem a se repetir ao longo do tempo.

Os elementos referenciados *supra* são considerados para a nossa análise, sendo uma maneira de traduzir o *fator econômico* do risco, pois, uma vez aplicados de forma técnica e organizada, auxiliam no cálculo e determinação do prêmio. Entretanto, tais fatores não são aplicados a partir de uma premissa puramente econômica. O interesse do Estado e, em especial, o que denominamos de *fator jurídico* dado pela lei posta em cada ordenamento jurídico direcionarão e limitarão o fator econômico em maior ou menor grau, razão pela qual trataremos a seguir de seus detalhes em cada um dos regimes ora estudados.

No âmbito dos fatores jurídicos relacionados ao prêmio, em Portugal, considerada a LCS, tem-se que seu valor inclui tudo aquilo que o tomador do seguro[308] deve pagar ao segurador, "nomeadamente os custos da cobertura do risco, os custos de aquisição, de gestão e de cobrança e os encargos relacionados com a emissão da apólice" (art. 51º, nº 1, da LCS), salvo as quantias destinadas a encargos fiscais e parafiscais associados ao seguro que, mesmo acrescendo ao prêmio, com ele não se confunde (art. 51º, nº 2, da LCS).

Ainda sob o viés jurídico, a LCS coloca sob *o abrigo da liberdade contratual,* podendo as partes estipular contratualmente, "salvo disposição legal em sentido contrário, o montante do prémio e as regras sobre o seu cálculo e determinação" (art. 52º, nº 1, da LCS). Tal liberdade, no entanto, não dispensa o dever de observância de aspectos técnicos para o cálculo do prêmio pela seguradora. Há, assim, uma interseção entre os aspectos econômicos e jurídicos, dada pela própria legislação.[309] São os aspectos técnicos que possibilitam à seguradora fixar o valor do prêmio sem que isso implique desrespeito ao princípio da igualdade (art. 13º da CRP) ou resulte em práticas discriminatórias, o que é vedado no regime português (art. 52º, nº 2, e art. 15º, nº 1, da LCS).

[308] O pagamento é atribuído ao tomador do seguro, mesmo nos casos em que celebra o contrato por conta de terceiro segurado (arts. 48º, nº 2, e 80º, nº 1, da LCS). Por certo, soluções particulares poderão ser adotadas, caso seja estipulado que o segurado pague diretamente à seguradora (art. 80º, nº 3, da LCS). Esse ponto será detalhado no item sobre seguro de grupo.

[309] Morgado, José Pereira *et al. Lei do Contrato de Seguros*: anotada cit., p. 260.

O prêmio do seguro, em Portugal, corresponde ao período de duração do contrato (art. 52º, nº 3, da LCS), sendo o prêmio inicial – ou sua primeira fração[310]– devido na data da celebração do contrato, em regra, salvo estipulação em sentido contrário (art. 53º, nº 1).[311] Os subsequentes pagamentos ou frações do prêmio (incluindo informações sobre o valor, forma e lugar), bem como as consequências do seu incumprimento, são informações que deverão ser prestadas pela seguradora ao tomador do seguro, por escrito, com antecedência mínima de 30 dias antes da data prevista para o próximo pagamento (art. 60º, nº 1).

No direito português, a relevância do pagamento do prêmio implica condição de eficácia do contrato do seguro. Portanto, se o tomador do seguro-saúde não o realizar, haverá como consequência a resolução automática ou não prorrogação do contrato (art. 61º da LCS).[312] Em ambas as hipóteses, se o pagamento inicial não for feito ou se assim não ocorrer no momento de prorrogação, não há o direito à cobertura, tampouco será exigível a obrigação descumprida do tomador, mesmo diante da mora.[313]

Tal encerramento automático do contrato, vale dizer, é uma solução excepcional dada pelo legislador português, direcionada à complexidade dos contratos de seguro, e expressa, na visão pragmática de Pedro Romano Martinez, as finalidades de redução das demandas judiciais quanto à temática, além de assegurar a solvibilidade das seguradoras, que não estão obrigadas a realizar coberturas sem o pagamento do respectivo prêmio.[314]

Nesse ponto, vale iniciar o comparativo com o regime brasileiro, que se distancia da solução mencionada. O prêmio é contraprestação devida à seguradora pela cobertura dos riscos definidos no contrato, entretanto a mora no pagamento dos seguros previstos no Código Civil brasileiro determina a suspensão da eficácia do contrato de seguro (art. 763 do CCB). Não há previsão legal de resolução automática. Além disso, a mesma lei civil não distingue o prêmio inicial dos subsequentes.

Assim, o Código Civil brasileiro determina o sobrestamento do direito à indenização securitária, se o segurado "estiver em mora no pagamento

[310] Sobre fracionamento do prêmio por estipulação das partes – art. 52º, nº 4, da LCS.

[311] Ver também as exceções legais no art. 58º da LCS.

[312] Essa solução não se aplica no caso de seguros de grandes riscos e nos seguros indicados no art. 58º da LCS.

[313] MARTINEZ, Pedro Romano *et al. Lei do Contrato de Seguro*: anotada cit., p. 273.

[314] MARTINEZ, Pedro Romano *et al. Lei do Contrato de Seguro*: anotada cit., p. 273.

do prêmio". Isso significa que o segurado pode purgar sua mora. A doutrina aborda a questão a partir da exceção do contrato não cumprido,[315] ou seja, não haverá indenização sem pagamento do prêmio, mas, uma vez pagos os valores em atraso, poderá o segurado obter a cobertura do sinistro ocorrido após a purgação da mora (art. 763, *in fine*, do CCB). A resolução do contrato pela verificação da simples mora, portanto, requer que as partes estipulem cláusula contratual a esse respeito.

No caso específico do seguro-saúde, no Brasil, a LPS não estabelece o momento do pagamento dos prêmios (denominado como *mensalidade* no art. 13, parágrafo único, II), o que permite às partes estipularem forma, modo e lugar para o cumprimento da obrigação. Na prática, observa-se que as seguradoras do setor optam por pagamentos prévios, exigidos mensalmente, à semelhança dos seguros em geral.

A mora no pagamento do prêmio, no regime brasileiro do seguro-saúde, apresenta determinação legislativa visando a proteção da pessoa usuária do seguro-saúde, sobretudo na modalidade individual ou familiar. Afinal, a suspensão do contrato, ou mesmo a resolução do contrato, segundo o parágrafo único, II, do art. 13 da LPS, somente será possível quando: a) o atraso no pagamento da mensalidade for superior a 60 dias, consecutivos ou não, dentro de cada 12 meses de vigência do contrato; e b) houver notificação prévia da seguradora até o quinquagésimo dia de inadimplência, o que dá ao segurado moroso a possibilidade de purgação da mora em até duas vezes por ano (considerado o pagamento mensal do prêmio).[316]

O ônus da prova, quanto à mora do segurado e notificação prévia no prazo legal estabelecido, recai sobre a seguradora. Além disso, a lei especial, para o caso do seguro-saúde individual e familiar, posterga os efeitos da suspensão ou resolução do contrato, mesmo no caso de mora, enquanto o *titular* do seguro estiver em internação hospitalar (art. 13, parágrafo único, III, da LPS).

Note-se que para os autores Maury Ângelo Botessini e Mauro Conti Machado a expressão *titular* utilizada pela lei recebe interpretação exten-

[315] PASQUALOTTO, Adalberto. *Contratos nominados III*: seguro, constituição de renda, jogo e aposta, fiança, transação e compromisso cit., p. 99.

[316] Parece-nos que a intenção do legislador, ao fixar o referido prazo de notificação, não foi impossibilitar a seguradora de fazê-lo após o quinquagésimo dia, e sim de apenas assegurar prazo razoável para a purgação da mora pelo segurado (titular) ou seus dependentes. O que a seguradora deve observar é a prova da notificação prévia.

siva para incluir os usuários contemplados no seguro, ou seja, não só o titular do seguro, mas também os demais dependentes indicados por ele no contrato.[317] A nosso ver, se o sentido dado pelo legislador se direciona para a pessoa que *possui o direito estipulado no contrato*, ou seja, contemplada pelo seguro-saúde, então será possível incluir os beneficiados do seguro-saúde do plano familiar.

Por fim, as disposições legais do parágrafo único e incisos do art. 13 da LPS, em especial quanto à mora, tratam apenas dos contratos de seguro-saúde na modalidade individual ou familiar e, portanto, poder-se-ia admitir a liberdade de estipulação sobre a forma de resolução e suspensão do contrato na sua modalidade coletiva, havendo controle em caso de abusividade. Não obstante, nota-se que não é incomum encontrar decisões dos tribunais brasileiros determinando a aplicação das mesmas restrições suprarreferenciadas também à modalidade coletiva, com a finalidade de proteção da pessoa em situação de risco.[318]

Judith Martins-Costa, no regime brasileiro dos seguros, ao comentar a regra do art. 763 do CCB e os efeitos de não cobertura diante da mora, já assinalava que, no caso do seguro-saúde, por "garantir bens essenciais à esfera existencial do segurado", a solução deveria ser ponderada, ou seja, de um lado, a consideração da comunidade de segurados e a necessidade do adimplemento de todos para a sua manutenção e, de outro, o "interesse existencial do segurado que, eventualmente, incorreu em mora". Tal aspecto é relevante para a consideração do prazo de purga da mora nos seguros-saúde coletivos, no Brasil.[319]

Aprofundaremos a questão e demais aspectos de diferenciação entre o seguro-saúde firmado pela pessoa (em seu próprio benefício) e aqueles

[317] BOTTESINI, Maury Ângelo; MACHADO, Mauro Conti. *Lei dos planos e seguros de saúde* cit., [s.p.], livro eletrônico.

[318] Conforme trecho do Acórdão do Tribunal de Justiça de São Paulo referente a plano coletivo empresarial: "[...] diferentemente do alegado pela agravante, o inadimplemento das mensalidades, por si só, não implica a suspensão ou a rescisão unilateral do contrato de plano ou seguro-saúde, sendo necessária a prévia notificação do devedor, até o quinquagésimo dia de inadimplência, nos termos do artigo 13, parágrafo único, inciso II, da Lei nº 9.656/98" (TJSP, 6ª Câmara de Direito Privado, Agravo de Instrumento 2146989-43.2020.8.26.0000, Rel. Des. José Carlos Costa Netto, data da publicação 31.07.2020. Disponível em: https://esaj.tjsp.jus.br/cjsg/getArquivo.do?cdAcordao=13811573&cdForo=0. Acesso em: 6 ago. 2020). Nesse sentido, ver também a Súmula nº 94 do TJSP indicando dez dias para purgar a mora e a impossibilidade de cláusula de resolução automática do contrato.

[319] MARTINS-COSTA, Judith. A boa-fé e o seguro no novo Código Civil brasileiro cit., p. 84.

ditos de grupo ou coletivo (em que há a presença de um grupo segurado) – como forma de cessação do contrato e o tratamento da mora – no subitem relativo à *divisão do contrato de seguro-saúde segundo a pessoa contratante.*

4.2. Cobertura

Ao analisarmos os regimes português e brasileiro, como mencionado no subitem *risco no seguro-saúde*, observou-se que há a prevalência da liberdade contratual no primeiro regime, o que não se pode afirmar para o último. A liberdade contratual, como se verá a seguir, possibilita flexibilidade na estipulação do tipo de garantia (*v.g.*, assistencial, reembolso, pagamento de capital), na eleição dos eventos cobertos (sem obrigatoriedade de um mínimo legal) e na seleção do risco, consoante critérios legais. No direito brasileiro, a LPS exige cobertura mínima assistencial, define quais as coberturas por cada segmento e afasta a seleção do risco que exclua a possibilidade da pessoa em contratar.[320]

No regime português, a cobertura é um dos temas que deve constar da apólice e integra o rol de aspectos mínimos exigidos pela lei (art. 37º, nº 2, "d" e "j", da LCS). A cláusula que estabelece o âmbito da cobertura (exclusões ou limitação) deve ser escrita em "caracteres destacados e de maior dimensão" do que o restante do contrato (art. 37º, nº 3, "b"), inclusive. No regime brasileiro, a cobertura também aparece como elemento obrigatório do contrato de seguro-saúde, na forma dos arts. 10-C, 12 e 16, VI, da LPS e a forma da redação se assemelha à mencionada no presente parágrafo para o regime português, em especial diante das limitações e exclusões (art. 54, §§ 3º e 4º, do CDC).

Tal como apontado no item 2.3.2, entre as modalidades encontradas no setor de seguros-saúde, em Portugal, destacamos: o simples reembolso; o acesso direto a serviços da rede referenciada da seguradora e ambas as modalidades indicadas no sistema denominado *misto.* Além disso, há o seguro-saúde específico para doenças graves (pagamento de capital fixo ou reembolso de despesas) e o seguro-dependência (*long-term care)* diante da incapacidade constatada da pessoa segurada.

Nas modalidades supramencionadas, Jorge Sinde Monteiro e Maria José Rangel de Mesquita assinalam que a seguradora habitualmente ofe-

[320] Ressalve-se que essa característica intervencionista é específica para o seguro-saúde atualmente regulado na LPS e não se estende para os seguros em geral, previstos no Código Civil brasileiro.

rece uma cobertura-padrão (indicando o tipo de cobertura e o montante segurado referente a ela), bem como disponibiliza cobertura adicional para benefícios adicionais. No último caso, o montante segurado para cada evento coberto tem um limite de valores mais elevados para a cobertura e, por isso, o valor do prêmio também será mais elevado.

A propósito, no regime português do seguro-saúde, o prêmio também poderá variar em função da idade da pessoa seguradora, habitualmente em valor crescente conforme o aumento da faixa etária.[321] Quanto mais amplo o escopo do seguro-saúde, ou seja, quanto maior o número de eventos cobertos (ou mais elevado o valor do capital fixado), maior o valor do prêmio. Ao tomador, em geral, cumpre indicar o valor a segurar para fixar o capital do seguro (art. 49º da LCS). Na prática, no entanto, observa Francisco Luís F. Ribeiro Alves que o tomador acaba por escolher entre um dos produtos que a seguradora lhe oferece.[322]

Logo, a seguradora poderá fixar um montante por evento e mesmo capital máximo anual, sendo comum estabelecer um montante proporcionalmente superior, caso a vigência do seguro-saúde ultrapasse um ano. Aliás, os limites da cobertura não são necessariamente pecuniários no regime português. Por exemplo, os contratos poderão conter cláusulas com número máximo de sessões para determinados procedimentos terapêuticos; número-limite de consultas preventivas por período de vigência do contrato; limite temporal para internações ou para pagamento de despesas com medicamentos após o término do período pós-operatório; e mesmo um limite de idade da pessoa segurada, a partir do qual a seguradora já não terá interesse em cobrir o risco e cessará o contrato.[323]

Em matéria de seguros no regime português, a LCS não estabelece regras específicas sobre qual seria a cobertura-padrão, salvo exceções previstas em lei. Logo, a liberdade contratual presente na referida norma (arts. 11º e 52º da LCS) deixa margem para que os contratantes possam listar, restringir e excluir eventos da cobertura, ressalvados os limites constantes de lei especial que determina, por exemplo, situações de seguro-saúde

[321] MONTEIRO, Jorge Sinde; MESQUITA, Maria José Rangel de. *Insurance law in Portugal* cit., p. 118-119.

[322] ALVES, Francisco Luís F. Ribeiro. O regime do contrato de seguro de saúde no direito português cit., p. 20-21.

[323] MONTEIRO, Jorge Sinde; MESQUITA, Maria José Rangel de. *Insurance law in Portugal* cit., p. 118-119.

obrigatório[324] e, em alguns casos, a previsão de um valor mínimo prefixado ou eventos definidos.[325]

Quanto à cobertura e condições pessoais do segurado, ao longo da vigência do contrato, observa-se que o legislador português afastou a obrigação de informar relacionada ao agravamento do risco nas hipóteses do seguro-saúde (art. 215º, "a", da LCS) – exigência que se aplica aos seguros em geral (arts. 93º a 94º) – diante da própria natureza do seguro. Afinal, é esperado que o estado de saúde de qualquer pessoa se agrave naturalmente com o passar dos anos. Por outro lado, como anota Francisco Luís F. Ribeiro Alves, poderá o tomador ou segurado indicar a diminuição do risco, de sorte a refletir no prêmio (art. 92º da LCS), apontando a data da comunicação como parâmetro para o ajuste (primeiro recebimento após comunicação) ou estorno proporcional.[326]

Na relação contratual cobertura e risco, devem-se ponderar alguns parâmetros e limites de estipulação contratual. Por exemplo, o art. 45º da LCS ressalva que as condições especiais e particulares fixadas "não podem modificar a natureza" do risco coberto, de sorte a determinar a reclassificação desse risco, por disposição contratual, quando a própria lei já lhe atribui classificação prévia (indicação de determinado ramo ou modalidade).[327] Daí a impossibilidade de disposições contratuais ou condições particulares capazes de descaracterizar ou esvaziar o próprio sen-

[324] A ASF poderá regulamentar a utilização de cláusulas ou apólices uniformes para ramos ou modalidades de seguros obrigatórios e, além disso, a seguradora que pretenda explorar um seguro obrigatório deve comunicar à ASF as condições gerais e especiais da apólice, na forma e prazo do art. 39º do RJASR.

[325] Exemplificam a modalidade de seguro-saúde obrigatório (com previsão legal de cobertura mínima de eventos e capital mínimo segurado, por exemplo), em Portugal, as seguintes situações: (i) concessão de determinados vistos conforme arts. 71º, nºs 4 e 5; 92º, nº 1; 93º, nº 1; 94º, nº 1; 118º, nº 4, "c"; 126º, nº 1, "c", do Regime Jurídico de Entrada, Permanência, Saída de Afastamento de Estrangeiros do Território Nacional, aprovado pela Lei nº 23/2007, de 4 de julho; (ii) membros da comunidade europeia que pretendem residir em Portugal na forma dos arts. 7º, nº 1, "b"; 8º, nº 3, "b", da Lei nº 37/2006, de 9 de agosto (que regula o exercício do direito de livre circulação e residência dos cidadãos da União Europeia e dos membros das suas famílias no território nacional e transpõe para a ordem jurídica interna a Diretiva nº 2004/38/CE, do Parlamento Europeu e do Conselho, de 29 de abril); (iii) praticantes de esporte de alto rendimento, consoante art. 11º, nº 1, do Decreto-lei nº 10/2009, de 12 de janeiro.

[326] Alves, Francisco Luís F. Ribeiro. O regime do contrato de seguro de saúde no direito português cit., p. 21.

[327] Vasques, José *et al. Lei do Contrato de Seguro*: anotada cit., p. 249.

tido do risco definido pelo art. 213º da LCS (*riscos relacionados com prestação de cuidados à saúde*).

A liberdade concedida pelo legislador da LCS também encontra outros limites legais. Tais parâmetros visam, em geral, coibir abusos e proteger a parte frágil da relação contratual e são dados pelas normas de imperatividade absoluta e relativa (arts. 12º e 13º da LCS) e proibições (a exemplo do art. 14º da LCS – seguros proibidos – e art. 15º da LCS – práticas discriminatórias), normas específicas aplicáveis aos seguros obrigatórios[328] e também pela aplicação da LCCG,[329] como lembra Margarida Lima Rego,[330] que proíbe a estipulação de "cláusulas contratuais gerais contrárias à boa-fé" (art. 15º da LCCG) sob sanção de nulidade (art. 12º da LCCG).[331]

Ainda, quanto ao limite às práticas discriminatórias, note-se que o ordenamento português também estabeleceu proteção específica para a *pessoa com deficiência e pessoa com risco agravado de saúde*, conforme previsão da Lei nº 46/2006, de 28 de agosto (Lei Antidiscriminação – LAD). Outros limites também podem ser verificados para as situações de discriminação em função do *sexo,* previstos na Lei nº 14/2008, de 12 de março (o qual transpôs para o ordenamento português a Diretiva nº 2004/113/CE, de 13 de dezembro, que dispõe sobre o tratamento igualitário entre homens e mulheres para aquisição de produtos e serviços).

Da consideração conjunta do art. 15º da LCS e demais leis especializadas, referenciadas nos dois parágrafos antecedentes, observa-se que o ordenamento português oferece ferramentas legais para a diferenciação entre a *seleção do risco* e a *prática discriminatória.* Em linhas gerais, a seleção do risco tem justificação objetiva, amparada em estatística e cálculos atuariais rigorosos e relevantes (art. 15º, nº 3), consolidados por entidades reconhecidas para tal fim e órgãos reguladores que disponibilizam dados,

[328] Ver nota de rodapé 325.

[329] O art. 3º da LCS remete expressamente à possibilidade de aplicação de seus dispositivos aos contratos de seguro. Ver Decreto-lei nº 446/1985, de 25 de outubro, que institui o regime jurídico das cláusulas contratuais gerais no ordenamento jurídico português.

[330] Como observa a autora, "este tem se revelado um importante mecanismo, de que os tribunais portugueses se socorrem com frequência, para deitarem abaixo estipulações de conteúdo que considerem abusivo, por serem demasiado gravosas para o tomador, o segurado ou o beneficiário de um contrato de seguro, ou que de outra forma se revelem contrárias à boa-fé..." (REGO, Margarida Lima. O contrato de seguro em Portugal cit., p. 38).

[331] Sobre o tema recomenda-se a leitura da obra de: CALMEIRO, Ana Serra. *Das cláusulas abusivas no contrato de seguro*. Coimbra: Almedina, 2014. p. 39-89.

tabelas e estudos (a própria ASF propicia tais informações). A prática discriminatória, por sua vez, determina a desigualdade intolerável por resultar de recusa injustificada, sem fundamentos objetivos, acarretando para a pessoa com deficiência ou situação de saúde agravada, por exemplo, *tratamento menos favorável* do que aquele que seria dado a outra pessoa em situação comparável (art. 15º, nº 2).[332] Consideração aplicável também às situações de discriminação em função do sexo.

No Brasil, o tratamento legal dado à cobertura e à seleção do risco no seguro-saúde diferencia-se daquele adotado em Portugal. A LPS, por exemplo, prevê que a cobertura destinada contratualmente para assistência à saúde não estará sujeita a *limitação financeira* (art. 1º, I, da LPS),[333] o que não se verifica no regime de seguro-saúde português, em que é possível estabelecer limite ao capital segurado, inclusive por evento.

Além disso, a seleção de risco para fins de contratação, como nos fatores idade, condição especial de saúde ou deficiência,[334] está proibida expressamente por disposição legal. Tais aspectos não podem impedir a participação da pessoa no seguro-saúde ou mesmo afastar coberturas já determinadas legalmente para um segmento específico (art. 14 da LPS),[335]

[332] Alves, Francisco Luís F. Ribeiro. O regime jurídico da discriminação aplicável aos seguros – presente e futuro. *Fórum – Revista Semestral do Instituto de Seguros de Portugal*, Lisboa, ano XIV, n. 31, p. 48-49, fev. 2012. Disponível em: https://www.asf.com.pt/NR/rdonlyres/5B997EF7-BA6E-45D6-A17C-B12A69C2A82D/0/F31_art2.pdf. Acesso em: 25 nov. 2019.

[333] As seguradoras, no Brasil, tentam estipular limites indiretos ao seguro-saúde que está sob a égide da LPS, tais como máximo de dias cobertos em Unidades de Tratamento Intensivo (UTI); número de bolsas de sangue cobertas ou número máximo de transplantes, mas a jurisprudência brasileira tem se consolidado de maneira a considerar tais cláusulas como abusivas. Cf. STJ, 4ª Turma, AgRg no Ag 1088452/RS, Rel. Min. Maria Isabel Gallotti, j. 10.12.2013, *DJe* 03.02.2014; 3ª Turma, REsp 1053810/SP, Rel. Min. Nancy Andrighi, j. 17.12.2009, *DJe* 15.03/2010; 4ª Turma, REsp 1450134/SP, Rel. Min. Luis Felipe Salomão, j. 25.10.2016, *DJe* 07.12.2016, todos disponíveis em: www.stj.jus.br. Acesso em: 25 jun. 2020. Ver Súmula nº 302 do STJ. Em outro sentido, quanto aos contratos firmados antes da LPS: STJ, 4ª Turma, REsp 242550/SP, Min. Ruy Rosado de Aguiar Jr., relator do Acórdão Min. Aldir Passarinho Jr., j. 02.03.2000, *DJ* 18.02.2002, p. 449.

[334] Sobre a questão dos idosos nos planos de saúde conferir o texto de: Schmitt, Cristiano Heineck. Dever de cuidado, consumidores hipervulneráveis e contratos de planos e de seguros de saúde. *In*: Miragem, Bruno; Carlini, Angélica (org.). *Direito dos seguros*: fundamentos de direito civil, direito empresarial e direito do consumidor. São Paulo: RT, 2015. [s.p.]. Livro eletrônico.

[335] Cf. Súmula Normativa da ANS nº 19/2011 e Súmula Normativa nº 27/2015: "É vedada a prática de seleção de riscos pelas operadoras de plano de saúde na contratação de qualquer

o que ressalta o caráter intervencionista da legislação. Nesse sentido, eventual cláusula que considerasse como termo final da vigência do seguro o fato de o segurado ter atingido a idade de 69 anos seria nula. Assim, no seguro-saúde, que está sob os efeitos da LPS, não há propriamente liberdade de seleção do risco pelas seguradoras.[336]

A seguradora não pode se negar a contratar com o proponente, quando se trata dos termos da LPS, contudo a referida lei permite a incidência de carências, franquias ou cláusula de agravamento do prêmio (art. 16, VIII e IX). Mesmo assim, para a modalidade do seguro-saúde coletivo empresarial, com número de participantes igual ou superior a 30 beneficiários, e desde que o segurado formalize o pedido de ingresso em até 30 dias da celebração do contrato ou de sua vinculação à pessoa jurídica contratante (estipulante), a seguradora não poderá exigir cláusula de agravo ou cobertura parcial de doenças ou lesões preexistentes por determinação da ANS.[337]

A variação do cálculo do prêmio para o seguro-saúde, no regime brasileiro, também se encontra delimitada e restringida para os contratos regidos pela LPS. Nesse sentido, apenas a idade poderá ser utilizada como fator de variação do prêmio entre os segurados que participem de um mesmo segmento de cobertura ofertado pela seguradora. Assim, valores diferenciados em razão do gênero ou mesmo de hábitos de saúde, por exemplo, estão afastados.[338] Na aplicação da idade, como fator de cálculo do prêmio,

modalidade de plano privado de assistência à saúde. Nas contratações de planos coletivo empresarial ou coletivo por adesão, a vedação se aplica tanto à totalidade do grupo quanto a um ou alguns de seus membros". Nota: como apontado anteriormente, o seguro-saúde aqui tratado está incluído na definição de *plano de saúde* (art. 1º da LPS).

336 Reforça essa a posição da subseção I sobre a proibição de seleção de risco, art. 16 da RN nº 195/2009 da ANS, ao estabelecer que só serão permitidas as exigências necessárias para ingressar na pessoa jurídica contratante como requisito para vínculo da pessoa ao seguro-saúde coletivo.

337 Art. 7º da RN nº 195/2009 da ANS.

338 Em complemento, esclarece Luiz Augusto Ferreira Carneiro: "Ainda que a idade seja um indicador bastante relevante da probabilidade de ocorrência no risco, ela não é o único. Gênero, local da residência, atividade profissional, condição de saúde e a existência de determinadas doenças são outros fatores que, teoricamente, poderiam ser empregados para compor grupos homogêneos de segurados, os quais teriam a mesma chance de incorrer no risco e, portanto, pagariam o mesmo preço pela cobertura do seguro. A legislação e regulamentação atualmente vigentes no Brasil não permitem a organização de grupos diferenciados com base nesses fatores" (Princípios básicos de seguros e planos de saúde cit., p. 81).

deve-se considerar a existência prévia de cláusula por escrito no contrato, com a indicação das faixas etárias e os percentuais para aumento, tendo como parâmetro a base atuarial e respeitados forma e limites já fixados pela ANS e CONSU[339] (art. 15 da LPS).

Há, ainda, limite legal para a possibilidade de variação dos prêmios, e tal ocorre quando a pessoa segurada, com 60 anos de idade, apresentar contribuição (pagamento do prêmio total ou parcialmente) para o seguro por período superior a dez anos (art. 15, parágrafo único, da LPS). Nesse caso, a seguradora não poderá mais estabelecer valores crescentes do prêmio em virtude da faixa etária, mas apenas reajustes, cuja forma de cálculo, critérios e periodicidade devem estar indicados no contrato (arts. 15 e 16, IX, da LPS). Quanto ao referido reajuste, cumpre notar que a própria ANS fixá-lo-á, se o seguro-saúde for da categoria individual ou familiar.[340]

O mesmo caráter imperativo é observado nas disposições da LPS quanto à cobertura e segmentação do seguro-saúde, não havendo espaço para a autonomia privada na escolha de coberturas,[341] o que ressalta a discrepância de tratamento dado ao seguro-saúde no regime brasileiro, quando comparado à postura do legislador no ordenamento português. No regime brasileiro, o contrato que se submete aos efeitos da LPS deve contemplar o rol mínimo de doenças cobertas pelo seguro (art. 10), o que considera a Classificação Estatística Internacional de Doenças e Problemas Relacionados com a Saúde (CID) da Organização Mundial de Saúde (OMS). O que a seguradora poderá escolher é a extensão da prestação de serviços e produtos relacionados, conforme a segmentação do seguro, que também é dada pela própria lei (art. 12).[342]

339 Para os contratos firmados antes da LPS, não há referidas restrições. Já para o seguro-saúde firmado entre 02.01.1999 e 31.12.2003 (após a entrada em vigor da LPS) deverão ser cumpridas as regras constantes na Resolução CONSU nº 6/1998. Para os contratos (novos), por sua vez, firmados a partir de 1º.01.2004, incidem as regras da RN nº 63/2003 da ANS.

340 Cf. § 2º, art. 35-E, da LPS.

341 No mesmo sentido, conferir: SAMPAIO, Aurisvaldo. *Contrato de plano de saúde* cit., p. 207.

342 Nessa linha, a Quarta Turma do Superior Tribunal de Justiça ressaltou que "o sistema normativo vigente permite às seguradoras fazer constar da apólice de plano de saúde privado cláusulas limitativas de riscos adicionais relacionados com o objeto da contratação, de modo a responder pelos riscos somente na extensão contratada. Essas cláusulas meramente limitativas de riscos extensivos ou adicionais relacionados com o objeto do contrato não se confundem, porém, com cláusulas que visam afastar a responsabilidade da seguradora pelo próprio objeto

Neste momento, é necessário um parêntese para tratar da extensão do rol mínimo de procedimentos cobertos por segmento. A perspectiva de rol *mínimo*, na atualidade, é objeto de árdua discussão no Brasil.[343] O questionamento considera a natureza do rol da ANS quanto à extensão dos procedimentos e produtos médico-hospitalares. Trata-se de um rol mínimo obrigatório exemplificativo ou taxativo?

O mínimo, em nosso sentir, considera um rol referencial, o qual deve ser observado pelas operadoras (seguradoras) e pelos segurados, conforme indicação da ANS. Não se trata da exclusão de eventos indicados no CID, catalogados pela OMS e de cobertura obrigatória, mas da referência aos procedimentos, os quais, delimitados pela entidade reguladora, auxiliam na previsibilidade do cálculo do valor das mensalidades.

A adoção de um rol meramente exemplificativo poderá impactar a segurança dos parâmetros técnicos necessários ao cálculo do valor de referência para a constituição e manutenção do seguro-saúde e, assim, repercutir em risco para a mutualidade e a possibilidade de apenas alguns indivíduos do grupo serem efetivamente atendidos. As novas tecnologias podem apresentar um custo alto, não raras vezes de precificação instável no primeiro momento, e o rol exemplificativo propiciará a adoção de tais tecnologias no contrato a partir da manifestação técnico-científica, aparentemente sem levar em conta o impacto econômico. Como exemplo, considere que um procedimento de milhões, destinado a um dos segurados, poderá proporcionar desequilíbrio contratual que dificilmente será absorvido pelo grupo segurado de pouco mais de trinta membros. Contudo, não é possível desconsiderar o caráter existencial e a relevância social desse contrato no Brasil.

Por tais razões, deve-se ponderar não apenas pela dimensão social, como também alcançar a dimensão técnico-econômica, conciliadas no âmbito jurídico. Todas as dimensões são relevantes e essenciais no seguro-saúde.

É necessário refletir sobre a preservação da dimensão social não apenas no momento imediato, mas também na perspectiva do grupo segurado e do meio social a médio e longo prazos, inclusive com o mapeamento

nuclear da contratação, as quais são abusivas" (STJ, 4ª Turma, REsp 735750/SP, Min. Raul Araújo, j. 14.02.2012, *DJe* 16.02.2012, *RSTJ* 225/568).

343 Projeto de Lei 2.033/2022, Senador Romário (PL-RJ), aprovado na Câmara dos Deputados e em discussão no Senado Federal em 23.08.2022. Disponível em: https://www25.senado.leg.br/web/atividade/materias/-/materia/154313. Acesso em: 24 ago. 2022.

dos possíveis reflexos na saúde pública para a sustentabilidade do próprio direito à saúde. De todo modo, a alteração recente da LPS, a partir da Lei 14.454/22, flexibiliza o rol referencial da ANS considerando a observância de determinados critérios. A preocupação está, em especial, no recente § 13 do art. 10, pois a vagueza de alguns termos empregados na redação do dispositivo – como "evidências científicas" (falta de especificação do significado) – poderá resultar em interpretações diversas, por vezes colidentes, ou ainda a possibilidade do risco moral.

Feita a ressalva, retoma-se a segmentação do seguro-saúde brasileiro. Inicialmente, a seguradora deverá trabalhar com o plano básico – denominado "seguro referência ou padrão" –, observando os seguintes requisitos mínimos de conteúdo contratual:[344] a) oferecer tratamento de questões relacionadas à saúde, conforme lista classificatória estatística internacional de doenças e problemas relacionados com a saúde da OMS; b) incluir na cobertura assistência médico-ambulatorial e hospitalar (inclusive para partos e tratamentos com padrão de enfermaria, centro de terapia intensiva, ou similar, quando necessária a internação hospitalar);[345] c) abranger todo o território brasileiro (art. 10, § 2º, da LPS).[346]

Além da modalidade de referência (obrigatória) supradescrita, a seguradora poderá ofertar, como lhe é facultado pela lei, outras modalidades divididas por segmentos. Esses segmentos também devem observar rol mínimo de procedimentos e eventos de saúde definidos na regulamentação da ANS.[347] Assim, é permitido à seguradora operar com o seguro ou plano *ambulatorial; hospitalar; hospitalar com obstetrícia; plano odontológico.*

344 Nesse ponto, em comentário ao art. 10, Maury Ângelo Bottesini e Mauro Conti Ângelo ressaltaram que "o legislador não se animou para instituir um 'seguro-saúde referência' de cobertura mínima, nem a criar a obrigatória oferta, pelas seguradoras, de tal produto básico para obterem suas licenças operacionais. A cobertura mínima para as seguradoras é a mesma cobertura do plano de referência de que trata o art. 10 da Lei 9.656/1998" (*Lei dos planos e seguros de saúde* cit., [n.p.], livro eletrônico).

345 Consoante o art. 20 da RN 428/2017 da ANS, "a cobertura assistencial de que trata o plano-referência compreende todos os procedimentos clínicos, cirúrgicos, obstétricos e os atendimentos de urgência e emergência, na forma estabelecida no art. 10 da Lei nº 9.656, de 1998".

346 Ver também RN 428/2017 da ANS que atualiza o rol de procedimentos e eventos em saúde, que deverão constar do seguro referência para cobertura assistencial mínima nos planos privados de assistência à saúde, contratados a partir de 1º.01.1999.

347 Arts. 21 a 24 da RN nº 428/2017 da ANS.

Também é possível que as diferentes categorias possam ser combinadas, segundo o interesse da seguradora e do segurado, o que habitualmente acarreta o aumento do valor do prêmio a ser pago (arts. 11 e 12 da LPS).[348]

Portanto, verifica-se que o legislador brasileiro direcionou os fatores de cálculo do prêmio, interferindo em seu cálculo inicial (a partir da idade e eventos mínimos obrigatórios que deverão constar da cobertura, *v.g.*) e prefixou segmentos do seguro-saúde que poderão ser ofertados. Evidentemente, reajustes são admitidos (art. 16, IX, da LPS), porém a ANS poderá regular aqueles que serão admitidos ou não (conforme a modalidade do seguro-saúde).

No reajuste do seguro-saúde, no Brasil, além da variação segundo a idade do segurado, há a correção anual em virtude da variação de custos (aumento de valores relativos a insumos, procedimentos, serviços médico-hospitalares e mesmo ampliação de procedimentos e doenças cobertas) e o reajuste por aumento expressivo da sinistralidade. A ANS fixa e controla a taxa máxima a ser aplicada para os seguros na modalidade individual ou familiar, em que o reajuste por sinistralidade está afastado. No caso dos seguros-saúde coletivos, não há tal controle por parte da ANS, contudo a seguradora deve observar critérios objetivos e fórmula predeterminada de maneira clara em cláusula contratual.[349] O ônus da prova referente à justificativa para o cálculo de reajuste é da seguradora.[350]

Os fatores limitadores impostos pela LPS à seleção do risco, a inserção obrigatória de procedimentos e doenças, a ausência de limite financeiro para os riscos cobertos, enfim, a interferência estatal na estruturação base

348 Ver também RN nº 428/2017 da ANS.

349 Art. 35-E, § 2º, da LPS (reajuste fixado pela ANS para plano ou seguro-saúde individual e familiar) e art. 19, § 1º, da RN nº 195/2009 (classificação e orientação geral sobre plano e segundo saúde); arts. 1º e 3º da RN nº 309/2012 da ANS (Dispõe sobre o agrupamento de contratos coletivos de planos privados de assistência à saúde para fins de cálculo e aplicação de reajuste.). Consultar: ANS – Agência Nacional de Saúde. Disponível em: http://www.ans.gov.br/planos-de-saude-e-operadoras/espaco-do-consumidor/ reajustes-de-mensalidade. Acesso em: 20 abr. 2020.

350 Trecho da ementa do acórdão referente à Ap. Cív. 1017834-69.2018.8.26.0001: "Reajustes por sinistralidade e variação dos custos médico-hospitalares (VCMH). Possibilidade em abstrato de reajustes por sinistralidade e VCMH, pois têm o escopo de manter o sinalagma contratual. Abusividade, porém, dos índices de reajuste discutidos no caso concreto, em virtude da absoluta ausência de prova do incremento da sinistralidade e do aumento dos custos médico-hospitalares" (TJSP, 1ª Câmara de Direito Privado, Rel. Des. Francisco Loureiro, j. 03.02.2020. Disponível em: www.tjsp.jus.br. Acesso em: 20 abr. 2020).

do seguro-saúde – reconhecendo seu papel social e o interesse público nesses contratos privados com o intuito de proteger o consumidor – fazem com que o interesse econômico dependa, fundamentalmente, da aplicação desses reajustes para a sobrevivência do seguro-saúde e para resguardar o proveito econômico à seguradora e operadoras que atuam no setor de saúde suplementar.

Aliás, a aplicação dos reajustes no Brasil assumiu uma complexidade tal que já não é possível tratar do tema sem um estudo específico, em especial quando se tem em conta o alto volume de demandas judiciais sobre a matéria.[351] Contudo, no esforço de sintetizar os principais aspectos acerca da questão, observa-se que há, no Brasil, os seguintes reajustes: (a) anual – referente à variação de preços pela inflação, incluindo produtos e insumos aplicados à área médico-hospitalar (art. 16, IX, da LPS). Aplica-se tanto à modalidade coletiva quanto à individual, mas neste último caso é a própria ANS que fixará o percentual (art. 35-E, § 2º, da LPS e RN nº 441, 19 dezembro de 2018, da ANS); (b) por faixa etária, cujo componente de cálculo é a idade do segurado (arts. 15 e 16, IV, da LPS), também aplicável às duas modalidades referenciadas anteriormente;[352] e (c) o reajuste por sinistralidade, cláusula encontrada no seguro-saúde coletivo que normalmente é expressa em fórmula, pela qual o aumento significativo dos sinistros e o uso da cobertura continuada para além de um patamar preestabelecido e objetivo poderão implicar a aplicação de fator de reajuste a esse título para compensar o desequilíbrio do grupo particular em relação ao índice de sinistros mencionados em dados oficiais e reconhecidos. Tal reajuste, ao contrário dos demais, não está expressamente indicado em norma especial (art. 478 do CCB).

[351] Sendo tema para recursos repetitivos no STJ (nºs 610, 952 e 1.016). Disponível em: http://www.stj.jus.br/sites/portalp/Paginas/Comunicacao/Noticias/Ajustando-o-reajuste-o-esforco-judicial-para-preservar-interesses-de-planos-de-saude-e-seus-clientes.aspx. Acesso em: 10 out. 2020.

[352] A Segunda Turma do STJ firmou tese em recurso repetitivo sobre a possibilidade de aplicação do reajuste etário à modalidade individual e familiar, em 2016: "O reajuste de mensalidade de plano de saúde individual ou familiar fundado na mudança de faixa etária do beneficiário é válido desde que (i) haja previsão contratual, (ii) sejam observadas as normas expedidas pelos órgãos governamentais reguladores e (iii) não sejam aplicados percentuais desarrazoados ou aleatórios que, concretamente e sem base atuarial idônea, onerem excessivamente o consumidor ou discriminem o idoso" (STJ, 2ª Seção, REsp 1.568.244 – Rec. Repetitivo, Min. Ricardo Villas Bôas Cueva, j. 14.12.2016. Disponível em: www.stj.jus.br. Acesso em: 12 out. 2020).

No que concerne ao reajuste por sinistralidade, há constante questionamento a respeito de sua possibilidade e abusividade, mas nota-se que as decisões do STJ inclinam-se a admitir a inserção da cláusula no seguro-saúde coletivo, desde 2010, sendo a questão deslocada para a abusividade de seus termos e aplicação ao caso concreto.[353]

Não há razão legal para afastar a cláusula de sinistralidade em abstrato, em nosso sentir. Observa-se que a LPS determina a necessidade de apresentar expressamente e de forma clara a cláusula de reajuste e as formas de revisão das *contraprestações pecuniárias* (mensalidade ou prêmio), mas não especifica quais os reajustes possíveis, não os limita, portanto. Ademais, a ANS não fixa o prêmio ou os reajustes no seguro-saúde coletivo; o que há são parâmetros para regulamentação do reajuste, por exemplo: (i) obrigatoriedade de considerar agrupamento dos contratos coletivos em número igual ou superior a 30 membros para cálculo do reajuste (art. 3º da RN nº 309/2012 da ANS); (ii) periodicidade mínima de 12 meses (art. 19 da RN nº 195 da ANS) para aplicação; (iii) proibição da aplicação de reajustes diferenciados dentro de um mesmo plano (art. 21 da RN nº 195 da ANS) etc. Logo, o regulamento especial confere relativa liberdade à seguradora para estabelecer a fórmula e o tipo de reajuste, condicionado, todavia, a parâmetros legais e controle de abusos, os quais detalharemos a seguir.

Também não se afasta a aplicação do Código de Defesa do Consumidor. No entanto, a nosso ver, nesse aspecto específico, não se pode dizer que a simples inserção da cláusula de reajuste por sinistralidade possa resultar em desvantagem exacerbada ao consumidor ou que isso importe em desrespeito à boa-fé em abstrato (art. 51, VI, do CDC).[354] A ponderação sobre a obscuridade, dubiedade e abusividade necessita ser avaliada segundo a casuística, a partir da análise dos termos da cláusula inscrita no contrato (arts. 187 e 423 do CCB).

[353] A decisão que esclarece tal entendimento, mesmo que não unânime, foi dada pela Terceira Turma do STJ, REsp 1.102.848 /SP, Rel. Min. Nancy Andrighi, Rel. Min. do acórdão Massami Uyeda, j. 03.08.2010, *DJe* 25.10.2010. Disponível em: www.stj.jus.br. Acesso em: 15 de out. 2020.

[354] Sobre uma análise dos argumentos dos votos do REsp 1.102.848/SP da Terceira Turma e a divisão das correntes que entendem pela aplicação do Código de Defesa do Consumidor e Código Civil para a questão do reajuste por sinistralidade ver: BODRA, Maria Eugênia Ferraz do Amaral. Reajuste por sinistralidade em contratos coletivos empresariais de assistência à saúde – interpretação segundo os princípios constitucionais do direito à saúde e artigos 1º e 170 da Constituição Federal de 1988. *Revista de Direito Sanitário*, v. 14, n. 2, p. 88-112, jul./out. 2013. Disponível em: http://www.revistas. usp.br/rdisan/article/view/63993. Acesso em: 10 out. 2020.

Portanto, trata-se de perquirir se, *v.g.*: (a) a fórmula utilizada é clara e compreensível para o estipulante e segurado (consumidor); (b) se os fatores adotados para composição do reajuste por sinistralidade não incluem direta ou indiretamente valores já contemplados no reajuste anual ou etário; (c) se a cláusula garante, além do aumento pela sinistralidade, a possibilidade de aplicar fator de redução, diante da comprovada queda da sinistralidade; (d) se os dados usados para aferir a sinistralidade e o desequilíbrio são objetivos e confiáveis, decorrentes da comparação de dados internos do grupo segurado e daqueles fornecidos por fontes oficiais, agência reguladora ou instituições reconhecidamente especializadas.

O seguro-saúde é reconhecidamente um contrato existencial no regime brasileiro, o que é confirmado pela cogência da LPS e pela interferência estatal. Ainda que haja maior liberdade no seguro-saúde coletivo (empresarial e por adesão) comparativamente ao seguro-saúde individual ou familiar, essa liberdade pouco se assemelha àquela liberdade contratual presente no regime português do seguro-saúde. Assim: (i) a divisão em segmentos predeterminados, (ii) a obrigatoriedade de coberturas mínimas (com a inserção de novos procedimentos ou doenças dados por imposição estatal), (iii) a interferência na seleção do risco e (iv) a ausência de tetos de gastos para os eventos cobertos visam a garantir proteção ao segurado e ao beneficiário. Os prêmios ou as mensalidades são elevados no Brasil pela conjunção desses elementos e os reajustes refletem financeiramente a estrutura protetiva atual.

Dada a escolha do legislador, parece-nos que a questão não está em afastar o reajuste por sinistralidade – uma vez que ele é essencial à sobrevivência do seguro-saúde, à manutenção da eficiência dos serviços, à preservação de reserva técnica e ao retorno econômico da seguradora em situações de desequilíbrio superveniente –, e, sim, em examinar a forma e a aplicação prática desses reajustes para combater desvios e sua aplicação abusiva.

Ainda, no que toca à cobertura, recebem tratamento especial no seguro--saúde as doenças preexistentes, os eventos de gravidez e parto. Além disso, no Brasil, há previsões legais que visam a proteção do idoso, o que abordaremos a seguir.

4.2.1. Doença e lesões preexistentes

O tratamento da doença preexistente em cada regime jurídico também evidencia as diferenças apontadas anteriormente. A doença preexistente, no regime do seguro-saúde em Portugal, trata das enfermidades de conhecimento da pessoa segura na data da celebração do contrato[355] e estabelece presunção de cobertura, salvo disposição contratual contrária que aponte exclusão geral ou específica (art. 216º, nº 1, da LCS). Portanto, o legislador deixa a possibilidade de escolha para os contratantes.

Considerando o sentido dado pelo legislador português à doença preexistente, Margarida Lima Rego pontua que, sendo as doenças existentes antes da celebração do contrato, mas desconhecidas da parte contratante (tomador, segurado ou beneficiário), devem elas ter o mesmo tratamento de doenças que surjam já na vigência do contrato de seguro,[356] o que nos leva à conclusão da inadmissibilidade de cláusula contratual que venha e excluir doenças latentes, ainda não manifestadas ou detectadas, anteriores à celebração do contrato.

A noção de doenças preexistentes, prevista no art. 216º, nº 1, da LCS, parece-nos, poderá incluir tanto as lesões e deficiências prévias da pessoa[357] quanto enfermidades. Essa percepção ganha sentido com o disposto no art. 15º da LCS que, ao tratar da proibição de práticas discriminatórias nos seguros, inclui *deficiências,* além de *risco agravado de saúde.*

Além disso, o legislador português estabeleceu a possibilidade de escolha das partes por um período de carência, não superior a um ano, em vez de exclusão (art. 216º, nº 2, da LCS). Esse período de carência, como constata Francisco Luís F. Ribeiro Alves, poderá servir para: (i) estabelecer um lapso temporal em que a doença não está coberta ou (ii) determinar que, caso a doença já conhecida e tratada se manifeste novamente no prazo de carência, será excluída definitivamente da cobertura.[358]

Os limites à liberdade contratual são dados, num primeiro momento, com dispositivos da própria LCS. Assim, tanto na celebração quanto na execução do contrato, a lei proíbe práticas discriminatórias, em violação ao princípio da igualdade (art. 13º da CRP), expresso no art. 15º, nº 1, da LCS. Soma-se à referida disposição legal, como ressalta Leonor Cunha Torres,

355 Mesmo sentido de doença preexistente previsto no art. 11 da LPS.

356 REGO, Margarida Lima. O contrato de seguro em Portugal cit., p. 93.

357 Compreendidas como disfunções fisiológicas, motoras e psíquicas. Cf. OMS – Organização Mundial de Saúde. *CID-10.* Tradução do Centro Colaborador da OMS para a Classificação de Doenças em Português. 9. ed. rev. São Paulo: Edusp, 2003.

358 ALVES, Francisco Luís F. Ribeiro. O regime do contrato de seguro de saúde no direito português cit., p. 22.

o princípio da não discriminação presente no art. 71º da CRP (relativo às pessoas portadoras de deficiência), o direito à livre-iniciativa privada (art. 61º da CRP) e o funcionamento eficiente dos mercados (art. 81º, nº 1, "f" da CRP), sendo todos referências constitucionais que não se apartam do contrato de seguro.[359]

O ordenamento jurídico português também proíbe e pune a discriminação direta e indireta em razão da deficiência e da existência de risco agravado de saúde nos termos da Lei nº 46/2006, de 28 de agosto (LAD), que se aplica aos seguros-saúde pela dicção do art. 2º, nº1, e art. 4º, "c".[360]

Não nos deteremos nos pormenores da LAD, todavia parece-nos importante, ao menos, traçar seus conceitos principais no que toca ao seguro-saúde. Assim, segundo os conceitos presentes na LAD, há: (i) discriminação direta, referente às situações de tratamento menos favorável dado a pessoa com deficiência do que aquele "que é, tenha sido ou venha a ser dado" a outra pessoa em situação de comparação (art. 3º, "a", da LAD); (ii) discriminação indireta quando "disposição, critério ou prática aparentemente neutra" possa levar pessoas com deficiência a uma posição desvantajosa se comparada com outras pessoas, salvo se tais medidas forem objetivamente justificadas por *fim legítimo* e os meios empregados para alcançá-lo forem *adequados e necessários* (art. 3º, "b", da LAD); e (iii) risco agravado de saúde, que trata da situação das pessoas acometidas por patologia caracterizada, segundo a lei, pela: a) alteração orgânica ou funcional irreversível; b) longa duração; c) evolutiva; d) potencialmente incapacitante; e) sem perspectiva de remissão completa; f) alteração da qualidade de vida do portador nos níveis físico, mental, emocional, social e econômico; g) causa potencial de invalidez precoce ou de significativa redução de esperança de vida (art. 3º, "c", da LAD).[361]

[359] TORRES, Leonor Cunha *et al.* *Lei do Contrato de Seguros*: anotada. 3. ed. Coimbra: Almedina, 2016. p. 77.

[360] O art. 4º, "c", da Lei nº 46/2006: "Art. 4º Consideram-se como práticas discriminatórias contra pessoas com deficiência as acções ou omissões, dolosas ou negligentes, que, em razão da deficiência, violem o princípio da igualdade, designadamente: [...] c) A recusa ou o condicionamento de venda, arrendamento ou subarrendamento de imóveis, bem como o acesso ao crédito bancário para compra de habitação, assim como a recusa ou penalização na celebração de contratos de seguros".

[361] A LAD ainda estipula sobre discriminação positiva no art. 3º, "d": "medidas destinadas a garantir às pessoas com deficiência o exercício ou o gozo, em condições de igualdade, dos seus direitos".

No item "i", *supra*, a discriminação poderá configurar-se quando a seguradora destinar tratamento distinto à pessoa com deficiência ao se comparar com o tratamento dado a uma pessoa sem deficiência na mesma situação ou em que é esperado um mesmo tratamento para ambos. A discriminação indireta, item "ii", poderá ser implícita. Para afastar essa forma de prática discriminatória, a seguradora deverá, primeiro, comprovar que o seu ato se aplica a todos os que apresentem determinado risco, e não apenas a um indivíduo ou pequeno grupo. Segundo, também deve comprovar o uso de critério objetivo e justificado para o ato. Por fim, a caracterização do risco agravado de saúde, indicado no item "iii", dependerá da concreta verificação dos elementos indicados no dispositivo, o que demanda exame de especialistas. Logo, doenças como diabetes e esclerose múltipla poderiam ser consideradas "riscos agravados de saúde" na evolução atual da medicina, mas poderia não ser o caso do ex-fumante (salvo se a degradação de sua saúde pelo tabaco for irreversível), como aponta Francisco Luís F. Ribeiro Alves.[362]

As consequências da prática discriminatória, conforme previsto na LAD, são diversificadas e podem comportar cumulação entre si. As medidas incluem, entre outras, indenização dos prejuízos causados (art. 7º);[363] pagamento da multa (art. 9º); e a obrigação de fazer, ou seja, disponibilizar o seguro para a pessoa discriminada, uma vez que o ato discriminatório configura a *omissão de um dever*, nos termos do art. 14º da LAD.[364]

Da leitura dos arts. 3º da LAD e 15º da LCS obtém-se a determinação de que a seguradora, em situações de carência, agravamento ou mesmo recusa da doença preexistente, deve observar rigorosas práticas e técnicas para seleção do risco. Por isso, os relatórios do ISP (atual ASF), já ressal-

[362] ALVES, Francisco Luís F. Ribeiro. O regime jurídico da discriminação aplicável aos seguros – presente e futuro cit., p. 31-34.

[363] Francisco Luís F. Ribeiro Alves ressalta que a indenização, no caso, requer a comprovação da culpa na forma do art. 483º, nº 1, do CCP, uma vez que a lei não estipulou responsabilidade objetiva (Idem, p. 38).

[364] O Decreto-lei nº 34/2007, de 15 de fevereiro, regulamenta a Lei nº 46/2006, de 28 de agosto, "que tem por objecto prevenir e proibir as discriminações em razão da deficiência e de risco agravado de saúde". No referido decreto a incumbência de realizar instrução dos "procedimentos de contra-ordenação que tenham por objecto as práticas discriminatórias descritas nos artigos 4º e 5º da Lei nº 46/2006, de 28 de agosto", é atribuída à "inspecção-geral, entidade reguladora, ou outra entidade com competências de natureza inspectiva ou sancionatória".

tavam a impossibilidade de a seguradora deixar de cobrir o risco ou aplicar tarifas e condições diferentes para as pessoas deficientes ou com risco agravado, quando, por razões de *dimensão, confiabilidade ou consistência,* não houver elementos estatísticos ou atuariais suficientes "para a determinação do rácio entre os factores de risco específicos e os factores de risco de pessoa em situação comparável" (entendida como não acometida por aquela deficiência ou risco agravado de saúde).[365]

Ademais, na eventualidade da recusa do risco ou da celebração do contrato com cláusulas de agravamento (seja pela deficiência, seja pela saúde agravada), a seguradora deve informar o segurado (independentemente de sua solicitação) sobre "o rácio entre os seus factores de risco específico e os fatores de risco de pessoa em situação comparável, mas não afectada por deficiência ou risco agravado de saúde", observado no nº 4, art. 15º, e nºs 3 a 6, do art. 178º da LCS.[366] O dever em questão revela o cuidado do legislador português com a transparência das informações de tal maneira que seu descumprimento ou a insatisfação do proponente, diante da recusa da seguradora, possibilita reclamação à ASF (art. 15º, nºs 5 e 6, da LCS). A lei antidiscriminação constitui, portanto, em "deveres de negociação e informações mais exigentes que facilitem a verificação do cumprimento da igualdade (art. 13º da CRP)", na expressão de Francisco Luís F. Ribeiro Alves.[367]

No Brasil, consoante já referenciado, não é admissível qualquer seleção de risco que vise excluir a possibilidade de aquisição ou participação da pessoa no seguro-saúde em virtude da idade ou deficiência (14 da LPS e Súmula Normativa da ANS nº 27/2015). Isso vale para doenças e lesões preexistentes (art. 11 da LPS). O contrabalanceamento dos efeitos econômicos de tal disposição legal só será possível por meio do período de carência, instituição de franquias, coparticipação e agravamento. No último caso, a seguradora deverá utilizar critérios objetivos (como cálculos atuariais,

365 ISP – Instituto de Seguros de Portugal. *Relatório de regulação e supervisão da conduta de mercado.* Lisboa, maio de 2010, p. 58. Disponível em: www.asf.com.pt. Acesso em: 20 abr. 2020.

366 O relatório da ISP esclarecia a forma pela qual tais informações deveriam ser disponibilizadas ao tomador ou segurado, destacando: "formato e em linguagem inteligível para não especialista em seguros, podendo assumir a forma de tabelas, gráficos, diagramas acompanhados de explicações adequadas, nomeadamente sobre os conceitos técnicos utilizados" (ISP – Instituto de Seguros de Portugal. *Relatório de regulação e supervisão da conduta de mercado* cit., p. 58).

367 ALVES, Francisco Luís F. Ribeiro. O regime jurídico da discriminação aplicável aos seguros – presente e futuro cit., p. 56.

estudos matemáticos e técnico-científicos de instituições reconhecidas) para justificar a aplicação do agravamento, bem como observar fórmula de cálculo constante por escrito do contrato, cuja composição deve ser clara e compreensível para o beneficiário (art. 16, IX, da LPS e art. 4º da RN nº 195/2009 da ANS).

Além da LPS, a Lei nº 13.146/2015 (Estatuto da Pessoa com Deficiência) assegura às pessoas com deficiência, no mínimo, todos os serviços e produtos ofertados aos demais clientes (art. 20), sendo vedada a discriminação por meio de cobrança de prêmios diferenciados, em razão da condição especial da pessoa com deficiência (art. 23). Isso significa que as doenças e as lesões preexistentes, as quais afetam indistintamente segurados e beneficiários, podem ser consideradas pela seguradora em seus cálculos, todavia a deficiência não pode ser incluída nessa categoria, o que poderá gerar discriminação das pessoas nessas condições.

No regime brasileiro do seguro-saúde, as doenças ou lesões preexistentes (DLP) são aquelas que o contratante ou seu representante legal sabe ser "portador ou sofredor", quando da contratação ou adesão ao seguro privado de assistência à saúde (art. 5º da RN nº 162/2007 da ANS), devendo ser declaradas à seguradora por ocasião da celebração do contrato, sendo opção da seguradora a cobertura parcial temporária[368] ou aplicação da cláusula de agravo.[369] Prazos de carência ou cobertura parcial temporária para eventos, doenças e lesões preexistentes também estão fixados na própria LPS e outras resoluções da ANS, no regime brasileiro, determinando uma estrutura de limitação escalonada segundo a modalidade: 1º) individual e familiar; 2º) coletivo empresarial com menos de 30 segurados; 3º) coletivo empresarial com 30 segurados ou mais; e 4º) coletivo por adesão.

A primeira modalidade é a forma mais restritiva para o segurado, com prazo de carência de até 24 meses para doenças e lesões preexistentes (art. 11 da LPS). Os casos de urgência e emergência observam o prazo legal de 24 horas (art. 12, V, da LPS).

[368] Trata-se da suspensão da cobertura, por um período de até 24 meses contados da data de contratação ou adesão ao seguro-saúde, de procedimentos de alta complexidade, leitos de alta tecnologia e procedimentos cirúrgicos (art. 2º, II, da RN nº 162/2007 da ANS).

[369] Os acréscimos no valor da contraprestação ou prêmio a ser pago à seguradora para que contratantes com doença ou lesão preexistente tenham direito à cobertura integral contratada só será devido, após os prazos de carências contratuais, de acordo com as condições negociadas entre as partes (art. 2º, III, da RN nº 162/2007 da ANS).

A modalidade coletiva empresarial com menos de 30 segurados admite prazos de carência e cobertura parcial temporária para doenças e lesões preexistentes, segundo o que for estipulado pelas partes em contrato, mas sempre dentro dos prazos máximos de carência previstos na LPS (já indicados no parágrafo antecedente).

Se, entretanto, a modalidade coletiva empresarial apresentar 30 ou mais segurados, não poderá ser exigido o cumprimento de prazos de carência, desde que o segurado formalize o pedido de ingresso em até 30 dias da celebração do contrato coletivo ou de sua vinculação à pessoa jurídica contratante, normalmente empresa empregadora (art. 6º da RN nº 195/2009 da ANS). A mesma medida é aplicada para as cláusulas de agravo ou cobertura parcial temporária, nos casos de doenças ou lesões preexistentes com grupo segurado de 30 membros ou mais (art. 7º da RN nº 195/2009 da ANS).

Por fim, para a modalidade coletiva por adesão, só é exigível o cumprimento de prazos de carência, se o segurado ingressou no seguro depois de decorridos 30 dias da celebração do contrato coletivo (art. 11 da RN nº 195/2009 da ANS). A cada data de aniversário do contrato coletivo por adesão, novos segurados poderão ingressar, sem prazo de carência, desde que a proposta seja apresentada dentro dos 30 dias seguintes à data de aniversário (art. 11, § 1º, I e II, da RN nº 195/2009 da ANS). A essa modalidade são aplicáveis às cláusulas de agravo ou cobertura parcial temporária, nos casos de doenças ou lesões preexistentes, observada a RN nº 162/2007 da ANS (art. 12 da RN nº 195/2009 da ANS).[370]

Em especial quanto à cobertura de urgência ou emergência, o art. 35-C da LPS ressalva-as como cobertura obrigatória em qualquer seguro-saúde, respeitando o eventual prazo de carência fixado. Todavia, o CONSU regula tais eventos na Res. 13/98. Além disso, o CONSU estabeleceu que, diante de urgência ou emergência relacionadas com eventos que impliquem "risco imediato de vida ou de lesões irreparáveis para o paciente, incluindo os resultantes de acidentes pessoais ou de complicações no processo gestacional", deverá a seguradora garantir o necessário à "preservação da vida,

[370] Atualmente, a RN nº 162/2007 da ANS estabelece a obrigatoriedade da Carta de Orientação ao Beneficiário; dispõe sobre Doenças ou Lesões Preexistentes (DLP); Cobertura Parcial Temporária (CPT); Declaração de Saúde e sobre o processo administrativo para comprovação do conhecimento prévio de DLP pelo beneficiário de plano privado de assistência à saúde no âmbito da Agência Nacional de Saúde Suplementar. Vale notar que o art. 7º da referida Resolução Normativa dispõe o prazo máximo de carência de 24 meses para cobertura parcial temporária.

órgãos e funções",[371] variando a prestação a partir daí, conforme a extensão da cobertura, ou seja, a segmentação do seguro (em especial na diferenciação do plano ambulatorial e hospitalar).[372]

No regime brasileiro do seguro-saúde, portanto, o setor de saúde suplementar está específica e complexamente regulado. A LPS e as normativas dos órgãos reguladores do setor interferem na forma de seleção do risco de tal maneira que não há liberdade para a seguradora nesse sentido, logo, a estruturação desse tema é realmente distinta daquela presente no regime jurídico de seguros em Portugal, onde há espaço para a organização de uma estrutura que diferencie a seleção do risco das práticas discriminatórias.

A intenção do legislador brasileiro foi propiciar proteção à parte vulnerável do seguro-saúde (a pessoa natural), entretanto o revés das disposições cogentes, voltadas sobretudo para a modalidade individual ou familiar, está na reticência das seguradoras em ofertar essa modalidade de seguro-saúde no mercado, bem como no impacto do valor de cálculo do prêmio para o próprio segurado.[373]

4.2.2. Gravidez e parto

Gravidez e parto são eventos especiais no seguro-saúde. Não se trata de risco na acepção tradicional do termo (por não se tratar de evento adverso, negativo, como ocorre com as enfermidades), mas é evento positivo, muitas vezes desejado, que requer assistência e serviços de saúde. Ainda assim, no regime português, costuma-se aplicar os mesmos 12 meses, como prazo de carência máxima no seguro-saúde, tal como previsto no art. 216º, nº 1, da LCS, salvo acordo das partes com indicação de carência menor[374]

Quanto à gravidez e parto, em Portugal, há ainda que observar a Lei nº 14/2008, de 12 de março, que transpôs a Diretiva nº 2004/113/CE, de 13

[371] Art. 1º, Res. CONSU nº 13/1998.

[372] Arts. 2º e 3º, Res. CONSU nº 13/1998.

[373] Ver nesse sentido as considerações de Maria Eugênia Ferraz do Amaral Bodra. A autora assinala que a liberdade de fixação de reajuste do prêmio e a possibilidade de resilição do contrato de seguro-saúde na modalidade coletiva são alguns dos fatores que justificam o crescimento e a preferência das operadoras por essa modalidade em detrimento da modalidade individual ou familiar (O contrato coletivo empresarial de assistência à saúde. *In*: COELHO, Fábio Ulhôa (coord.). *Tratado de direito comercial*: obrigações e contratos empresariais. 1. ed. São Paulo: Saraiva, 2015. p. 470).

[374] MONTEIRO, Jorge Sinde; MESQUITA, Maria José Rangel de. *Insurance law in Portugal* cit., p. 119.

de dezembro, com o intuito de prevenir e proibir a discriminação (direta e indireta)[375] em função do sexo, no que concerne ao acesso e aquisição de bens e serviços. Tal norma institui sanções diante de práticas que violem o princípio da igualdade no tratamento entre homens e mulheres (arts. 1º e 2º da Lei nº 14/2008). Nesse âmbito, a LCS expressamente deixa a cargo da regulação especial as medidas legais para prevenir, proibir e remediar práticas discriminatórias em função do sexo (art. 15º, nº 9).

Ao regular práticas discriminatórias em função do sexo, a Lei nº 14/2008, em seu art. 6º, aborda o regime dos contratos de seguro portugueses, e outros serviços financeiros, e estabelece como regra geral a impossibilidade de diferenciação de prêmios e prestações, considerando o sexo como fator de cálculo (nº 1). Todavia, as diferenciações no prêmio e prestações individuais dos seguros são admissíveis, segundo a mesma norma, quando o sexo do segurado for considerado fundamento *determinante* para a avalição do risco, reputando a fixação do valor do prêmio a partir de dados "actuariais e estatísticos relevantes e rigorosos",[376] obtidos da própria entidade reguladora do setor de seguros (nº 2).[377]

A diferenciação de cobertura, segundo o sexo, coadunaria com as peculiaridades do seguro-saúde para o regime português, afinal há eventos e enfermidades que só serão verificáveis em um gênero ou em outro, a exemplo do câncer de ovário e útero nas mulheres ou câncer de próstata e disfunção erétil nos homens. Não obstante, é de notar que a diferenciação do valor do prêmio em razão do sexo na forma do art. 6º, nº 2, da Lei nº 14/2008, o qual transpôs o art. 5º, nº 2, da Diretiva nº 2004/113/CE, de

[375] Lei nº 14/2008, art. 3º, estabelece as definições de discriminação direta e indireta.

[376] Essa possibilidade também está presente no art. 5º, nº 2, da Diretiva nº 2004/113/CE, de 13 de dezembro, que possibilita a diferenciação proporcional dos prêmios quando "a consideração do sexo seja um factor determinante na avaliação de risco com base em dados actuariais e estatísticos relevantes e rigorosos. Para tanto os Estados-Membros em questão devem informar a Comissão e garantir que sejam recolhidos, publicados e regularmente actualizados dados rigorosos relevantes para a consideração do sexo como factor actuarial determinante. Esses Estados-Membros devem rever a sua decisão cinco anos depois de 21 de dezembro de 2007, tendo em conta o relatório da Comissão mencionado no artigo 16º, e enviar à Comissão os resultados dessa revisão".

[377] À época, o Instituto de Seguros de Portugal (atual ASF) emitiu a Norma Regulamentar nº 8/2008-R, de 6 de agosto, que dispõe sobre regras a serem observadas pelas seguradoras para justificar as diferenciações proporcionais em razão do sexo nos prêmios. Os dados actuariais e estatísticos das empresas de seguros devem ser publicados e sua elaboração deve observar critérios referenciados no art. 2º da Norma Regulamentar 8/2008-R, de 6 de agosto.

13 de dezembro, já não é mais aplicável, em virtude da decisão do Tribunal de Justiça da União Europeia (TJUE) que, no acórdão proferido em 1º de março de 2011 (processo nº C-236/09, originado de questionamento da associação belga de consumidores – *Test-Achats*), anulou o art. 5º, nº 2, da Diretiva suprarreferenciada sob o argumento de que *manter sem limite temporal uma derrogação à regra dos prêmios e das prestações unissexo* pelos Estados-Membros é ato que se opõe à aplicação do princípio da igualdade entre os sexos e fere os arts. 21º (*não discriminação*) e 23º (*igualdade entre homens e mulheres*) da Carta de Direitos Fundamentais da União Europeia.[378]

Os efeitos de tal invalidade, declarada no acórdão anteriormente citado, passaram a incidir sobre os contratos celebrados a partir de 21 de dezembro de 2012,[379] sendo mantida a diferenciação dos prêmios com fundamento no sexo do segurado para os contratos celebrados até 20 de dezembro de 2012 (e também para aqueles com renovação automática, sem a reavaliação do risco), sempre com fundamentação objetiva, tal como disposto na Norma Regular da ASF nº 8/2008-R.[380]

Observa-se que, na atual redação do art. 6º da Lei nº 14/2008 (dada pelas alterações da Lei nº 9/2015), o texto dos nºs 2, 3 e 4 foi revogado e a disposição nº 6 institui a competência da ISP (atual ASF) para a divulgação das categorias de práticas que, no âmbito da aceitação de riscos de vida e de saúde, são admitidas pela Diretiva nº 2004/113/CE do Conselho, de 13 de dezembro, e das orientações da União Europeia, designadamente as constantes da Comunicação da Comissão Europeia, de 22 de dezembro de 2011, que tratam das "Orientações sobre a aplicação ao sector dos seguros da Diretiva nº 2004/113/CE do Conselho, de 13 de dezembro, à luz do acórdão do Tribunal de Justiça da União Europeia no Processo C-236/09 (*Test-Achats*)".

[378] JUNQUEIRA, Thiago Villela. Nota sobre discriminação em virtude do sexo e o contrato de seguro. *In*: MIRAGEM, Bruno; CARLINI, Angélica (org.). *Direito dos seguros*: fundamentos de direito civil, direito empresarial e direito do consumidor. São Paulo: RT, 2015. [s.p.]. Livro eletrônico. Cf. Acórdão no Processo C-236/09. Disponível em: https://eur-lex.europa.eu/legal-content/PT/TXT/?uri= CELEX:62009CJ0236. Acesso em: 1º jul. 2020.

[379] Conforme *Jornal Oficial da União Europeia*, publicado em 13 jan. 2012, sobre Orientações sobre a aplicação ao setor dos seguros da Diretiva 2004/113/CE do Conselho, à luz do acórdão do Tribunal de Justiça da União Europeia no Processo C-236/09 (Test-Achats), nºs 6 e 11, considera-se para celebração do contrato o momento de manifestação do consentimento das partes ou o consentimento dado pela última parte necessária a celebração do contrato.

[380] OLIVEIRA, Arnaldo da Costa *et al. Lei do Contrato de Seguros*: anotada. 3. ed. Coimbra: Almedina, 2016. p. 75.

Nas orientações dadas pela Comissão Europeia acerca do tema em questão, e considerando o acórdão referenciado no parágrafo antecedente, a aplicação das regras unissex para os seguros de saúde fica impossibilitada, quando se trata da diferenciação de prêmios e prestações relativas a uma mesma apólice de seguro em função do sexo. Contudo, outros fatores como o estado de saúde da pessoa ou os antecedentes familiares podem ser considerados para avaliação e fixação do prêmio pelas seguradoras. Nesse sentido, as seguradoras podem "ter em conta a informação sobre o género, à luz de determinadas diferenças fisiológicas entre homens e mulheres" (nº 14).[381] Além disso, também será possível oferecer produtos ou opções contratuais em função do gênero para direcionar situações específicas para homens e mulheres (nº 15).[382]

Das referidas orientações da Comissão Europeia pode-se notar, na linha do exposto por Arnaldo da Costa Oliveira, que a declaração de invalidade do art. 5º, nº 2, da Diretiva nº 2004/113/CE limitou-se à fixação do prêmio com fundamento na diferença do gênero masculino e feminino, e não parece abranger outras situações de diferenciação proporcional do preço do prêmio, tais como aqueles relacionados à deficiência preexistente e risco agravado de saúde, desde que fundamentado em critérios objetivos, (ver sobre o tema no item doenças preexistentes).[383] Aliás, na mesma linha pondera Francisco Luís F. Ribeiro Alves, afinal, compreende que o alargamento desse entendimento para outras formas de avaliação do risco poderia encarecer os prêmios e afastar a possibilidade de acesso por boa

[381] As orientações também reafirmam a possibilidade de a seguradora recolher, arquivar e utilizar informação quanto ao gênero nos casos específicos de: constituição de provisões e definição interna de preços, definição dos preços de resseguro, *marketing* e publicidade e subscrição do seguro de vida e do seguro de doença (nº 14) (*Jornal Oficial da União Europeia.* Orientações sobre a aplicação ao setor dos seguros da Diretiva 2004/113/CE do Conselho, à luz do acórdão do Tribunal de Justiça da União Europeia no Processo C-236/09 (Test-Achats) cit.).

[382] Conferir nº 15 na íntegra, quanto às Orientações sobre a aplicação ao setor dos seguros da Diretiva 2004/113/CE do Conselho, à luz do acórdão do Tribunal de Justiça da União Europeia no Processo C-236/09 (Test-Achats): "A Comissão considera, igualmente, que, nas condições previstas no artigo 4º, nº 5, da diretiva, as seguradoras continuam a poder oferecer produtos de seguros em função do género (ou opções contratuais) para cobrir situações que digam, exclusiva ou prioritariamente, respeito a homens ou a mulheres (2). Esta possibilidade está, contudo, excluída no tocante à maternidade e à gravidez, à luz do mecanismo específico de solidariedade criado pelo artigo 5º, nº 3" (*Jornal Oficial da União Europeia* cit.).

[383] Oliveira, Arnaldo da Costa *et al. Lei do Contrato de Seguros*: anotada cit., p. 76.

parte da população, o que poderia ter como consequência a perda da relevância social e econômica dos seguros.[384]

Outra situação é a dos custos relativos aos eventos de gravidez e maternidade que, como salientado anteriormente, não se confundem com custos de lesões e enfermidades. A Lei nº 14/2008 deu-lhes tratamento especial nos termos do seu art. 7º (que transpôs o art. 5º, nº 3, da Diretiva nº 2004/113/CE) e, desde o princípio, fixou a impossibilidade de diferenciação de prêmios e prestações pela ocorrência de tais eventos, o que acarreta a diluição de tais custos para ambos os gêneros. Em suma, as seguradoras devem fixar valor comum para o homem e para a mulher, por determinação legal, não sendo possível a diferenciação.

A intenção legislativa referenciada no parágrafo anterior, como anota Francisco Luís F. Ribeiro Alves, é ressaltar a função social do seguro, para além de sua função econômica, sendo aplicado o "princípio da mutualidade em prol de valores relacionados com a maternidade e que resultam num bem geral", sobretudo no que concerne a medidas de incentivo à natalidade.[385]

As sanções pela prática do ato discriminatório, por ação ou omissão da seguradora, na forma do art. 10º da Lei nº 14/2008, implicam responsabilidade civil (danos patrimoniais e extrapatrimoniais) com o pagamento de indenização ao ofendido (nºs 1 e 2); direito de alteração do contrato para que as disposições discriminatórias sejam modificadas, garantindo direitos e obrigações equivalentes ao do sexo mais beneficiado (nº 3)[386] e a obrigatoriedade de publicação da sentença condenatória, após trânsito em julgado (nºs 5 a 7).

Além disso, poderão ser aplicadas *contraordenações*, tais como: multas (art. 12º) e sanções acessórias (art. 13º), sem prejuízo da responsabilidade penal, caso o ato discriminatório configure também ilícito penal (art. 18º).

No Brasil, o princípio da igualdade pode ser encontrado nas disposições dos arts. 3º, IV, e 5º, I, da CF, a partir de medidas para promover o bem-estar de todos, sem discriminação[387] e previsão constitucional de

[384] ALVES, Francisco Luís F. Ribeiro. O regime jurídico da discriminação aplicável aos seguros – presente e futuro cit., p. 56.

[385] ALVES, Francisco Luís F. Ribeiro. O regime jurídico da discriminação aplicável aos seguros – presente e futuro cit., p. 43.

[386] Ressalva o nº 4 do art. 10º da Lei nº 14/2008 que "a efectiva alteração do contrato prevista no número anterior não preclude a indemnização por responsabilidade extracontratual".

[387] No caso de discriminação racial, além da Constituição, o Estatuto da Igualdade Racial (Lei nº 12.288/10), art. 6º, § 2º, exige que o poder público garanta à população negra, vinculada aos seguros de saúde, tratado sem discriminação.

que homens e mulheres são iguais em direitos e obrigações. Direcionada a questão para o âmbito civil, Jorge Cesa Ferreira da Silva analisa a possibilidade de construção de responsabilidade por prática discriminatória a partir do art. 12 do CCB, ou seja, a discriminação por gênero presente em cláusula contratual implica lesão aos direitos da personalidade e, logo, passível de medidas inibitórias e de indenização (art. 186 do CCB).[388]

Há também a possibilidade de nulidade e alteração da cláusula discriminatória, a fim de preservar a equidade entre os sexos, pela aplicação dos arts. 35-G da LPS e 51, IV, § 1º, I, do CDC. De toda sorte, não se verifica, no momento, uma regra especial no Brasil sobre a discriminação por sexo em matéria de seguros-saúde.

Entre as segmentações legais do seguro-saúde, presentes na LPS, há modalidades específicas para gravidez e parto, as quais são oferecidas para ambos os sexos (segmentos familiar e coletivo). A referida previsão de segmentação, entretanto, não significa que a LPS autoriza a prática discriminatória por gênero para a fixação do prêmio (o único fator possível para variação da contraprestação presente no art. 15 da LPS é a idade). Assim, práticas discriminatórias demandam a reversão da medida para equiparação da mensalidade ou prêmio entre os gêneros, o que se dá a partir da oferta do seguro-saúde, bem como a possibilidade de indenização (arts. 186 e 927 do CCB).[389]

Feitas essas observações iniciais, no regime brasileiro, os eventos gravidez e parto estão incluídos nas seguintes modalidades de seguro-saúde: a) *plano-referência*, trata-se de segmento qualificado como o mínimo legal para que a operadora possa atuar no setor e onde a inclusão dos referidos eventos é obrigatória, por disposição legal (art. 10 da LPS e art. 20 da RN nº 428 de 2017 da ANS); b) *plano de atendimento hospitalar com obstetrícia*, a seguradora pode optar por atuar no mercado com essa segmentação especial (art. 12, III, da LPS e art. 23 da RN nº 428 de 2017 da ANS).

As referidas modalidades de seguro-saúde, indicadas no item "a" e "b" *supra*, devem contemplar o período pré-natal, o momento do parto e o

[388] Cf. SILVA, Jorge Cesa Ferreira da. A proteção contra discriminação no direito contratual brasileiro. *Revista de Direito Civil Contemporâneo (RDCC)*, São Paulo, v. 1, p. 41-64, out./dez. 2014.

[389] Ainda, quanto às práticas discriminatórias por gênero no regime brasileiro do seguro-saúde, convém ressalvar que não são assim consideradas as situações que envolvem lesões e doenças preexistentes individuais e a aplicação de carências ou cobertura parcial temporária ou, ainda, aplicação de agravos para tais casos.

período pós-parto (puerpério) com despesas que incluem não só a mãe beneficiária, mas seu acompanhante e o recém-nascido (natural ou adotivo), nos prazos e condições que variam segundo o disposto nos arts. 22 e 23 da RN nº 428 de 2017 da ANS.

Mesmo nas modalidades de seguro-saúde em que há a previsão de cobertura para gravidez e parto, a LPS possibilita à seguradora a aplicação de carências. Dessarte, na modalidade individual ou familiar, há prazo legal máximo de carência de até trezentos dias para partos (art. 12, V, "a" da LPS e art. 1º da Súmula nº 25/2012 da ANS). A lei também admite prazo de carência para a modalidade coletiva empresarial, com menos de 30 segurados, sendo usual fixar o prazo de até 300 dias, conforme estipulado na LPS. Se, entretanto, a modalidade coletiva empresarial apresentar 30 ou mais segurados, não poderá ser exigido o cumprimento de prazos de carência desde que o beneficiário formalize o pedido de ingresso em até 30 dias da celebração do contrato coletivo ou de sua vinculação à pessoa jurídica contratante (art. 6º da RN nº 195/2009 da ANS).[390]

Ao editar a Súmula Normativa nº 25, de 13 de setembro de 2012, a ANS previu a redução proporcional da carência e a divisão de custos para *atendimento de urgência* relacionada a parto ou decorrente de complicação no processo gestacional (n. 2 da Súmula nº 25/2012) para o segmento do seguro-saúde hospitalar com obstetrícia. Assim, por exemplo: (i) após o cumprimento do prazo de carência de 180 dias, há a garantia de cobertura integral do parto e da internação dele decorrente;[391] e (ii) se o cumprimento do prazo de carência for inferior a 180 dias, o atendimento de urgência será garantido até as 12 primeiras horas para a modalidade hospitalar com obstetrícia, "excetuando-se o plano-referência, cuja cobertura é integral".[392]

[390] Vale notar que para a modalidade coletiva por adesão, o art. 11 da RN nº 195/2009 da ANS prevê condição especial: "Art. 11. No plano privado de assistência à saúde coletivo por adesão não poderá ser exigido o cumprimento de prazos de carência, desde que o beneficiário ingresse no plano em até trinta dias da celebração do contrato coletivo. § 1º A cada aniversário do contrato do plano privado de assistência à saúde coletivo por adesão será permitida a adesão de novos beneficiários sem o cumprimento de prazos de carência, desde que: I – o beneficiário tenha se vinculado, na forma do artigo 9º, após o transcurso do prazo definido no *caput* deste artigo; e II – a proposta de adesão seja formalizada até trinta dias da data de aniversário do contrato. § 2º Após o transcurso dos prazos definidos no *caput* e no inciso II do § 1º poderá ser exigido o cumprimento de prazos de carência, nos termos da regulamentação específica, limitados ao previsto em lei. [...]".

[391] Cf. n. 2, 2.1, da Súmula nº 25/2012 da ANS.

[392] Cf. n. 2, 2.2 e subdivisões, da Súmula nº 25/2012 da ANS.

Em uma análise comparada, referente à fixação do prêmio envolvendo a cobertura de eventos, como gravidez e parto, nota-se que no regime português há a fixação do prêmio unissex para gravidez e parto, o que é dado pelo art. 7º da Lei nº 14/2008 (que transpôs o art. 5º, nº 3, da Diretiva nº 2004/113/CE). Tal posicionamento justifica-se para além da preocupação com a igualdade de tratamento conferido aos diferentes gêneros, revelando um esforço da Comunidade Europeia em atingir fins sociais, beneficiando a maternidade e a natalidade.[393] No regime brasileiro, a paridade do prêmio entre homens e mulheres está direcionada por outros fatores, tais como as segmentações possíveis das coberturas definidas pela LPS (arts. 10 e 12) e pelo controle legal dos fatores que podem ser utilizados para variação do prêmio (a exemplo da variação por idade no art. 15 da LPS), não sendo a variação do prêmio em função do sexo uma dessas hipóteses legais.

Por fim, observa-se que o regime português possibilita que os contratantes tenham liberdade para fixar os detalhes sobre a cobertura dos eventos de gravidez e parto (observados alguns limites legais, como o prazo de carência indicado no art. 216º, nº 2, da LCS), enquanto o regime brasileiro, seguindo a mesma linha do quanto exposto sobre doença e lesões preexistentes, regulamenta detidamente aspectos sobre prazo de carência (inclusive em caso de urgência e emergência), lista os procedimentos mínimos cobertos, além de determinar qual o período compreendido como "período de gravidez" abrangido nas modalidades de *referência e hospitalar com obstetrícia*.[394]

4.2.3. Idoso

No regime brasileiro, em especial a cobertura e a vigência do contrato do seguro-saúde não podem apresentar como condição limitativa ou critério para a cessação do contrato o fato de o segurado alcançar determinada idade, previsão específica que não se verifica no regime português do seguro-saúde. O art. 14 da LPS estabelece que, em "razão da idade do consumidor, ou da condição de pessoa portadora de deficiência, ninguém pode ser impedido de participar de planos privados de assistência à saúde", evidenciando que o idoso não poderá ter seu contrato extinto ou ser obstado de firmar seguro-saúde em virtude de sua idade.

393 ALVES, Francisco Luís F. Ribeiro. O regime jurídico da discriminação aplicável aos seguros – presente e futuro cit., p. 43.

394 RN nº 428/2017 da ANS.

A LPS ainda inclui, para o segurado idoso, um limite da variação etária das *contraprestações pecuniárias* (mensalidade ou prêmio). Assim, mesmo que estejam presentes no contrato as variações dos prêmios em razão da idade do consumidor (o que deve observar as normativas da ANS), com os percentuais de reajustes incidentes em cada uma delas, é vedada a variação em questão para os consumidores com mais de sessenta anos de idade e que participarem do seguro-saúde há mais de dez anos (parágrafo único do art. 15 da LPS).

Posteriormente à LPS, e ainda na perspectiva da noção de discriminação em função da idade no regime brasileiro, em 2003, foi aprovado o Estatuto do Idoso,[395] sendo vedada, no § 3º do art. 15, "a discriminação do idoso nos planos de saúde pela cobrança de valores diferenciados em razão da idade". Tal artigo levou à discussão acerca da possibilidade de aplicação de reajustes no seguro-saúde para idosos.

Com o envelhecimento, é natural que a pessoa necessite de maiores cuidados de saúde e, logo, faça uso mais frequente do seguro-saúde do que o segurado jovem. Por isso, seria arriscado para a manutenção do próprio seguro se, neste momento em que os custos da seguradora se incrementam consideravelmente, não pudesse haver a aplicação de qualquer reajuste. São naturalmente esperados o aparecimento e o aumento de doenças nessa fase da vida e é possível o cálculo matemático para o rateamento e a cooperação do grupo segurado com o objetivo de dividir o impacto econômico do risco (mutualismo), inclusive para os segurados mais jovens e saudáveis. Aliás, se considerarmos que grande parte dos contratos de seguro-saúde atualmente é coletiva, atrelada ao empregador, associação profissional ou recreativa, entre outros, essa divisão poderá ser aplicada na prática.

Contudo, esse repasse financeiro é um equilíbrio delicado, pois o encarecimento do prêmio ou mensalidade também poderá afastar os segurados jovens (*bom risco*), resultando em seleção adversa. Além disso, a cobertura de doenças e procedimentos (que poderão incluir tecnologia avançada para prevenção e cura, nem sempre a baixo custo) é direcionada por lei, e não pela eleição das partes (art. 10 da LPS), mais um fator que poderá impactar o prêmio, o que reforça a impossibilidade de afastar todos os reajustes, sem critério, para os segurados idosos, a nosso ver.

[395] Lei nº 10.741, de 1º de outubro de 2013.

Portanto, primeiramente, não se deve confundir a variação do prêmio em função da idade (reajuste etário) com outros reajustes, como o reajuste anual, que considera a variação dos preços de insumos, produtos e outros materiais utilizados nos serviços médico-hospitalares, o que é relevante para a manutenção e equilíbrio contratual, inclusive no seguro-saúde para idosos. Quanto ao reajuste etário, observados o limite da LPS supramencionado e o § 3º do art. 15 do Estatuto do Idoso (que entrou em vigor em 1º de janeiro de 2004), o reajuste será possível nas condições fixadas pelas agências reguladoras (CONSU e ANS). Assim, a ANS, atualmente, indica dez faixas etárias para reajuste – a primeira de 0 a 18 anos e a última de 59 anos ou mais –, estabelecendo um máximo de variação entre a primeira faixa e a última (art. 2º da RN nº 63/2003) para (i) proporcionar previsibilidade do reajuste ao consumidor, nas duas modalidades de seguro-saúde (individual e coletivo), e (ii) evitar as variações do prêmio que importem em discriminação do idoso, consoante a previsão do art. 15, § 3º, do Estatuto do Idoso.[396]

Por fim, observa-se que, no caso do seguro-saúde individual ou familiar, a Segunda Seção do STJ já se manifestou pela possibilidade do reajuste, contudo, coibiu "o reajuste que consubstanciar discriminação desproporcional ao idoso, ou seja, aquele sem pertinência alguma com o incremento do risco assistencial coberto pelo contrato"[397] e ressaltou como requisitos do reajuste etário (i) previsão expressa e clara no contrato, (ii) uso de parâmetros objetivos, índices e dados obtidos de fontes oficiais e reconhecidas para o cálculo e (iii) observação das determinações da LPS (parágrafo único e *caput* do arts. 15 e 16, VI, da LPS), com os regulamentos já estabelecidos pela ANS e CONSU.

4.2.4. Pandemia

A exclusão de riscos fundamentais ou catastróficos é a atitude esperada no contrato de seguro, justificada pela incerteza de traçar suas probabilidades de ocorrência, bem como a dificuldade de cálculo dos prejuízos

[396] Atualmente, os contratos regidos pela LPS até a entrada em vigor do Estatuto do Idoso (1º de janeiro de 2004) seguem a divisão etária indicada na Resolução do CONSU nº 06/1998 (última faixa etária é de 70 anos ou mais). A partir da vigência do Estatuto do Idoso, a divisão acompanha a RN da ANS nº 63/2003.

[397] STJ, 2ª Seção, REsp 1.568.244 – Rec. Repetitivo, Min. Ricardo Villas Bôas Cueva, j. 14.12.2016. Disponível em www.stj.jus.br. Acesso em: 12 out. 2020.

econômicos quanto aos efeitos deles decorrentes. Assim, as ações humanas como guerras, insurreições e terrorismo;[398] os fatos naturais extraordinários como maremotos, terremotos e os efeitos daí decorrentes; além de pandemias e epidemias, são excluídos das coberturas dos seguros em geral.

Não se desconhece, todavia, a existência de seguros que possam, por opção dos contratantes, cobrir alguns desses eventos de modo específico ou ainda seguros obrigatórios que relativizam a possibilidade das exclusões indicadas no parágrafo anterior, todavia trata-se de condições especiais que devem acordadas previamente pelos contratantes.[399]

A pandemia da Covid-19, nessa perspectiva tradicional, também estaria excluída da cobertura do seguro-saúde. No entanto, o tema recebeu tratamento diverso no Brasil e em Portugal.

Nos contratos de seguro-saúde em Portugal, é habitual a presença de cláusulas que excluam da cobertura doenças infectocontagiosas decorrentes de epidemias ou pandemias declaradas pelas autoridades competentes. Contudo, mesmo que não houvesse sua previsão expressa, poder-se-ia aplicar à atual pandemia, e suas consequências, o mesmo sentido dos riscos naturais extraordinários, catastróficos, que os excluem da cobertura dos seguros em geral, incluído o seguro-saúde.[400]

O Decreto-lei nº 78-A/2020, de 29 de setembro, em Portugal, que altera o Decreto-lei nº 20-F/2020, de 12 de maio, prorrogado até 31 de março de

[398] Cf. art. 45º, nº 2, da LCS e art.12, inciso I, alínea 'd', Circular SUSEP nº 440/2012.

[399] Em Portugal, por exemplo, o seguro aeronáutico de responsabilidade civil estabelece que os riscos cobertos incluem "actos de guerra, terrorismo, sequestro de aeronaves, actos de sabotagem, apreensão ilícita de aeronaves e distúrbios do foro civil", nos termos do art. 4º, nº 1, do Regulamento CE nº 785/2004, do Parlamento e do Conselho, de 21 de abril. No Brasil, as condições gerais do seguro obrigatório de responsabilidade civil do explorador ou transportador aéreo (RETA) excluem os riscos de guerra, terrorismo e sequestro de aeronave nos termos da Resolução nº 355 do CNSP, de 20.12.2017.

[400] Nesse sentido, preconiza Pedro Romano Martinez: "[...] de igual modo, o risco derivado de uma pandemia – nomeadamente a pandemia ocasionada pela doença Covid-19 – está excluído da cobertura do seguro, por exemplo de um seguro de saúde. Mas esta asserção carece de melhor ponderação. Não estando identificado num contrato de seguro pode questionar-se se o risco decorrente da pandemia (Covid- 9) se inclui na tradicional exclusão, de riscos naturais de dimensão catastrófica. A resposta será afirmativa, atenta à própria noção de pandemia, como epidemia especialmente nociva e generalizada a nível internacional. O risco da pandemia (Covid-19) não se encontra, pois, na cobertura normal de um seguro" (Dúvidas na interpretação de alguns preceitos da legislação de emergência (Covid-19). *Revista da Faculdade de Direito da Universidade de Lisboa*, v. LXI, n. 1, p. 638, jul. 2020).

2021, cuida do "regime excecional e temporário relativo aos contratos de seguro, no âmbito da pandemia da doença Covid-19". Suas disposições contemplam as adversidades da pandemia para conferir tratamento especial e temporário às regras atinentes ao pagamento do prêmio e às vicissitudes do risco, durante esse período excepcional, aplicado aos seguros em geral, salvo exceções (como seguro de grandes riscos, colheita e pecuário), sem interferir nos aspectos da inclusão ou exclusão da cobertura referente às pandemias e às epidemias.

Por exemplo, os arts. 59º e 61º da LCS passaram a vigorar sob o regime da imperatividade relativa durante o regime excepcional, possibilitando que os contratantes, no seguro facultativo, negociassem e, eventualmente, estipulassem condições mais favoráveis ao tomador do seguro, quanto ao pagamento do prêmio – inclusive a redução ou não do pagamento, sem que isso importasse na perda da cobertura –, respeitando-se a liberdade contratual (art. 2º do Decreto-lei nº 20-F/2020).[401]

Para os seguros obrigatórios, em contrapartida, o regime português fixou a possibilidade de extensão do prazo final de vigência do contrato, mesmo sem acordo quanto ao prêmio, pelo período de 60 dias, afastando a resolução automática durante o referido período (nº 3 do art. 2º do Decreto-lei nº 20-F/2020).[402] Pedro Romano Martinez assinala que, não obstante o uso da palavra "prorrogação", o que o regime especial proporciona é a possibilidade de "moratória de 60 dias no pagamento do prémio, com manutenção da cobertura".[403]

[401] Nos termos do Decreto-lei nº 20-l F/2020, nº 1: "Durante o período de vigência do presente decreto-lei, o disposto nos artigos 59º e 61º do regime jurídico do contrato de seguro, aprovado pelo Decreto-lei nº 72/2008, de 16 de abril, na sua redação atual, tem natureza de imperatividade relativa, podendo ser convencionado entre o segurador e o tomador do seguro um regime mais favorável ao tomador do seguro"; e nº 2: "Podem ser convencionados nos termos do número anterior, designadamente, o pagamento do prémio em data posterior à do início da cobertura dos riscos, o afastamento da resolução automática ou da não prorrogação em caso de falta de pagamento, o fracionamento do prémio, a prorrogação da validade do contrato de seguro, a suspensão temporária do pagamento do prémio e a redução temporária do montante do prémio em função da redução temporária do risco".

[402] Especificamente para o seguro obrigatório, instituiu o Decreto-lei nº 20-F/2020, nº 3: "Na ausência de acordo, em caso de falta de pagamento do prémio ou fração na data do respetivo vencimento, em seguro obrigatório, o contrato é automaticamente prorrogado por um período de 60 dias a contar da data do vencimento do prémio ou da fração devida".

[403] Martinez, Pedro Romano. Dúvidas na interpretação de alguns preceitos da legislação de emergência (Covid-19) cit., p. 642.

Além disso, o art. 3º do Decreto-lei nº 20-F/2020, ao referenciar às atividades reduzidas ou suspensas com a pandemia da doença Covid-19, bem como aos estabelecimentos fechados pela mesma razão, reafirmou a possibilidade de o tomador do seguro "solicitar o reflexo dessas circunstâncias no prémio de seguros que cubram riscos da atividade", no sentido do que já está estabelecido no art. 92º da LCS, no tocante à diminuição duradoura e significativa do risco por fatores externos, supervenientes e que afetam a relação contratual acordada.

De todo modo, o regime excepcional aplicado aos contratos de seguro em Portugal, durante a pandemia da doença Covid-19, não alterou os eventos cobertos e excluídos pela seguradora, preservando a autonomia privada e a racionalidade próprias dos seguros. Afinal, a seleção do risco e a indicação dos eventos cobertos e excluídos são essenciais para o cálculo do prêmio, constituição e manutenção das reservas necessárias ao pagamento de indenização, uma vez ocorrido o sinistro, e, neste ponto, as epidemias e as pandemias escapam do conceito de incerteza mensurável.

Feita essa ponderação, atinente à exclusão das doenças que ocasionam epidemias e pandemias do seguro-saúde em geral, os contratantes podem estipular em sentido diverso para cobertura desses eventos específicos ou mesmo estabelecer a cobertura referente à prestação de serviços ou obrigação de reembolso concernentes aos exames de diagnósticos específicos para a doença causadora da epidemia ou pandemia.

É a partir do diagnóstico que haverá a confirmação da enfermidade contagiosa caracterizadora do evento epidêmico ou pandêmico declarado e, desde então, há a exclusão da cobertura do seguro-saúde, salvo se os contratantes estipularam de modo diverso. No caso especial da pandemia da Covid-19, o encaminhamento a seguir é dado pelo SNS, em Portugal.[404]

No Brasil, por sua vez, as interferências estatais, a partir da agência reguladora do setor (ANS), transcenderam as hipóteses atinentes ao prêmio e ao reajuste para prever a obrigatoriedade da cobertura da própria doença que resulta na pandemia da Covid-19.

O Comunicado nº 85 da Diretoria Colegiada da ANS[405] estabeleceu a suspensão dos reajustes (anual e por mudança de faixa etária) aplicados

[404] Conferir orientações da Autoridade de Supervisão de Seguros e Fundos de Pensões (ASF). Disponível em https://www.asf.com.pt/NR/exeres/57D136E4-8B3D-4ED9-BE09-F6515E05004B.htm. Acesso em: 20 maio 2021.

[405] Comunicado nº 85 da ANS. Disponível em: https://www.in.gov.br/web/dou/-/comunicado-n-85-de-31-de-agosto-de-2020-275431775. Acesso em: 25 jun. 2021

aos contratos coletivos por adesão com mais de 30 segurados, regidos pela LPS no Brasil, durante os meses de setembro a dezembro de 2020; e, no caso dos contratos coletivos empresariais com 30 ou mais vidas, cujo reajuste ainda não tenha sido definido até 31 de agosto de 2020, o estipulante (pessoa jurídica contratante) teve a opção de solicitar a suspensão do reajuste, segundo seu exclusivo interesse, após consulta feita pela seguradora.

Ressalve-se que essa opção não se aplica aos seguros coletivos (empresarial ou por adesão) com até 29 segurados. Nesse caso, a agência reguladora determinou a suspensão do reajuste durante o período de setembro a dezembro de 2020.

O acúmulo do reajuste foi aplicado no ano seguinte, diluído em 12 meses, com a possibilidade de o estipulante ou beneficiário (segurado) optar por divisão menor – ou maior, se houver concordância das partes (Comunicado nº 87 da Diretoria Colegiada da ANS) –, sendo acrescido dos reajustes do ano corrente.[406] Foram excluídas dos efeitos da Comunicado nº 87 da Diretoria Colegiada da ANS a modalidade de seguro-saúde empresarial com 30 ou mais vidas, na hipótese de opção do estipulante pela suspensão, e a modalidade individual.

No caso da modalidade individual ou familiar de seguro-saúde, regido pela LPS, os reajustes são definidos pela própria ANS, que não aplicou o reajuste em 2020,[407] contudo, para atenuar o efeito dessa medida, possibilitou que as seguradoras e as operadoras fizessem uso de seus recursos obrigatoriamente provisionados desde que assumissem o compromisso de proporcionar um regime mais benéfico ao segurado.

Assim, para a modalidade individual ou familiar, bem como nos contratos coletivos com até 29 vidas, a ANS permitiu que as seguradoras movimentassem recursos provisionados e retenções obrigatórias "para viabilizar medidas necessárias para o enfrentamento à pandemia", desde que a seguradora assumisse o compromisso de: (i) renegociação dos prêmios e mensalidades para os segurados ou beneficiários em situação de dificuldade

[406] Comunicado nº 87 da ANS. Disponível em: https://www.in.gov.br/en/web/dou/-/comunicado-n-87-de-26-de-novembro-de-2020-290761666. Acesso em: 25 jun. 2021.

[407] Em complemento, no ano de 2021, o Comunicado Diretoria Colegiada da ANS nº 93 divulgou reajuste negativo para o período de 1º de maio de 2021 a 30 de abril de 2022 (-8,19%), dada a redução da utilização de serviços de saúde ocorrida em 2020, segundo a agência, em virtude da pandemia. Comunicado nº 93 da ANS. Disponível em: https://www.in.gov.br/en/web/dou/-/comunicado-n-93-de-9-de-julho-de-2021-331374273. Acesso em: 30 ago. 2021.

financeira, devendo manter a cobertura dos segurados ou beneficiários, que estejam em mora, até 30 de junho de 2020; e (ii) manutenção dos pagamentos dos prestadores de serviço, profissionais, bem como estabelecimentos de saúde de suas redes de atendimento.[408] Tais medidas visavam a manutenção do seguro-saúde, considerando a extraordinariedade do momento.

A intervenção estatal brasileira no seguro-saúde não se limitou aos aspectos atinentes à suspensão do reajuste e à renegociação do pagamento dos prêmios. A ANS também determinou a inserção da doença Covid-19 no rol de eventos obrigatoriamente cobertos pelas seguradoras e operadoras, a partir da RN da ANS nº 453, de março de 2020, atualmente revogada pela RN nº 465/2021. A cobertura dos exames para diagnóstico da doença é exigida para as modalidades individual, familiar e coletiva (empresarial e por adesão) e, além disso, há a obrigatoriedadde de cobertura para o tratamento e o acompanhamento do segurado ou beneficiário diagnosticado com Covid-19, o que, contudo, poderá variar conforme o segmento ambulatorial, hospitalar ou de referência e segundo os prazos de carência aplicáveis.[409]

Como se nota, diferentemente do regime português, a ingerência estatal, no regime brasileiro, deixa ínfimo espaço para que os particulares possam autorregular seus interesses e negociar soluções. Nas modalidades individual (ou familiar) e coletiva, com até 29 vidas, a agência reguladora visou proporcionar liquidez imediata às seguradoras e às operadoras, ainda que os efeitos futuros da medida para o setor não comportem exata previsão. Com relação ao segurado, a agência regulatória privilegiou medidas de proteção da pessoa física, tanto pela possibilidade de renegociação de reajustes e mensalidades quanto pela tentativa de contemplar as próprias

[408] Cf. Termo de Compromisso da ANS. Disponível em: http://www.ans.gov.br/aans/noticias-ans/coronavirus-covid-19/coronavirus-todas-as-noticias/5481-ans-divulga-termo-de-compromisso-para-liberacao-de-recursos-as-operadoras. Acesso em: 26 jun. 2021.

[409] Portanto, quanto à carência, por exemplo, se o segurado aderir ao seguro-saúde em junho de 2020, fora do mês de aniversário do contrato, e a doença determinar procedimentos de alta complexidade, a ele poderá ser aplicado o prazo de 180 dias de carência previsto no contrato (art. 12, V, "b", da Lei nº 9.656/1998 e art. 11 da RN nº 195/2007 da ANS). Por sua vez, quanto aos limites dos procedimentos por segmento, observa-se que no plano ambulatorial haverá cobertura de consultas, exames e terapias relacionadas ao coronavírus, mas não haverá cobertura para internação, o que, por outro lado, é exigível no plano hospitalar e de referência (segmento que, comparativamente aos demais, garante a extensão mais ampla de procedimentos).

incertezas da pandemia na perspectiva de cada indivíduo, a partir da obrigatoriedade da cobertura do evento catastrófico em âmbito contratual (tanto para a modalidade individual quanto para a modalidade coletiva do seguro-saúde).

O último aspecto mencionado é uma decisão arriscada que poderá dificultar a sobrevivência do seguro-saúde no Brasil, pelo menos em sua estrutura atual, não obstante os efeitos inicialmente benéficos para alguns consumidores. Como já referido, o seguro apresenta como premissa o uso de cálculos matemáticos e probabilísticos para que a mutualidade do grupo seja efetiva, ou seja, para que o cálculo do risco e sua divisão para o grupo, com o pagamento do prêmio correspondente, possam proporcionar a cobertura dos eventos previstos no contrato tanto para o momento inicial quanto para o momento futuro, o que pode ser tomado ao longo de anos, segundo a vigência do contrato.

Ainda que, no regime brasileiro, a própria LPS tenha apontado como referência as doenças *listadas na Classificação Estatística Internacional de Doenças e Problemas Relacionados com a Saúde, da Organização Mundial de Saúde*, há um procedimento administrativo prévio para análise da ANS, o qual considera o prazo de até 120 dias, podendo ser prorrogado por mais 60 dias, antes da atualização do rol de procedimentos e eventos que deverão ser obrigatoriamente cobertos pelas seguradoras e operadoras, na dicção do art. 10, §§ 1º a 9º, da LPS, o que aparentemente não foi o caso.

Entretanto, o aspecto mais sensível é que o coronavírus não se trata apenas de uma doença nova, mas principalmente de uma pandemia, o que escapa às projeções matemáticas diante da imprecisão natural de um evento catastrófico. Nesse aspecto, a doutrina luso-brasileira, alinhada à legislação especial de seguros, faz referência à exclusão de tais eventos da cobertura contratual como regra comum, salvo os contratos especialmente elaborados para contemplar riscos extraordinários.[410]

Aliás, esse parece ser o sentido dado pelo próprio legislador da LPS que, mesmo não mencionando expressamente pandemias e epidemias, aponta como eventos não incluídos no plano de referência "casos de cataclismos, guerras e comoções internas, quando declarados pela autoridade competente" (art. 10, X, da LPS). Nesse sentido, epidemias e pandemias pos-

[410] ANTUNES, José A. Engrácia. O contrato de seguro na LCS de 2008. *Revista da Ordem dos Advogados*, Lisboa, ano 69, p. 842-843, 2009; ALVIM, Pedro. *O contrato de seguro* cit., p. 253.

suem a mesma característica extraordinária e imprevisível que as situações supralistadas. Na atual evolução humana, ainda não é possível prevê-las ou mesmo calcular previamente a extensão de suas consequências patrimoniais e extrapatrimoniais.

Como lembra Pedro Alvim, esses são riscos extraordinários, cujas causas e efeitos são

> [...] incontroláveis e imprevisíveis, reduzindo ou anulando as possibilidades técnicas de estabilização através da lei de grandes números. Por isso, os riscos extraordinários reclamam, então, um tratamento especial do segurador para sua cobertura, através do estabelecimento de padrões técnicos que possam compensar sua instabilidade. O prêmio pago pelo segurado é sensivelmente maior.[411]

A urgência e a singularidade desse evento catastrófico têm demandado ao limite o sistema público de saúde brasileiro – SUS – e, neste ponto, não se descartam medidas excepcionais, como a requisição de leitos da rede particular. Entretanto, ao inserir a cobertura da doença coronavírus como evento obrigatório nos seguros-saúde, além de seu diagnóstico, acarreta-se a inclusão de uma aleatoriedade especial que não está presente no cálculo-padrão da extensão provável dos prejuízos, ou mesmo a mera perspectiva de reembolso e rateios de despesas habitualmente empregados pelas seguradoras e operadoras no Brasil.

Esse evento extraordinário escapa do cálculo e da alocação do risco no seguro-saúde, mesmo que seja esperada a inserção de novas doenças e procedimentos ao longo da vigência do contrato. A diferença está na extensão e na gravidade com que as populações são afetadas pela pandemia, daí sua proporção catastrófica. Como consequência, isso poderá impactar a elevação dos prêmios e das mensalidades nos próximos anos, de modo a comprometer a continuidade da operação e, se houver o agravamento da pandemia, a incerteza financeira de seus efeitos poderá ocasionar o risco de solvibilidade das seguradoras que atuam no setor. O valor elevado dos prêmios e das mensalidades no Brasil justifica-se pela listagem ampla das doenças e pelo rol de procedimentos elaborados pela ANS, a partir da referência da classificação das doenças dadas pela OMS. Essa foi a opção

[411] ALVIM, Pedro. *O contrato de seguro* cit., p. 253.

do legislador brasileiro. Contudo, a intenção de inserção de calamidades sanitárias, equiparadas a catástrofes, não está expressa na LPS.

A decisão administrativa, sem precedentes, de inserir a calamidade sanitária do coronavírus no rol de eventos obrigatórios cobertos poderá exigir uma reorganização do setor de saúde suplementar no Brasil. Nesse novo cenário, não há muitas certezas.

O tema requer reflexão e ponderação. Sem mudanças legislativas, compreensão e definição dos riscos próprios do seguro-saúde pelas autoridades competentes, poderá haver dificuldades técnicas para que as seguradoras possam continuar sua operação, em prejuízo do segurado ou do beneficiário (e, de modo mediato, dos profissionais e estabelecimentos de saúde que estão vinculados à rede referenciada ou credenciada da seguradora).

Também não está excluída a possibilidade de desinteresse da iniciativa privada pelo seguro-saúde (caso seja mantida a estrutura atual), além da elevação do prêmio para o segurado, como já assinalado, o que poderá reduzir significativamente a perspectiva social do seguro-saúde, sendo acessível apenas a uma pequena parcela da população brasileira, com possível sobrecarga do sistema público de saúde.

4.3. Sinistro e indenização

No direito português, o art. 99º da LCS prescreve que o sinistro se dá com a verificação do evento contemplado no contrato de seguro, o que permite acionar a cobertura ali prevista. A lei brasileira, por sua vez, não se ocupou expressamente do sentido do sinistro, mas a noção dada pela lei portuguesa pode ser adotada também para o direito dos seguros no Brasil e reflete o sentido encontrado entre doutrinadores brasileiros[412]

No seguro-saúde, o sentido do "sinistro" – e mesmo a "indenização" – apresenta contornos próprios, pois a ideia de sinistro em questão não está limitada à ocorrência de eventos que perturbem a saúde (como enfermida-

[412] Alvim, Pedro. *O contrato de seguro* cit., p. 393; Miragem, Bruno. O direito dos seguros no sistema jurídico brasileiro. *In*: Miragem, Bruno; Carlini, Angélica (org.). *Direito dos seguros*: fundamentos de direito civil, direito empresarial e direito do consumidor. São Paulo: RT, 2015. Livro eletrônico; Pasqualotto, Adalberto. *Contratos nominados III*: seguro, constituição de renda, jogo e aposta, fiança, transação e compromisso cit., p. 105-106; Tepedino, Gustavo; Konder, Carlos Nelson; Scaff, Fernando Campos. *Direito à saúde no âmbito privado*: contratos de adesão, planos de saúde e seguro-saúde cit., p. 40; Bandeira, Paula Greco. *Fundamentos do direito civil:* contratos. Rio de Janeiro: Forense. 2020. v. 3, [s.p.]. Livro eletrônico.

des ou lesões decorrentes de acidentes), mas inclui prestações de cuidados com a saúde de forma geral, como lembra Maria Inês Oliveira Martins.[413]

Portanto, tanto no regime português quanto no brasileiro, os sinistros como a ocorrência de uma doença (evento interno) ou uma lesão (evento externo), que impliquem custos e despesas com a saúde para o segurado, são apenas algumas das situações possíveis nessa temática. Além destas, o advento de gravidez e mesmo o hábito da pessoa que atua preventivamente no que diz respeito à sua saúde (como a realização de exames laboratoriais preventivos anuais e tratamentos que visam a manutenção de uma vida saudável)[414] poderão estar compreendidos nessa visão ampla de "sinistro" no seguro-saúde. De qualquer modo, para a ideia de sinistro e sua correspondente indenização, deverá estar presente o nexo de causalidade[415] entre o evento previsto no contrato e a concretização da prestação dos cuidados com a saúde.

Portanto, a utilidade do seguro-saúde, na perspectiva da noção de sinistro suprarreferenciada, somente se justifica quando a relação contratual prolonga-se no tempo. A satisfação se dá, habitualmente, a partir de um conjunto de prestações, sempre relacionadas a custos e despesas com a saúde da pessoa contratante ou beneficiária em decorrência do sinistro. Também por isso é esperada a ocorrência de mais de um sinistro ao longo da relação contratual, sendo as prestações da seguradora realizadas na medida em que houver o uso de cobertura do seguro. O seguro-saúde é, portanto, um típico contrato de duração.[416]

[413] Maria Inês de Oliveira Martins esclarece: "A doença configura um evento prolongado no tempo, apto a estar latente antes de se manifestar e mesmo a manifestar-se sem que o doente valore logo os sintomas como sendo os de determinada patologia". Com base nisso, e tendo como base o *VVG*, a autora observa que os ordenamentos jurídicos em geral diferem o *sinistro* (que é a concretização do momento de início do tratamento médico diante da perturbação do estado de saúde), denominado "Versicherungsfall", e o evento danoso – "Schadenereignis" –, que é a concretização da doença (*Contrato de seguro e conduta dos sujeitos ligados ao risco* cit., p. 295).

[414] Esse sentido é encontrado no âmbito do seguro-saúde, na Alemanha, ao incluir nos custos desse seguro o reembolso de despesas médicas (seja por enfermidade, seja por lesão decorrente de acidente), bem como despesas decorrentes de outros serviços estipulados em contrato, incluindo as despesas associadas a gravidez e parto e exames de *check-up* para diagnóstico precoce de doenças. Cf. *Versicherungsvertragsgesetz* (VVG), § 192 (1) (Idem, p. 195).

[415] Sobre o nexo de causalidade, conferir: VASQUES, José. *Contrato de seguro*: notas para uma teoria geral cit., p. 292-293.

[416] O contrato de duração (*contratti di durata*), no estudo de Giorgio Oppo, tem o fator tempo como elemento essencial à satisfação do interesse da parte. A utilidade do contrato é

Ao tratar da justificação do contrato de seguro, Pedro Romano Martinez aponta sua função indenizatória. Observa-se que o tomador do seguro pretende desembaraçar-se do risco, ao menos quanto aos seus impactos econômicos, ao transferi-lo[417] para a seguradora que, por sua vez, assumirá o risco de "indemnizar o tomador do seguro ou segurado ou beneficiário em contrapartida do recebimento do prémio".[418]

Em perspectiva geral, sendo o sinistro a concretização do risco, ele deverá ser comunicado à seguradora e, passo seguinte, ter-se-á o pagamento da indenização, respeitadas forma e condições estipuladas no contrato de seguro. A referida comunicação à seguradora, que se reveste de verdadeiro ônus para o tomador do seguro ou segurado ou beneficiário,[419] tem tratamento diferente conforme ordenamentos jurídicos ora analisados, como se verá seguir.

No regime português, a participação do sinistro pelo tomador, segurado ou beneficiário à empresa seguradora deverá ocorrer conforme estipulado contratualmente ou em até oito dias do conhecimento do fato, caso não haja previsão contratual, conforme nºs 1, 2 e 3 do art. 100º da LCS.[420] No Brasil, a questão não está disciplinada na LPS, o que permite estipulação contratual da matéria. Todavia, diante do silêncio das partes no seguro-saúde brasileiro, parece-nos possível a aplicação do art. 771 do CCB que determina o dever de participar a seguradora do sinistro, tão logo tenha conhecimento do sinistro, a fim de garantir o direito à cobertura (art. 771 do CCB).[421] De qualquer maneira, essa é uma situação pouco provável na

proporcional ao seu tempo de duração e só é possível afirmar que há satisfação da obrigação, uma vez que a relação contratual perdure por certo período (I contratti di durata – Parte I cit., p. 165).

417 A menção à palavra "transferir" não tem aqui a pretensão de fixar qualquer teoria sobre a função do contrato de seguro, que há muito é objeto de estudo entre os especialistas da área, sem propriamente um consenso. Sobre a teoria indenizatória, teoria da transferência do risco, teoria da necessidade eventual, teoria da garantia, entre outras, recomenda-se a leitura de: Almeida, José Carlos Moitinho de. *O contrato de seguro no direito português e comparado* cit., p. 5-18; Alvim, Pedro. *O contrato de seguro* cit., p. 93-117.

418 Martinez, Pedro Romano. *Direito dos seguros*: apontamentos cit., p. 55-56.

419 Deve assim proceder se deseja acessar os direitos contratuais relacionados à cobertura e indenização (Rego, Margarida Lima. O contrato de seguro em Portugal cit., p. 47).

420 O descumprimento do dever de participar está previsto no art. 101º da LCS.

421 A interpretação desses artigos tem sido contemporizada no direito dos seguros brasileiro, afinal não é sempre que a falta de notificação imediata resulta em justificativa para a perda da garantia. A boa-fé, nesse sentido, aplicada ao caso concreto, auxilia no ajuste necessário à regra.

prática do seguro-saúde brasileiro, pois quem tem uma doença ou lesão não demora a solicitar atendimento médico ou hospitalar, e, para isso, há a comunicação com a seguradora.[422]

Em Portugal, a LCS também se ocupou do procedimento e prazo para o pagamento da indenização. Assim, a seguradora, uma vez informada da ocorrência do evento – e confirmadas as causas, circunstâncias e consequências –, deverá satisfazer a obrigação contratual "a quem for devida" (art. 102º, nºs 1 e 2, da LCS), no prazo de 30 dias contados a partir da apuração dos fatos (art. 104º da LCS). Em contrapartida, no ordenamento brasileiro, tais aspectos não foram abordados diretamente pela LPS nem pelo Código Civil brasileiro. A necessidade prática de estabelecer um prazo-limite para o posicionamento da seguradora fez com que a ANS editasse a Resolução nº 259/2011, em que está previsto o prazo de 30 dias para o reembolso do valor gasto com prestações relacionadas aos cuidados com a saúde (consoante o art. 9º que faz referência às hipóteses dos arts. 4º, 5º e 6º).[423]

Aspecto fundamental, não esquecido pelo legislador da LCS, é a característica da prestação referente à indenização. Sobretudo no âmbito do seguro-saúde, note-se que "a prestação devida pelo segurador pode ser pecuniária ou não pecuniária" (nº 3 do art. 102º da LCS). Tal perspectiva é aplicável não só ao regime de seguro-saúde português, mas também ao brasileiro, sendo instituído para as prestações não pecuniárias, relacionadas ao oferecimento de rede credenciada de serviços, prazos máximos para atendimento do segurado (art. 3º da RN nº 259/2011). Portanto, o objeto da prestação, no seguro-saúde, nem sempre será o simples pagamento de um montante fixo ou variável (como no caso do reembolso de despesas constantes de recibos e comprovantes), pois é possível que a cobertura seja feita por meio da efetiva prestação do serviço de saúde, segundo a rede credenciada da seguradora. Essa é outra especificidade desse seguro.

O significado de "indenização" no seguro-saúde poderá consistir, desse modo, em prestações diversificadas que estão sob o sentido único de *inde-*

[422] Aspecto que se verifica tanto na situação de uso da rede credenciada quanto na situação de reembolso.

[423] A mesma resolução também tratou de prazo máximo para que a seguradora garanta o atendimento integral de suas coberturas, durante a vigência do contrato, inclusive com prazos para marcação de atendimentos básicos e consultas.

nização, para além de uma obrigação pecuniária, o que será detalhado contratualmente. Assim, a indenização poderá constituir-se, por exemplo, em obrigações de dar (tais como reembolso de despesas médicas, hospitalares e ambulatoriais; pagamento de um montante único; pagamento de custos com alimento e transporte; aquisição de insumos médicos em geral; fornecimento de medicamentos, órteses e próteses; entre outros), obrigações de fazer (prestação de serviços de saúde conforme a rede referenciada da empresa seguradora) ou ambas as espécies.

A distinção que convém reforçar, uma vez mais, para o regime brasileiro, é que, dada a impossibilidade de estabelecer um limite financeiro para a cobertura do evento no seguro-saúde, por determinação da LPS, não será possível fixar uma quantia predeterminada por evento ou total do contrato (art. 1º, I).[424] Aliás, nem mesmo são admissíveis limites indiretos como número de dias máximos de internação em unidade intensiva ou limite do número de bolsas de sangue quando necessário para preservar a vida da pessoa.[425] Tais aspectos intervencionistas não estão presentes no regime de contratos de seguro, em Portugal.

4.4. Divisão do contrato de seguro-saúde conforme a pessoa contratante

Entre as formas possíveis de organização do estudo do contrato de seguro, para além de sua classificação de acordo com o ramo de atividade,[426] há a divisão segundo a pessoa do contratante. A classificação conforme a pessoa considera a subdivisão entre o seguro-saúde individual e o seguro-saúde de grupo, o que assume relevância no âmbito do seguro-saúde, com impactos de aspecto econômico e jurídico, seja no sistema português, seja no sistema brasileiro.

[424] Ao menos não será admitido na expressão "seguro-saúde". Na prática, no Brasil, o que se observa é o oferecimento de modalidades de seguro de vida que visam cobrir uma doença grave e específica (como o câncer), oferecendo um capital prefixado para cobrir despesas de tratamento.

[425] Súmula nº 302 do STJ. Cf. STJ, 4ª Turma, REsp 1450134/SP, Rel. Min. Luis Felipe Salomão, j. 25.10.2016, *DJe* 07.12.2016. Disponível em: www.stj.jus.br. Acesso em: 24 mar. 2020.

[426] Na legislação portuguesa, os arts. 8º e 9º do RJASR apresentam divisão em ramo "vida" e "não vida". Na legislação brasileira, ramo "é conjunto de coberturas diretamente relacionadas ao objetivo do plano de seguro". Por isso, apresenta uma divisão ampla considerando os diferentes riscos envolvidos e a extensão da cobertura (por exemplo: vida, educacional, viagem, responsabilidade civil, DPVAT, Transporte, Marítimo, acidentes etc.) Cf. art. 3º da Circular SUSEP nº 535/2016.

No aspecto econômico, o seguro-saúde de grupo (também denominado como coletivo no Brasil) oferece uma maior acessibilidade para a pessoa, afinal, a presença de um grupo proporciona a redução de custos de admissão e manutenção do contrato e, em consequência, prêmios com valores menores comparativamente aos seguros individuais. Quanto ao aspecto jurídico, observa-se que os ordenamentos ora analisados prescrevem direitos, deveres e soluções que se diferem segundo a realidade de cada país, razão pela qual abordaremos o assunto considerando tal divisão para tratar de temas como o dever de informar, pagamento do prêmio (contribuição), admissão e exclusão da pessoa no seguro de grupo.

Por último, ressalta-se que a diferença, supra-assinalada, faz-se presente também no momento de cessação do contrato de seguro. Assim, há diferença de efeitos da cessação consoante se trate da modalidade individual ou de grupo. Contudo, considerando que tal aspecto no presente trabalho relaciona-se diretamente com a denúncia, objeto final do nosso estudo, alertamos que esse ponto específico será tratado mais adiante, no capítulo reservado à *denúncia* como forma de cessação do seguro-saúde.

4.4.1. Pessoa individualmente considerada

São considerados contratos de seguro-saúde individual aqueles que apresentam a indicação de uma pessoa, especificada na apólice, ou ainda a pessoa acrescida dos membros de seu grupo familiar ou dependentes de uma economia comum. A presença de mais de uma pessoa, correspondente ao agregado familiar ou pessoa dependente, não desconfigura o contrato como individual, seja no regime português ou no regime brasileiro, portanto.

No regime português, o art. 176º da LCS prevê, para o seguro de pessoas,[427] a possibilidade de sua organização como seguro individual ou seguro de grupo (nº 1), sendo considerado individual o seguro relativo a um agregado familiar ou a um conjunto de pessoas *vivendo em economia comum*

[427] Vale relembrar que o seguro-saúde, por seu objeto, está compreendido no seguro de pessoas em Portugal. O art. 175º da LCS estabelece que "o contrato de seguro de pessoas compreende a cobertura de riscos relativos à vida, à saúde e à integridade física de uma pessoa ou de um grupo de pessoas nele identificadas". No Brasil, não existe uma disposição especial da lei sobre o tema e mesmo o CC, ao tratar do seguro de pessoas, afasta a aplicação de suas disposições (art. 802 do CC) do seguro-saúde. Contudo, tal fato não significa que, para estudo doutrinário, o seguro-saúde deixe de ter as características e elementos próprios do seguro ou que não possa ser considerado como seguro de pessoa.

(nº 2). Já a LPS, no regime brasileiro, indicou apenas a divisão entre "individual ou familiar" e "coletivo" (subdividido em empresarial e por adesão) no art. 16, VI, "a", "b" e "c", equiparando expressamente o segurado ao consumidor no primeiro caso. A definição da modalidade individual, no Brasil, é dada pelo art. 3º da Resolução da ANS nº 195/2009, que conceitua a relação contratual como "livre adesão" da pessoa natural, incluindo ou não seu grupo familiar.

O seguro individual no regime português, como anota Paula Ribeiro Alves, apresenta duas partes, a seguradora e o tomador do seguro, e, embora possa existir mais de uma *pessoa segura* (ver definição no item 2.2), como anteriormente indicado, o universo de indivíduos envolvidos é sempre reduzido.[428] No Brasil, as partes contratantes serão denominadas seguradora e segurado, mas a estrutura geral é a mesma apontada no ordenamento jurídico português. Em ambos os regimes analisados, verifica-se que a relação contratual individual apresenta menor complexidade econômica, administrativa e legal, quando comparada ao seguro de grupo.

No seguro-saúde individual, como pormenorizado nos itens relacionados com a matéria, os deveres de informar e de esclarecer, previstos nos arts. 18º a 22º da LCS, são atribuídos à seguradora. A obrigação de pagar o prêmio e de prestar as informações necessárias à seguradora, relativas à declaração inicial do risco, são do tomador do seguro e estão relacionadas à pessoa indicada na apólice como aquela que fará uso da cobertura referente a riscos atinentes à saúde (art. 24º da LCS). Também é sobre ele que recaem as consequências de seu incumprimento (arts. 25º e 26º da LCS).

Da leitura do texto da LCS nota-se que o legislador português, ao tratar da fixação do prêmio e reajuste (arts. 51º a 57º da LCS),[429] bem como sobre formas de cessação do contrato (arts. 105º a 118º da LCS), deixou espaço para a liberdade contratual.[430] São aspectos que podem ser observados, em geral, tanto para a modalidade individual quanto para a modalidade de grupo. Por outro lado, isso não quer dizer que o legislador não tenha

[428] ALVES, Paula Ribeiro. *Intermediação de seguros e seguro de grupo*: estudos de direito dos seguros. Almedina: Coimbra, 2007. p. 245. Ver também MONTEIRO, Jorge Sinde; MESQUITA, Maria José Rangel de. *Insurance law in Portugal* cit., p. 119.

[429] Todos os aspectos mencionados nesse parágrafo já foram previamente desenvolvidos na declaração inicial do risco e fixação do prêmio (ver Capítulo 3).

[430] Salvo exceções como a situação dos seguros obrigatórios e exceções legais (art. 52º, nº 1, da LCS).

tratado de aspectos específicos do seguro de grupo relacionados com sua estrutura e funcionalidade (arts. 76º a 90º da LCS).[431]

No regime brasileiro, o seguro individual ou familiar de saúde tem uma perspectiva direcionada e cogente, deixando ínfimo espaço à liberdade contratual, no intuito de oferecer proteção ao indivíduo (segurado), o que não se estende para o seguro-saúde coletivo (ou de grupo) brasileiro, ao menos não na mesma medida e rigor.[432] É o que pode ser extraído, por exemplo, das seguintes restrições legais: (i) limites às formas admissíveis de cessação do seguro-saúde individual, em que o encerramento do contrato só será possível por incumprimento devido ao não pagamento das mensalidades ou diante da fraude comprovada do segurado (art. 13, *caput* e parágrafo único, da LPS);[433] (ii) impossibilidade de as partes fixarem o valor do reajuste do contrato. A porcentagem será dada pela própria agência reguladora (art. 35-E, § 2º, da LPS) na modalidade individual; (iii) além disso, a forma de cálculo do reajuste, em seu valor máximo, deve considerar os requisitos prefixados na normativa da ANS (Resolução da ANS nº 441/2018), não sendo viável às partes estabelecer em sentido contrário.

Consequência do rigoroso controle estatal sobre o seguro-saúde individual ou familiar, a oferta dessa modalidade foi gradativamente reduzida após o início da vigência da LPS (2 de janeiro de 1999) e, em 2018, correspondia a apenas 19,26% dos planos e seguros presentes no mercado *versus* 80,49% da modalidade coletiva.[434] O fato de a LPS conceder alguma

[431] As partes, no regime português, mesmo diante da liberdade contratual, como princípio geral, devem observar quais as disposições da lei são absolutamente imperativas (art. 12º da LCS) e aquelas de imperatividade relativa (art. 13º da LCS). A última forma comporta alteração, todavia esta se refere à estipulação de regime mais favorável ao tomador do seguro, ao segurado ou beneficiário da prestação do seguro (a exemplo dos arts. 60º, 114º, 115º e 118º da LCS).

[432] A lei prevê, no art. 16, VII, da LPS a divisão entre os seguintes tipos de contratação: individual ou familiar; coletivo empresarial e coletivo por adesão.

[433] A denúncia *ad nutum*, que na lei é referenciada como "resilição unilateral", não é admitida. Nos termos do parágrafo único do art. 13: "Os produtos de que trata o *caput*, contratados individualmente, terão vigência mínima de um ano, sendo vedadas: I – a recontagem de carências; II – a suspensão ou a rescisão unilateral do contrato, salvo por fraude ou não pagamento da mensalidade por período superior a sessenta dias, consecutivos ou não, nos últimos doze meses de vigência do contrato, desde que o consumidor seja comprovadamente notificado até o quinquagésimo dia de inadimplência; e III – a suspensão ou a rescisão unilateral do contrato, em qualquer hipótese, durante a ocorrência de internação do titular".

[434] Ver ANS – Agência Nacional de Saúde Suplementar. Dados Consolidados Saúde Suplementar. Fonte da apresentação: SIB/ANS/MS – 01/2019. Disponível em: www.ans.gov.br. Acesso em: 30 set. 2019.

liberdade contratual à modalidade coletiva do seguro-saúde, em relação ao formato individual ou familiar, resultou na evidente fuga das seguradoras (e outras operadoras) para a modalidade coletiva do seguro-saúde.

Comparando-se com a porcentagem presente no mercado português, observa-se que a divisão entre seguro-saúde individual e seguro-saúde de grupo corresponde à proporção de 41% e 51%, respectivamente (Relatório da ASF de 2014).[435] Em Portugal, é possível notar um equilíbrio da oferta das modalidades no mercado. A lei portuguesa claramente não limitou a liberdade contratual segundo a divisão "individual" e "de grupo", como a lei brasileira, o que refletiu no comportamento do mercado português.[436]

Da análise das porcentagens *supra*, em ambos os países, nota-se que a atitude dos contratantes no seguro-saúde está sob influência do fator jurídico, e isso se dá tanto no aspecto interno do contrato (estrutura contratual) quanto no externo (direcionando ou não da oferta de uma modalidade específica de seguro-saúde no mercado). Por conseguinte, há duas reflexões: (i) a primeira está na importância da lei para o direcionamento da atitude dos contratantes entre si e no segmento de mercado; e (ii) a segunda refere-se à escolha legislativa quanto ao modo de proteção da parte vulnerável na relação contratual, o que impacta sua efetividade. Nesse último aspecto, nota-se que a LPS teve seu alcance protetivo diminuído em virtude da queda significativa das ofertas do seguro-saúde individual.

4.4.2. Seguro de grupo

O seguro de grupo, por sua vez, apresenta estrutura complexa quando comparado ao seguro individual. A relação triangular envolvendo a seguradora, o tomador do seguro (ou estipulante, no caso do Brasil) e o segurado

435 ASF – Autoridade de Supervisão de Seguros e Fundos de Pensões. *Relatório do setor segurador e dos fundos de pensões* cit., p. 85.

436 O tratamento diferenciado, com atenção à proteção do tomador do seguro e segurado, no regime português, não se dá pela divisão do seguro em individual ou de grupo, tal como se verifica no regime brasileiro. Isso se dá de outra forma. É o que se nota da divisão entre contratos de "seguro de massa" e de "grandes riscos". Conforme trecho do texto do preâmbulo do Decreto-lei nº 72/2008, I, "importa referir que a consolidação e adaptação do regime do contrato de seguro têm especialmente em conta as soluções estabelecidas no direito comunitário, já transpostas para o direito nacional, com especial relevo para a protecção do tomador do seguro e do segurado nos designados seguros de riscos de massa".

é forma comum a ambos os países ora em análise[437] Portanto, no seguro de grupo, o tomador do seguro e segurado são pessoas necessariamente diferentes (o mesmo equivale para o estipulante e o segurado no Brasil). Os deveres relacionados à prestação de informações pelas partes (tais como o dever de informar, esclarecer e o dever de declaração inicial relativo às condições de saúde preexistentes) e o pagamento do prêmio para o seguro de grupo apresentam em comum, para ambos os regimes jurídicos em estudo: a) a presença de um intermediário (tomador do seguro ou estipulante) na relação seguradora e segurado; e b) a divisão do pagamento do prêmio na forma contributiva e não contributiva, aspectos que trataremos a seguir.

O que determina a existência de um seguro de grupo não é simplesmente a presença de um conjunto de pessoas por si sós. Afinal, por um lado, se a pluralidade de indivíduos envolve o titular e seu grupo familiar (ou pessoas que vivem de uma economia comum), está-se diante de um seguro individual como apontado nas definições legais assinaladas no item antecedente. De outro, a mera presença de um agrupamento, em que as pessoas participantes se reúnem com o único fim de segurar, não basta para afirmar a existência legal de um grupo segurado.

Assim, no regime português, a noção do seguro de grupo considera um conjunto de pessoas relacionadas com o tomador do seguro por um vínculo que não seja o de segurar (art. 76º da LCS). Portanto, há a existência de um vínculo entre o tomador e os segurados para além da celebração do seguro-saúde firmado com a seguradora. Tal exigência, na visão de Andreia Marques Martins, revela a intenção do legislador da LCS em evitar que um grupo de pessoas se reúna com o único propósito de celebrar um seguro de grupo.[438]

No Brasil, observa-se o mesmo objetivo apontado no regime português. A definição do "seguro coletivo" (equivalente ao seguro "de grupo" em Portugal)[439] é explicitada pela Resolução da ANS nº 195/2009[440] como

[437] Em Portugal, cf. ALVES, Paula Ribeiro. *Intermediação de seguros e seguro de grupo*: estudos de direito dos seguros cit., p. 296-297; BRITO, José Alves de *et al. Lei do Contrato de Seguro*: anotada cit., p. 310.

[438] MARTINS, Andrea Marques. *Do seguro de grupo à luz do novo regime jurídico do contrato de seguro.* 2010. Dissertação (Mestrado) – Faculdade de Direito da Universidade de Lisboa, Lisboa, 2010, p. 15-18.

[439] Ressalvamos que o sentido do termo "coletivo" para seguro-saúde, presente na LPS, aproxima-se da expressão "de grupo" utilizada na LCS. Todavia, não se verifica, no Brasil,

seguro ofertado ao conjunto de pessoas que estão vinculadas à determinada pessoa jurídica em razão de: (i) vínculo empregatício e estatutário (seguro-saúde "coletivo empresarial" – art. 5º) ou então (ii) vínculo profissional, classista ou setorial (seguro-saúde "coletivo por adesão" – art. 9º).[441] Logo, a noção do seguro-saúde coletivo, no Brasil, também considera que o estipulante e os segurados tenham um vínculo diverso daquele específico de segurar para a formação dessa modalidade de seguro.

Das noções de seguro de grupo, em ambos os regimes jurídicos, extrai-se, portanto, que tanto no regime português quanto no brasileiro essa modalidade de seguro apresenta uma estruturação contratual dupla, ou seja, em um dos vínculos contratuais há a formação prévia de uma rela-

um detalhamento doutrinário que classifique o seguro-saúde de grupo em: 1º) seguro de grupo em sentido próprio ou estrito; e 2º) seguros coletivos. Tais sentidos, estruturados com acuidade pela autora Margarida Lima Rego, em Portugal, apontam que a primeira categoria apresenta como elementos de sua definição: "(i) um contrato; (ii) um contrato de seguro; (iii) cujo tomador é o subscritor (em nome próprio); (iv) celebrado por conta dos participantes: estes são terceiros-segurados; (v) ligados ao subscritor por um vínculo distinto do de segurar; (vi) cobrindo cumulativamente (vii) riscos homogéneos de todos os terceiros-segurados; (viii) com perfeita separabilidade e (ix) sem uma correlação positiva forte entre os riscos dos terceiros-segurados". A segunda categoria, por sua vez, apresenta apenas as cinco últimas características supramencionadas. Além disso, nos seguros coletivos, a quarta característica trata dos tomadores-segurados, e não dos terceiros-segurados. No amplo universo dos seguros coletivos estão incluídos, além dos seguros de grupo em sentido impróprio (trata-se do mero agrupamento de seguros individuais. O tomador não negocia em nome próprio, negocia como representante dos participantes, pois são os participantes/segurados que atuarão como tomadores, cada um de seu próprio contrato), os contratos-quadros seguidos da celebração de contratos individuais de seguro (contrato preliminar que não é o contrato de seguro, mas que pode estabelecer os parâmetros do posterior contrato de seguro), a exemplo da maioria dos seguros contributivos. Não nos aprofundaremos na discussão, mas a nota serve para exemplificar a diversidade de sentidos que uma mesma palavra pode assumir em doutrinas de países diferentes. 692-710f. Tese (Doutorado) – Faculdade de Direito da Universidade de Lisboa, Lisboa, 2008. Disponível em: https://run. unl.pt/bitstream/10362/8402/3/MLR_TD_2008.pdf. Acesso em: 14 abr. 2020).

[440] A LPS neste ponto indica a divisão entre os planos (e, logo, os seguros) de saúde em "coletivo empresarial" e "coletivo por adesão" como regimes ou tipos contratuais possíveis, sem defini-los (art. 16, VII, "b" e "c").

[441] Os seguros-saúde de grupo encontrados no mercado português também apresentam a mesma perspectiva podendo ser constituídos por intermédio de uma entidade de agregação de profissionais, inclusive. Jorge Sinde Monteiro e Maria José Rangel de Mesquita assinalam que, usualmente, o membro do grupo subscreve o seguro voluntariamente e concorda com os termos e condições do seguro designado para o grupo (*Insurance law in Portugal* cit., p. 119).

ção contratual entre a seguradora e o tomador do seguro (denominado como estipulante, no Brasil) e, no outro, ocorre a relação entre a seguradora e os segurados que aderem ao seguro-saúde.[442] Tal estrutura se dá para além da relação contratual que deve existir entre o intermediário (no caso, tomador do seguro em Portugal ou estipulante do seguro no Brasil) e as pessoas que com ele se vinculam (aderentes no contrato de seguro), sendo comum que a relação do intermediário com as referidas pessoas constitua-se a partir de vínculos trabalhistas, estatutários e associativos (como se observa em entidades profissionais, esportivas, sindicais, recreativas ou estudantis, entre outras).[443]

Uma questão do seguro de grupo relaciona-se com o número de seus membros. Em Portugal, Paula Ribeiro Alves já anotava, antes da LCS, que para a definição de grupo bastaria a presença de, pelo menos, duas pessoas, ainda que uma base tão pequena de segurados possa impactar a pouca dissolução do risco e, consequentemente, o preço elevado do prêmio.[444] O legislador português, como se observa da leitura da atual LCS, não determina um número mínimo ou máximo de segurados, deixando o tema à atuação da autonomia privada.

No Brasil, a LPS também não estabeleceu um número prévio de segurados, mas estruturou a diferença de tratamento segundo a modalidade de seguro individual (ou familiar) e o seguro coletivo. Naquele, há todo um conjunto de regras que limitam significativamente a liberdade contratual e há rígido controle estatal do reajuste, o que não acontece neste último. Como resultado, em pouco tempo, observaram-se distorções no mercado de saúde suplementar privilegiando o seguro-saúde coletivo, muitas vezes com pouquíssimos segurados, com o intuito de afastar as disposições referentes à modalidade individual.[445]

[442] ALVES, Paula Ribeiro. *Intermediação de seguros e seguro de grupo*: estudos de direito dos seguros cit., p. 252-253.

[443] Em Portugal, admite-se o seguro, inclusive, para os clientes das empresas (prestadoras de serviços e aquelas que colocam produto no mercado) (REIS, Nuno Trigo dos. *Os deveres de informação no contrato de seguro de grupo*. 2007. Dissertação (Mestrado) – Faculdade de Direito da Universidade de Lisboa, Lisboa, 2007, p. 12).

[444] ALVES, Paula Ribeiro. *Intermediação de seguros e seguro de grupo*: estudos de direito dos seguros cit., p. 289.

[445] A referida distorção se deve ao fato de que muitas famílias foram compelidas a constituir pessoas jurídicas para ter acesso ao seguro-saúde, considerando que as seguradoras passaram a oferecer cada vez menos a modalidade individual do seguro. A situação se agravou à medida

Diante disso, a ANS passou, então, a exigir o agrupamento obrigatório dos contratos coletivos pelas seguradoras (como demais operadoras de planos de saúde), quando a avença apresente número de pessoas inferior a 30 membros, com fim de abrandar o impacto dos reajustes anuais para os seguros-saúde coletivos (art. 3º da Resolução da ANS nº 309/2012). Em suma, não existe na LPS a exigência de um número mínimo de indivíduos para o seguro-saúde coletivo, porém cada vez mais nota-se que a entidade reguladora tem atuado de maneira a dar tratamento diferenciado para essa modalidade, especialmente quando o número de membros for inferior a 30 pessoas.[446]

Apontada a noção do seguro de grupo e as questões relacionadas ao número de integrantes, passa-se a abordar a divisão do seguro de grupo em contributiva e não contributiva, aspecto relevante para ambos os sistemas jurídicos examinados. No direito dos seguros português, a divisão entre sistema contributivo e não contributivo está expressa no nº 1 do art. 77º da LCS.[447] No Brasil, a matéria consta da Resolução da ANS nº 279/2011, não havendo divisão expressa na LPS.

que as pessoas, no Brasil, começaram a constituir sociedade unipessoal para prestar serviços e, portanto, a celebrar seguros de grupo, na interpretação equivocada de que o seguro ou plano de saúde em questão, para sua caracterização, necessita apenas da presença de uma pessoa jurídica como estipulante do contrato, sem perquirir quanto aos *elementos qualitativos* do vínculo. Nesse cenário, ao menos no que concerne ao reajuste do prêmio, a ANS passou a exigir o número mínimo de 30 segurados, a partir do agrupamento de contratos coletivos, para o cálculo de reajuste (Resolução da ANS nº 309/2012).

[446] Resolução da ANS nº 309/2012.

[447] Mesmo não sendo objeto deste trabalho, vale ponderar que a doutrina portuguesa aprofunda a discussão sobre a natureza jurídica do seguro de grupo, o que não se dá na mesma medida no Brasil. Assim, em Portugal, há autores como Nuno Trigo dos Reis que, ao classificar a questão em seguro de adesão facultativa e seguro de adesão automática, esclarece que no primeiro o segurado opta (caráter volitivo) por aderir ou não, havendo uma dependência genética e funcional do contrato de seguro celebrado entre o tomador do seguro e seguradora em relação aos contratos de adesão posteriores (firmados entre segurado e seguradora). Trata-se de uma relação triangular e complexa. Já no segundo caso o autor posiciona-se por um contrato único, relativo ao tomador do seguro e seguradora, na medida em que não há manifestação da vontade do segurado, bastando que ele esteja no grupo para ser pessoa segura. O autor indica uma natureza dúplice do seguro de grupo: (i) se facultativa, a natureza seria de um contrato-quadro, com pluralidade de adesões; e (ii) se automática, o segundo poderia assumir a figura do contrato em nome de outrem (REIS, Nuno Trigo dos. *Os deveres de informação no contrato de seguro de grupo* cit., p. 35-41). Por sua vez, Margarida Lima Rego aponta como seguro de grupo, em sentido próprio, apenas os seguros classificados como não contributivos, por reunirem as características de (a) um contrato de seguro celebrado

No regime dos seguros em Portugal, a modalidade contributiva refere-se às situações em que cada indivíduo integrante do grupo segurado suporta, no todo ou em parte, o pagamento do prêmio que é devido pelo tomador do seguro (nº 2 do art. 77º da LCS), podendo ser acordado, todavia, que os referidos valores possam ser pagos pelo segurado diretamente à seguradora, em vez de ao tomador (nº 3 do art. 77º da LCS). Na modalidade não contributiva, ainda que o legislador português não tenha tratado expressamente da definição, a doutrina costuma apontá-lo como seguro cujo prêmio é suportado em sua integralidade pelo tomador do seguro, não havendo participação do segurado.[448] Essa modalidade está regulada nas disposições gerais (Seção I) do seguro de grupo dos arts. 76º a 85º da LCS, enquanto aquela inclui normas específicas do seguro contributivo previstas nos arts. 86º a 90º da LCS, além das disposições gerais do seguro de grupo (arts. 76º a 85º da LCS).[449]

pelo tomador, (b) por conta de vários terceiros-segurados – (c) que se ligam ao tomador por vínculo distinto daquele de segurar – e visa, cumulativamente, (d) cobrir riscos homogêneos, (d) separáveis entre si e (e) sem correlação positiva forte. A maioria dos seguros contributivos, para a autora, seriam espécie de contratos-quadro seguidos de um conjunto de contratos individuais, em que cada segurado também acumula o papel de tomador do seguro e, logo, não apresentam a totalidade das características do seguro de grupo em sentido estrito (*Contrato de seguro e terceiros*: estudo de direito civil cit., p. 815 e ss.). Também há doutrinadores que preferem não eleger uma única categoria para determinar a natureza jurídica do seguro de grupo, tal como Paula Ribeiro Alves, que observa a presença de elementos de variados institutos no seguro de grupo, sem uma absoluta coincidência entre eles (*Intermediação de seguros e seguro de grupo*: estudos de direito dos seguros cit., p. 328-339). Nessa mesma linha, ao afirmar que o seguro de grupo não tem uma natureza própria, mas um caráter *sui generis* que pode reconduzir a diferentes categorias, Luís Poças observa que na prática há uma gradação que considera o aderente do seguro de grupo ora como objeto de um risco (como no seguro de vida obrigatório instituído pelo banco, diante de um empréstimo), ora como principal sujeito do contrato do seguro (como no seguro contributivo, de adesão facultativa em que o tomador desempenha apenas uma função instrumental ou de gestão para os segurados). Entretanto, não se verifica uma clivagem de categorias de seguro de grupo (nem mesmo a categoria contributivo e não contributivo ou facultativo e obrigatório) (*O dever de declaração inicial do risco no contrato de seguro* cit., p. 636-637).

448 MARTINS, Andrea Marques. *Do seguro de grupo à luz do novo regime jurídico do contrato de seguro* cit., p. 21; ALVES, Paula Ribeiro. *Intermediação de seguros e seguro de grupo*: estudos de direito dos seguros cit., p. 248; REIS, Nuno Trigo dos. *Os deveres de informação no contrato de seguro de grupo* cit., p. 18 e 20; POÇAS, Luís. *O dever de declaração inicial do risco no contrato de seguro* cit., p. 635; REGO, Margarida Lima; PEÑA LÓPEZ, Fernando. *Regulação do contrato de seguro em Portugal e em Espanha*: análise comparada cit., p. 57.

449 BRITO, José Alves de *et al. Lei do Contrato de Seguro*: anotada cit., p. 312.

Ao segurado é garantido o idêntico direito à informação previsto nas disposições dos arts. 18º a 21º da LCS, todavia o ponto que receberá adaptação para o seguro de grupo diz respeito a quem cabe o dever legal de informar e esclarecer. No direito português, quando se trata do seguro de grupo não contributivo, é o tomador do seguro que deve informar aos segurados sobre coberturas incluídas, exclusões, obrigações e direitos em caso de sinistro, alterações contratuais subsequentes, em regra e "em conformidade com um espécimen elaborado pelo segurador" (nº 1, art. 78º, da LCS). O ônus da prova no cumprimento de tais obrigações cumpre ao tomador do seguro (nº 3, art. 78º, da LCS).

Como ressalva Margarida Lima Rego, apesar de não haver um contato direto entre segurador e segurado na modalidade não contributiva, o legislador não deixou de atribuir responsabilidade ao segurador na medida em que o aponta como autor do material que será informado aos segurados. Logo, o tomador do seguro encontra-se na posição de intermediário de tais comunicações.[450] Além disso, mediante solicitação direta dos segurados, a seguradora deverá informar o que se fizer necessário à compreensão do contrato (nº 4, art. 78º, da LCS). De toda sorte, não há óbice para que as partes alterem o regime legal e estipulem o dever de informar e esclarecer para o segurador (nº 5, art. 78º, da LCS), sendo assegurada a responsabilidade civil daquele que descumprir o dever de informação (art. 79º da LCS).

Também se aplica ao seguro contributivo o art. 78º da LCS suprarreferido (consoante previsão do art. 87º, nº 1, da LCS), contudo o legislador reforçou adicionalmente à posição do tomador do seguro, o qual deve fornecer ao segurado todas as informações a que um "tomador de seguro individual" teria em circunstâncias semelhantes (art. 87º, nº 2, da LCS). O legislador, portanto, considera que a posição do segurado é semelhante ao do tomador do contrato individual e, desse modo, garante o mesmo patamar de proteção,[451] devendo também, nesse caso, o tomador do seguro de grupo observar as informações do art. 18º e seguintes,[452] fornecendo-as independentemente da solicitação dos segurados, adicionalmente à previsão do art. 78º suprarreferenciada, sob pena de arcar com o valor do

450 REGO, Margarida Lima. O contrato de seguro em Portugal cit. p. 58.

451 OLIVEIRA, Arnaldo da Costa; RIBEIRO, Maria Eduarda. Novo regime jurídico do contrato de seguro: aspectos mais relevantes da perspectiva do seu confronto com o regime vigente. *Fórum*, Lisboa, ano XII, n. 25, p. 28, jun. 2008.

452 BRITO, José Alves de *et al.* *Lei do Contrato de Seguro*: anotada cit., p. 322.

prêmio correspondente à parte do segurado, sem perda das respectivas garantias, até a data de renovação do contrato ou "respectiva data aniversária" (art. 87º, nº 3, da LCS).

Como já apontado, em regra, o pagamento do prêmio é realizado pelo tomador do seguro, o que se nota tanto na modalidade não contributiva quanto na contributiva (arts. 77º, nº 2, e 80º, nº 1, da LCS). No primeiro, o tomador do seguro realiza o pagamento, enquanto no segundo o segurado efetuará o pagamento (no todo ou em parte) ao tomador para que este pague à seguradora, salvo acordo para que o segurado entregue os valores correspondentes diretamente à seguradora (arts. 77º, nº 3, e 80, nº 1, da LCS).[453]

A falta de pagamento do prêmio por parte do tomador do seguro na modalidade não contributiva importa na não cobertura dos riscos atinentes à prestação de cuidados à saúde para os segurados, atraindo as consequências dos arts. 59º a 61º da LCS (art. 80º, nº 2, da LCS). No seguro contributivo, por sua vez, a mora do segurado acarreta efeitos apenas sobre seu contrato específico, ficando preservada a relação contratual dos demais segurados que integram o seguro de grupo (art. 80º, nº 3, da LCS).[454] O legislador português previu a possibilidade de o tomador excluir o segurado inadimplente do grupo (art. 83º, nº 1, da LCS) nos seguros contributivos e, para tanto, o contrato de seguro de grupo deve definir o procedimento e os termos em que a exclusão produz efeitos (art. 83º, nº 3, da LCS).

Quanto ao ingresso ou adesão do segurado na modalidade do seguro de grupo não contributivo, pode-se observar que sua admissão poderá ocorrer por (i) adesão automática, em que basta o segurado fazer parte do grupo segurado para que esteja incluso; e também (ii) "interposição volitiva", nas palavras de Margarida Lima Rego, por dependência da *participação* do tomador para efeito constitutivo do contrato de seguro, podendo ainda, segundo acordado, depender de posterior aceitação pelo segurador.[455]

Nos seguros contributivos, o ato de adesão do segurado, por disposição legal, é equiparado àqueles dos seguros individuais, devendo a proposta

[453] REGO, Margarida Lima. O contrato de seguro em Portugal cit. p. 58-59.

[454] Comenta José Alves de Brito no caso do segurado que deveria pagar o prêmio diretamente ao segurador, mas não deixou fazê-lo: "a aplicação in *totum* do art. 61º prejudicaria todo o contrato, determinando a lei a restrição dos efeitos ao segurado inadimplente" (*Lei do Contrato de Seguro*: anotada cit., p. 315).

[455] REGO, Margarida Lima. O contrato de seguro em Portugal cit., p. 60.

conter as condições análogas a que deveriam constar do seguro individual (art. 89º da LCS). Na hipótese em que o aderente do seguro contributivo for pessoa singular, uma vez decorridos 30 dias do recebimento da proposta pelo tomador do seguro (quando mediador com poderes de representação da seguradora), e sem que haja notificação com a recusa ou pedido de informações essenciais para avaliação do risco pela seguradora,[456] considera-se legalmente aceita a adesão do proponente ao grupo segurado (nº 1, art. 88º, da LCS).[457]

A exclusão do segurado, por sua vez, pode se dar pela falta de pagamento (contributivo) e pelo encerramento do vínculo entre o segurado e o tomador do seguro (como se dá com o trabalhador demitido pela empregadora ou a pessoa associada à entidade recreativa que se desfilia), todavia trata-se de uma possibilidade, ou seja, a lei não impede que as partes acordem de forma diversa, inclusive para eventual manutenção da pessoa ao grupo segurado (art. 83º, nº 1, da LCS). Há, ainda, uma terceira forma de exclusão que pode ocorrer por iniciativa de qualquer das partes (seguradora ou tomador), que se dá quando há a fraude do segurado, ou do beneficiário, com o conhecimento daquele, em prejuízo do segurador ou do tomador do seguro (art. 83º, nº 2, da LCS).[458] Vale ressaltar que, em qualquer das hipóteses indicadas neste parágrafo, os efeitos da exclusão são par-

[456] Caso o tomador do seguro do grupo contributivo não tenha entregado a proposta ou documentos em que sejam prestadas as informações essenciais para avaliação do risco ou a respectiva entrega tardia, responderá perante a seguradora pelos prejuízos causados (art. nº 4, art. 88º, da LCS).

[457] Nos contratos de seguro individual esse prazo é de 14 dias (art. 27º da LCS).

[458] Para Luís Poças, a falta de previsão da hipótese de negligência do segurado em sua declaração inicial (declarações omissas e inexatas) no art. 83º da LCS (que trata especialmente do seguro contributivo) não afasta a possibilidade de aplicação dos arts. 24º e 26º a esses seguros. Para o autor, "não há razão para afastar o artigo 24º da LCS, cujo âmbito vincula não só o tomador do seguro, mas igualmente o segurado (pessoa segura, nos seguros de pessoas), ou seja, o aderente, nos seguros de grupo. Aliás, a remissão para o artigo 24º, embora dispensável, segundo pensamos, sempre decorre, quanto aos seguros de grupo contributivos, dos nºs 1 e 2 do artigo 88 e do artigo 89º da LCS". E complementa que o ato fraudulento praticado pelo segurado, por resultar em incumprimento doloso do dever pré-contratual de informar, daria ensejo à anulabilidade da adesão (anulação parcial), solução que entende adequada, sendo uma questão que vai além da exclusão do segurado. Para o autor, em suma, inexistindo disposição específica para o seguro de grupo quanto à declaração inicial do risco, aplica-se o regime geral previsto nos arts. 24º a 26º da LCS, com as necessárias adaptações (*O dever de declaração inicial do risco no contrato de seguro* cit., p. 639).

ciais e se referem apenas ao segurado envolvido na situação, não havendo extensão dos efeitos para os demais segurados, integrantes do grupo.

No Brasil, como apontado, a LPS não se ocupou da divisão "contributivo" e "não contributivo", ainda que tal aspecto seja relevante na subclassificação do seguro-saúde coletivo empresarial. A divisão que a LPS trata expressamente é aquela entre os seguintes tipos de contratação de seguro-saúde coletivo: a) "por adesão"; e b) "empresarial" (art. 16, VII, da LPS). A contratação por adesão ocorre quando o seguro visa a cobertura daqueles que mantenham vínculo com pessoas jurídicas de caráter profissional, classista ou setorial.[459] Já a modalidade coletiva empresarial ocorre quando a seguradora cobre os riscos de saúde daqueles que estão vinculados à pessoa jurídica por relação empregatícia ou estatutária.[460]

Vejamos, inicialmente, os aspectos comuns às duas modalidades de seguros-saúde supraidentificados. No Brasil, o seguro de grupo ou coletivo requer a existência de um contrato prévio entre o estipulante e a seguradora, além da manifestação da vontade do segurado (normalmente pela assinatura de formulário ou preenchimento de contrato eletrônico).[461] Nesse aspecto, a diferença entre o regime brasileiro e a sistemática portuguesa é a necessária manifestação do segurado em participar do grupo segurado, em outros termos, no sistema brasileiro não se observa previsão legal de adesão obrigatória ou automática especificamente para o seguro-saúde, o que se nota no regime português dos seguros.

A seguradora, por seu turno, uma vez que haja a manifestação da pessoa interessada no seguro, não poderá recusar sua adesão. Como salientado anteriormente, não há propriamente a possibilidade de seleção de risco por parte da seguradora, no caso do regime brasileiro de seguro-saúde,

[459] É o caso das pessoas (com possibilidade de aderir também os integrantes do seu respectivo grupo familiar, caso haja previsão contratual) vinculadas a conselhos profissionais e entidades de classe, nos quais seja necessário o registro para o exercício da profissão; sindicatos; associações profissionais legalmente constituídas; cooperativas que congreguem membros de categorias ou classes de profissões regulamentadas; caixas de assistência e fundações de direito privado, entre outros. Cf. art. 9º da Resolução Normativa da ANS nº 195/2009.

[460] Poderá incluir sócios da empresa, administradores, trabalhadores temporários, estagiários, ex-funcionários e aposentados que preencham os requisitos dos arts. 30 e 31 da LPS, além do grupo familiar do beneficiário (titular até o terceiro grau de parentesco consanguíneo, até o segundo grau de parentesco por afinidade, cônjuge ou companheiro). Cf. art. 5º da Resolução Normativa da ANS nº 195/2009.

[461] Sobre contratação eletrônica, ver RN da ANS nº 413/2016.

mas apenas de medidas econômicas que auxiliam na fixação e recomposição do valor do prêmio (como fixação de cláusula de agravamento, cumprimento de período de carência, percentuais de reajuste segundo a faixa etária etc.).[462]

As condições e o procedimento de suspensão ou exclusão do segurado e beneficiários nas situações de perda do vínculo com a estipulante, não pagamento do prêmio (ou parcela) pelo titular, fraude, entre outros, deverão constar do contrato. A solicitação de exclusão ou suspensão da cobertura será da pessoa jurídica estipulante à seguradora[463] e, tal como se verifica no regime português, apenas o segurado inadimplente ou responsável pela fraude terá seu contrato afetado, sendo preservados os demais contratos dos segurados que integram o seguro de grupo.

Observe-se que o parágrafo único do art. 18 da RN da ANS nº 195/2009 ressalva a possibilidade de a seguradora realizar o ato de exclusão ou suspensão da cobertura para o segurado e beneficiários, sem a anuência da pessoa jurídica estipulante, na hipótese de fraude e também pela perda do vínculo do segurado (mesmo que a estipulante não tenha solicitado expressamente), observados os limites e as condições dos arts. 30 e 31 da LPS.

Por fim, outro aspecto no regime brasileiro de seguro-saúde de grupo que contrasta com o direito dos seguros português é o dever de informar nos contratos de seguro-saúde, pois, ainda que se trate da modalidade coletiva, logo, com a presença do intermediário – que é a pessoa jurídica estipulante –, o dever de informar e esclarecer sobre os aspectos do contrato (tais como prazo de carência, vigência contratual, critérios de reajuste, segmentação assistencial e abrangência geográfica, requisitos de inclusão, hipóteses de exclusão, formas de cessação do contrato) continua a ser da seguradora,[464] não havendo transferência de tal dever para o estipulante.

Nesse ponto, a manutenção da obrigatoriedade do dever de informar atribuído à seguradora no regime brasileiro facilita eventuais ações de

[462] Conferir o item 4.2, referente à Cobertura deste trabalho.

[463] Conforme arts. 17 e 18 da RN da ANS nº 195/2009. Ver também o parágrafo único, II e III, do art. 13 da LPS.

[464] Cf. arts. 24 e 25 da RN da ANS nº 195/2009 e art. 13 da RN da ANS nº 413/2016. Por força das decisões do STJ, também são suscitados os deveres de informar previstos nos arts. 4º e 6º, III, do CDC como forma de corroborar os deveres de informar da seguradora, exigíveis tanto nos contratos individuais quanto nos coletivos (STJ, 3ª Turma, REsp 1554448, Rel. Min. João Otávio Noronha, *DJe* 26.02.2016; e 3ª Turma, REsp 1349385, Rel. Min. Ricardo Villas Bôas Cueva, *DJe* 02.02.2015. Disponível em: www.stj.jus.br. Acesso em: 17 abr. 2020).

reparação civil do segurado ou beneficiário diante do descumprimento da referida obrigação, contudo não está excluída a ação regressiva da seguradora, caso se verifique que o estipulante foi determinante para a falha. Já no regime português tal aspecto demanda maior cautela do segurado, pois se deve ponderar se o descumprimento do dever de informar se deu em virtude de ato do tomador do seguro ou se a falha ocorreu a partir do material fornecido pela seguradora. Em regra, a reparação civil decorrente do descumprimento do dever de informar no seguro de grupo será em face do tomador do seguro de grupo.[465]

A vantagem de atribuir o dever de informar ao tomador do seguro está no fato de contribuir para o fortalecimento da relação triangular, pois é certo que o tomador está mais próximo do segurado e, por conseguinte, tem melhor condição de atender às demandas do segurado, inclusive às necessidades informacionais, a partir do material fornecido pela seguradora. No regime brasileiro, a atribuição dessa obrigação feita de forma exclusiva à seguradora pode colaborar para a falta de diligência do estipulante na relação com o segurado e com a seguradora. Não é incomum verificar situações em que a seguradora deixa de ser avisada da demissão do segurado ou da notificação de denúncia da seguradora recebida pela estipulante e que não é informada ao grupo segurado.[466]

Uma vez expostos os aspectos comuns do seguro-saúde coletivo no regime brasileiro, resta apresentar os aspectos especiais do seguro-saúde coletivo empresarial previsto na LPS. Na modalidade de seguro-saúde coletivo empresarial, nota-se um conjunto de regras específicas tanto na LPS (arts. 30 e 31) quanto nos regulamentos da ANS (RN nº 279/2011), compondo tratamento diferenciado conforme haja a contribuição dos empregados para o valor referente ao prêmio (contraprestação) ou não.

A definição expressa de contribuição, no regime brasileiro, é dada pelo inciso I do art. 2º da RN da ANS nº 279/2011 (editada para regulamentar os arts. 30 e 31 da LPS), que trata como seguro-saúde contributivo o pagamento de qualquer valor pelo empregado, inclusive com desconto em folha de pagamento, para custear parte ou a integralidade da contraprestação

[465] Entretanto, há decisões em sentido contrário. Cf. Tribunal do Porto, 2ª Seção Cível, acórdão no processo nº 1751/14.8TBVCD.P1, Rel. José Manuel Araújo de Barros, 11.11.2018. Disponível em: www.dgsi.pt. Acesso em: 15 out. 2020.

[466] STJ, 3ª Turma, REsp 1792649/PR, Rel. Min. Nancy Andrighi, j. 26.05.2020, *DJe* 29.05.2020. Disponível em: www.stj.jus.br. Acesso em: 17 out. 2020.

pecuniária de seu plano privado de assistência à saúde ou seguro-saúde, oferecido pelo empregador e em decorrência de vínculo empregatício. Entretanto, não estão compreendidos como valor de custeio valores de coparticipação[467] ou franquia[468] pagos pelo empregado (ou ainda beneficiários do seu grupo familiar).

A coparticipação e a franquia, supraindicadas, são tratadas como fator de moderação e seus valores são devidos, única e exclusivamente, quando da utilização de serviços de assistência médica, hospitalar e odontológica, razão pela qual não integram o conceito de pagamento do prêmio. Nesses casos, considera-se que o custeio do prêmio é integralmente feito pela empresa empregadora (§ 6º do art. 30, § 2º, do art. 31 da LPS e inciso I, *in fine,* do art. 2º da RN nº 279/2011).[469] Em suma, se o valor do prêmio for pago exclusivamente pela estipulante (no caso, a empresa empregadora), mesmo com a previsão contratual de franquia ou coparticipação do segurado, o contrato em questão será classificado como "não contributivo".

No regime brasileiro, o seguro-saúde coletivo na modalidade empresarial contributivo requer que o segurado (especificamente empregado) contribua para o prêmio (total ou parcialmente). Na prática, os valores são normalmente descontados do salário a ser recebido pelo funcionário e a estipulante (empregadora) paga diretamente à seguradora, mas não há impedimento legal para que os contraentes possam estipular de forma diversa.

[467] A coparticipação ocorre quando o seguro-saúde ou plano de saúde estabelece para o segurado ou beneficiário o pagamento de valor específico que só será devido no caso da ocorrência de um evento e da utilização de determinado procedimento referente ao evento. Portanto, é um valor variável e, diferentemente da contribuição, não é constante. Esse mecanismo de regulação financeira é uma maneira de auxiliar na redução do valor do prêmio. Cf. inciso II, art. 3º, da Resolução CONSU nº 08.

[468] A franquia consiste no valor-limite estabelecido contratualmente abaixo do qual a seguradora, ou a operadora de planos de assistência privada à saúde, não está obrigada a realizar a cobertura do evento. Cf. art. 3º, I, da Resolução nº 08/98 do CONSU.

[469] No mesmo sentido foi o entendimento do STJ que, em recurso repetitivo, consagrou a inexistência do "direito de permanência do ex-empregado aposentado demitido sem justa causa como beneficiário, salvo disposição contrária expressa prevista em contrato ou em convenção coletiva de trabalho, sendo irrelevante a existência de coparticipação, pois, como visto, esta não se confunde com contribuição" (STJ, 2ª Seção, REsp 1.680.318/SP, Rel. Min. Ricardo Villas Bôas Cueva, j. 22.08.2018. Disponível em: https://ww2.stj.jus.br/processo/revista/inteiroteor/ ?num_registro=201701467771&dt_publicacao=24/08/2018. Acesso em: 14 abr. 2020).

O fato de o seguro-saúde coletivo empresarial ser contributivo acarreta efeitos próprios que não são verificados nos contratos coletivos de adesão. Tais efeitos referem-se à extensão temporal da eficácia do contrato de seguro-saúde nos casos de demissão e aposentadoria, previstos nos arts. 30 e 31 da LPS.

Assim, o art. 30 da LPS[470] trata da manutenção da condição de segurado para o ex-empregado[471] para a hipótese do seguro-saúde coletivo empresarial, por um período predeterminado após sua desvinculação, uma vez preenchidos os seguintes requisitos: (i) demissão ou exoneração sem justa causa; (ii) contribuição, ainda que parcialmente, para o pagamento do prêmio, enquanto tinha vínculo com estipulante; (iii) assunção do pagamento integral da mensalidade, posterior à exoneração ou demissão; (iv) inexistência do benefício de plano ou seguro-saúde no novo emprego.[472]

A manutenção suprarreferida é uma extensão temporária da eficácia do contrato, manutenção provisória em que são garantidas as mesmas condições de cobertura do seguro coletivo do ex-empregador. O tempo de permanência, por sua vez, corresponde a um terço do período em que o ex-empregado se manteve no referido seguro, sendo assegurados um mínimo de seis meses e máximo de vinte e quatro meses (§ 1º do art. 30 da LPS).[473]

A hipótese de aposentadoria, por sua vez, está prevista no art. 31 da LPS[474] e, tal como no artigo anterior, a LPS estabelece a garantia legal de permanência no seguro-saúde coletivo empresarial, caso o ex-empregado aposentado reúna as seguintes condições prévias: (i) contribuição, ainda que parcial, para o pagamento do prêmio, enquanto tinha vínculo com esti-

470 Cf. §§ 1º ao 6º do art. 30 da LPS.

471 Vale observar que o direito à permanência em questão não se refere apenas ao titular, mas é extensiva, obrigatoriamente, a todo o grupo familiar inscrito quando da vigência do contrato de trabalho, seja na hipótese de demissão, seja na hipótese de aposentadoria, conforme as condições do § 2º do art. 30 da LPS e § 3º do art. 31 da LPS.

472 Sendo considerado "novo emprego", na forma do art. 2º, II, da Resolução Normativa da ANS nº 279/11, "novo vínculo profissional que possibilite o ingresso do ex-empregado em um plano de assistência a saúde coletivo empresarial, coletivo por adesão ou de autogestão".

473 Para tanto, o ex-empregado demitido, ex-funcionário estatutário exonerado ou o aposentado deverão optar pela manutenção da sua condição de beneficiário no prazo máximo de 30 dias, em resposta ao comunicado do empregador, formalizado no ato da comunicação do aviso prévio ou da comunicação da aposentadoria. Sendo o ônus da prova, quanto à comunicação inequívoca, do ex-empregador (art. 10, *caput* e parágrafo único, da RN da ANS nº 279/2011).

474 §§ 1º ao 3º do art. 31 da LPS.

pulante; (ii) manutenção do vínculo empregatício (ou estatutário) com a empregadora pelo prazo mínimo de dez anos, correspondendo ao período de contribuição realizada pelo segurado; (iii) assunção do pagamento integral do prêmio, posterior à desvinculação para obtenção de aposentadoria. Nesse caso, a manutenção do vínculo tende a ser vitalícia, salvo situações de descumprimento contratual, se a pessoa obtiver novo emprego que também ofereça benefício de plano ou seguro-saúde (§ 2º do art. 31 da LPS), ou, então, se o estipulante (ex-empregador) ou seguradora optarem pela cessação do contrato de seguro-saúde coletivo (todo o grupo segurado).

Caso, na hipótese do parágrafo antecedente, o período de contribuição do funcionário para o seguro-saúde coletivo empresarial seja inferior a dez anos (considerando a data de sua aposentadoria), sua permanência no referido seguro será temporária e proporcional ao tempo de contribuição. A proporção, no caso, será calculada à razão de um ano para cada ano de contribuição. Anote-se, por fim, que as mesmas condições contratuais que gozava, quando ativo, serão mantidas (§ 1º do art. 31 da LPS).

Vale observar que a garantia de permanência no seguro-saúde coletivo empresarial, no caso do ex-funcionário e aposentado que preencham os requisitos dos arts. 30 e 31 da LPS, existe enquanto vigorar o contrato entre a seguradora e a estipulante (empregadora). Isso significa que, uma vez extinto o seguro-saúde coletivo empresarial por denúncia desmotivada, por exemplo, não está a seguradora (e mesmo a estipulante) obrigada a manter as condições da referida modalidade de seguro para os segurados. Todavia, nesse modo de cessação, o CONSU determinou que a seguradora, na medida em que comercialize seguros individuais ou familiares, ofereça essa modalidade "a esse universo de beneficiários" (art. 1º da Resolução CONSU nº 19, de 25 de março de 1999, e § 2º do art. 26 da RN nº 279/2011 da ANS).

Em síntese, a manutenção do vínculo com a seguradora, no seguro-saúde coletivo empresarial, nas hipóteses dos arts. 30 e 31 da LPS, configura-se como vínculo acessório à existência de dois contratos prévios, como anota Luiz Celso Dias Lopes: o contrato de trabalho e o contrato de plano ou seguro-saúde coletivo empresarial.[475] O direito à permanência no seguro-saúde coletivo empresarial, nas situações indicadas nos arts. 30 e 31

[475] LOPES, Luiz Celso Dias. A garantia de manutenção em planos de saúde coletivos empresariais para demitidos e aposentados – arts. 30 e 31 da Lei 9.656/98. *In*: CARNEIRO,

da Lei, extingue-se, portanto: a) com o decurso do prazo de eficácia temporária do contrato, previsto legalmente; b) pela admissão do beneficiário demitido ou exonerado sem justa causa ou aposentado em novo emprego com o mesmo benefício; e c) pela denúncia do contrato pela estipulante (ex-empregadora) ou seguradora, que determine a cessação do benefício para seus funcionários.[476]

Luiz Augusto Ferreira (coord.). *Plano de saúde*: aspectos jurídicos e econômicos. Rio de Janeiro: Forense, 2012. p. 294.

[476] Incisos I, II e III do art. 26 da RN nº 279/2011 da ANS.

5
CESSAÇÃO DO SEGURO-SAÚDE PELO EXERCÍCIO DA DENÚNCIA

A cessação de um contrato pode se dar de variadas formas e a dificuldade de sistematização para tanto é questão reconhecida por diversos autores, entre eles Orlando Gomes e Pedro Romano Martinez. A falta de ordenação para uma teoria geral que atribua significado comum aos diferentes termos empregados pela legislação e às divergências dos conceitos nos estudos doutrinários – o que inclui classificações, extensão dos efeitos e distinções necessárias – levou os dois autores ao estudo do assunto no direito civil brasileiro e no direito civil português, respectivamente.[477] A ênfase dessas distinções, neste trabalho, considerará, sobremodo, as referências dadas pelos dois doutrinadores mencionados, contudo a problemática em tela, ou seja, a organização de uma teoria geral sobre os modos de cessação do contrato é, ainda hoje, objeto de debate entre os estudiosos, não havendo propriamente um consenso capaz de conformar todas as diferentes posições acerca do assunto.[478]

[477] GOMES, Orlando. *Contratos* cit., p. 202; MARTINEZ, Pedro Romano. *Da cessação do contrato* cit., p. 25.

[478] Por exemplo, compreendem em sentido diverso, quanto à noção e abrangência de resolução, resilição e denúncia, no direito brasileiro, de um lado: MIRANDA, Francisco Cavalcanti Pontes de. *Tratado de direito privado*: direito das obrigações cit., p. 455-456; ASSIS, Araken de. *Resolução do contrato por inadimplemento.* 3. ed. São Paulo: RT, 2004. p. 81-82; MARTINS-COSTA, Judith. *A boa-fé no direito privado*: critérios para sua aplicação cit., p. 657-658; e de outro: PEREIRA, Caio Mário da Silva. *Instituições de direito civil* cit., 2007, p. 129-130; GOMES, Orlando. *Contratos* cit., p. 204-205 e 221. No direito português, há o autor que compreende a oposição à renovação como uma forma autônoma de cessação do contrato, enquanto outros autores incluem a oposição à renovação como modalidade compreendida na cessação por denúncia. Posiciona-

Em complemento a essa perspectiva, Luís Poças, ao tratar especificamente da temática no contrato de seguros, observa a falta de uniformidade no tratamento do tema em vários ordenamentos jurídicos. Mesmo assim, no que concerne à denúncia imotivada (livre denúncia ou denúncia *ad nutum*), aplicada aos seguros em geral, é possível perceber que seu uso apresenta como ponto comum nos diversos regimes jurídicos: a) a preocupação com a manutenção da estabilidade das relações contratuais; e b) a situação particular do tomador do seguro ou segurado (pessoa que se beneficia da cobertura) que em alguns seguros (como é o caso do seguro-saúde) recebe tutela especial do ordenamento a partir de medidas que limitam a possibilidade de desvinculação discricionária da seguradora.[479] Esses contrapesos legais à denúncia imotivada, a nosso sentir, são relevantes no seguro-saúde, em que a natural degradação da saúde (risco) ao longo do tempo gera significativa desvantagem ao tomador do seguro ou segurado, justificando a proteção do legislador a partir da observância de condições, procedimentos, prazos e limites legais para que a desvinculação imotivada da seguradora seja eficaz.

Da leitura do texto do Código Civil português, tal como se dá no Código Civil brasileiro, encontramos diversas formas extintivas da relação contratual. O Código Civil português trata, por exemplo, da caducidade (arts. 328º a 333º), revogação bilateral (nº 1º do art. 406º) e resolução (arts. 432º a 439º). No Código Civil brasileiro, paralelamente, há as figuras da decadência convencional (arts. 207 a 211) ou termo (arts. 131 a 135), distrato (art. 472) e resolução (arts. 474 a 475 e 478 a 480).

O Código Civil brasileiro apresenta ainda, no art. 473, dispositivo geral (princípio geral) referente à resilição unilateral que se dá a partir da *denúncia* (nas situações em que a lei expressa ou implicitamente permita) e, em seu parágrafo único, condiciona a eficácia da denúncia ao *prazo razoável* para o retorno dos eventuais *investimentos consideráveis* que uma das partes tenha realizado para a execução do contrato, considerando a natureza do contrato e o vulto dos investimentos como parâmetro. Não há no Código Civil português disposição semelhante, mas a denúncia pode ser

se no primeiro sentido: Leitão, Luís Manuel Teles de Menezes. *Direito das obrigações*. 10. ed. Coimbra: Almedina, 2016. v. II, p. 99; e no segundo: Martinez, Pedro Romano. *Da cessação do contrato* cit., p. 64; e Poças, Luís. O poder de desvinculação discricionária do segurador. *In:* Poças, Luís. *Problemas e soluções de direito dos seguros*. Coimbra: Almedina, 2019. p. 125.

[479] POÇAS, Luís. O poder de desvinculação discricionária do segurador cit., p. 116.

encontrada nos artigos em que o legislador trata de contratos específicos, a exemplo do arrendamento previsto nos arts. 1.079º, 1.080º, 1.086º, 1.098º, 1.099º e seguintes.

No regime jurídico dos seguros, o que inclui o seguro-saúde, o legislador português cuidou detalhadamente das formas de cessação do seguro apontando a *caducidade, revogação, denúncia e resolução* nos arts. 105º a 118º da LCS. No direito brasileiro, não há disposições semelhantes para os seguros contidas no Código Civil, assim as formas de cessação consideram as *Disposições Gerais* (Capítulo I) que estão previstas no Título V (*Dos Contratos em Geral*) do Código Civil brasileiro.

Por seu turno, quanto ao seguro-saúde, no regime jurídico brasileiro, alguns aspectos da anulação do contrato, resolução e denúncia são indicados na LPS (art. 13) e Resoluções da ANS (art. 17 da RN ANS nº 195/2009), mas não há efetivamente uma organização ou estruturação pormenorizada a esse respeito, tal como se observa no regime português, e, dada a falta de clareza nesse ponto, as intervenções judiciais não são raras, pautando-se muitas vezes pelas disposições do Código de Defesa do Consumidor e do Código Civil para elucidar aspectos das formas de cessação aplicados ao seguro-saúde.

As linhas iniciais deste capítulo tiveram o intuito de situar a denúncia no estudo dos contratos em geral e nos contratos de seguro. Não obstante, como proposto no recorte científico deste estudo, não nos deteremos nas diversas formas de cessação do contrato ou mesmo numa proposta de sistematização da matéria no âmbito da cessação do contrato de seguro, ainda que tal perspectiva seja uma reflexão relevante para o direito brasileiro. O objetivo é aprofundar o estudo da *denúncia* como modalidade de cessação do seguro-saúde, destacando aspectos de sua conformação para esse seguro em especial, com a indicação dos desafios de sua aplicação e soluções presentes nos ordenamentos jurídicos ora analisados.

5.1. Denúncia no seguro-saúde

5.1.1. Noção de denúncia *ad nutum*

A denúncia imotivada (*ad nutum*) é apresentada por Pedro Romano Martinez em três modalidades:[480] a) a primeira, designada em sentido *técnico*, é a forma de cessação das relações contratuais estabelecidas por

[480] MARTINEZ, Pedro Romano. *Da cessação do contrato* cit., p. 61-67.

períodos indeterminados, sem a necessidade de apresentar justificativas (exercício discricionário). Contudo, a própria lei (ou o contrato) poderá definir exceções (*v.g.*, exigir determinadas condições para que uma das partes denuncie ou mesmo fixar prazos); b) por sua vez, a segunda modalidade, denominada pela doutrina portuguesa como *oposição à renovação*, é a declaração unilateral de vontade imotivada direcionada a cessar renovação ou prorrogação automática do contrato. Nesse caso, o contrato tem um tempo determinado que se prolonga automaticamente, não caduca. As mesmas observações acerca dos limites legais e contratuais, indicados no item antecedente, podem ser aplicados aqui; e, c) por último, há a desistência. Trata-se de situação especial em que a lei (ou o contrato) confere a uma das partes a possibilidade de desistir em contratos de execução prolongada. Aqui o intuito não é evitar a existência de uma relação perpétua, mas oferecer a uma das partes (ou a ambas) a liberdade de desvincular-se por não ter refletido sobre todas as implicações resultantes do negócio ajustado.[481]

Em alinhamento com a proposta metodológica deste trabalho e consoante os termos do art. 112º da LCS,[482] que consagra o regime geral da livre denúncia *(ad nutum)*, nos contratos de seguro no direito português, abordaremos as modalidades de denúncia indicadas nos itens "a" e "b" *supra* (correspondentes aos nºs 1 e 2 do art. 112º da LCS). A desistência (item "c"), nos termos da LCS, é tratada como livre resolução (art. 118º) e não será objeto de pormenores. Por fim, vale notar que a denúncia prevista na LCS, em Portugal, poderá ser estipulada contratualmente em regime mais favorável ao tomador do seguro, do aquele previsto na lei, como estabelecido no nº 3 do art. 112º, o que denota a imperatividade relativa do art. 112º da LCS.

A LCS fixa limites à denúncia segundo a duração do contrato (arts. 113º e 114º), e seu exercício exige cumprimento de aviso prévio (art. 115º),

[481] A desistência se limita ao contrato de duração nas hipóteses ora tratadas. Essa modalidade de desvinculação sem motivo, quando incidente sobre os contratos instantâneos, denomina-se como direito de arrependimento, caso especial de resolução. Cf. MARTINEZ, Pedro Romano. *Da cessação do contrato* cit., p. 65.

[482] Consoante nº 1: "o contrato de seguro celebrado por período determinado e com prorrogação automática pode ser livremente denunciado por qualquer das partes para obviar à sua prorrogação"; e nº 2: "O contrato de seguro celebrado sem duração determinada pode ser denunciado a todo tempo, por qualquer das partes", ambos do art. 112º da LCS.

além da observância de aspectos especiais aplicáveis ao seguro de grupo (arts. 82º e 84º), o que detalharemos adiante. A denúncia especialmente aplicada ao seguro-saúde, no regime português, observa as determinações do art. 217º da LCS, que aplica a solução de extensão temporária dos efeitos para o contrato renovável, objeto de cessação por denúncia. Isso se dá pelo período de até dois anos subsequentes após o encerramento do contrato "e até que se mostre esgotado o capital seguro no último período de vigência do contrato". Além disso, o evento coberto deve ter ocorrido durante a vigência do contrato anterior e não estar coberto por um contrato de seguro posterior.

No Brasil, a denúncia está situada como uma das modalidades de *resilição unilateral*. A resilição unilateral, como se extrai das lições de Orlando Gomes, permite a um dos contratantes encerrar unilateralmente a relação contratual, contudo, diferentemente da denúncia, sua amplitude de aplicação vai além da denúncia desmotivada, para incluir uma variedade de institutos jurídicos díspares entre si (como a revogação, renúncia, resgate, arrependimento, desistência, dispensa, entre outros) e que são aplicáveis a contratos instantâneos e de duração, contratos por tempo determinado e indeterminado, contratos benéficos, entre outros.[483]

A denúncia, por sua vez, é uma das modalidades de resilição unilateral, forma especial de cessação de contratos de duração por tempo indeterminado, como sistematiza Orlando Gomes.[484] Aliás, não só indeterminado, mas também para aqueles cuja duração é automaticamente renovada ou prorrogada. Daí por que resilição unilateral e denúncia não podem ser tratadas como sinônimas.

Mesmo assim, é comum que a denúncia seja habitualmente referenciada como *resilição unilateral* (e mesmo *rescisão unilateral*) no direito brasileiro. De todo modo, a denúncia corresponde ao momento de equilíbrio entre o princípio da estabilidade da relação negocial e seu contraponto com o princípio da temporalidade dos vínculos contratuais ou vedação à perpetuidade das relações contratuais.[485] A resilição vai além dessa função, contemplando outras figuras extintivas.

[483] Gomes, Orlando. *Contratos* cit., p. 224.

[484] Idem, ibidem.

[485] Conferir no direito italiano: Roselli, Federico. Il recesso dal contratto. *In*: Bessone, Mario (*diretto a cura di*). *Trattato di diritto privato*. Torino: Giappichelli Editore, 2002. v. V, p. 268; Gabrielli, Giovanni. *Vincolo contrattuale e recesso unilateral*. Milano: Giuffrè, 1985. p. 16.

Portanto, a denúncia imotivada (*ad nutum*) no regime brasileiro guarda semelhança com a noção portuguesa, quando se trata de conceituá-la como declaração unilateral receptícia que visa a cessação das relações contratuais provenientes tanto de contratos de duração por tempo indeterminado[486] quanto daqueles cujo tempo determinado é reiteradamente renovado ou prorrogado,[487] o que é feito desvinculado de motivos justificadores e a partir de manifestação volitiva de um dos contratantes.

Ao diferenciar prorrogação e renovação do contrato, Orlando Gomes esclarece que no primeiro caso trata-se de um só e mesmo contrato dilatado no tempo, enquanto no segundo há uma sequência de contratos estipulados pelos mesmos contratantes, ou seja, são contratos sucessivos que podem apresentar novas cláusulas, modificando o conteúdo original.[488] Entretanto, a denúncia será possível para ambas as hipóteses, uma vez que a renovação ou prorrogação da duração determinada seja automática e reiterada.

No direito brasileiro, a denúncia pertence ao gênero *resilição unilateral*, como explicitado nos parágrafos antecedentes. Nesse sentido, o *caput* do art. 473 do CCB dispõe que a "resilição unilateral, nos casos em que a lei expressa ou implicitamente o permita, opera mediante denúncia notificada à outra parte". Dessa disposição legal – particularmente da primeira parte do art. 473 – o que se visa é evitar a perpetuidade das relações contratuais, em especial dos contratos celebrados por tempo indeterminado e para aqueles realizados por tempo determinado com renovação ou prorrogação automática. Nas duas hipóteses precedentes, dado o risco da relação contratual se eternizar, o legislador implicitamente autoriza a aplicação da denúncia. Trata-se, nessa perspectiva, de princípio geral que está além da vontade das partes, ainda que aspectos sobre o procedimento e uso possam ser modulados na lei ou contrato.

[486] GOMES, Orlando. *Contratos* cit., p. 224. Antônio Junqueira de Azevedo define a denúncia como um dos modos específicos de extinção de uma relação jurídica de trato sucessivo. Segundo o autor, "é a resilição unilateral, levada a efeito por ato denominado 'denúncia'. A eficácia da denúncia é a de pôr termo final a um contrato (mais propriamente, a uma relação contratual) estabelecido por prazo indeterminado, apagando os seus efeitos a partir daí (*ex nunc*)" (Contrato de distribuição – causa final dos contratos de trato sucessivo – resilição unilateral e seu momento de eficácia – interpretação contratual – negócio "per relationem" e preço determinável – conceito de "compra" de contrato e abuso de direito cit., p. 124.

[487] AGUIAR JR., Ruy Rosado de. *Comentários ao novo Código Civil*: da extinção dos contratos cit., p. 287.

[488] GOMES, Orlando. *Contratos* cit., p. 156.

Por exemplo, o próprio parágrafo único do art. 473 do CCB prescreve como condição e, consequentemente, sobrestamento dos efeitos da denúncia a necessidade de observar tempo razoável para retorno dos investimentos de grande vulto realizados pelo contratante que recebe a notificação de denúncia e, para tanto, a lei indica tempo "compatível com a natureza e o vulto dos investimentos". O cálculo desse prazo, vale notar, não guarda relação com o prazo de aviso prévio que acompanha a denúncia, apesar de ambos se relacionarem com a boa-fé no exercício da denúncia.

O prazo do parágrafo único do art. 473 do CCB destina-se ao retorno *de* "investimentos recuperáveis", de tal sorte que o contratante que recebe a denúncia possa lidar com o prejuízo evitável a partir da continuidade de sua atividade empresarial temporariamente, sendo, portanto, um limite à denúncia desmotivada.[489]

Por outro lado, o aviso prévio tem outra natureza e tem como objetivo viabilizar a implementação de medidas ligadas ao encerramento da relação contratual, possibilitando que os contratantes se preparem para tal, não sendo surpreendidos por uma ruptura abrupta do contrato e, por essa razão, o prazo de aviso prévio deve ser observado como regra.[490]

Nas particularidades do seguro-saúde, regido pela LPS, a regra geral da denúncia é conformada de forma especial no inciso II, parágrafo único, do art. 13 da LPS, art. 17 da RN da ANS nº 195/2009 (com as alterações inseridas pela RN da ANS nº 455/2020)[491] e RN da ANS nº 412/2016, o que detalharemos ao tratar dos efeitos da denúncia. No momento, basta assinalar que a LPS, ao tratar especificamente do seguro-saúde familiar ou individual, proibiu a denúncia *(rescisão unilateral)* feita pelas seguradoras e nada dispõe sobre as modalidades do seguro-saúde coletivo (por adesão e empresarial).

[489] FORGIONI, Paula A. *Contrato de distribuição*. 2. ed. São Paulo: RT, 2005. p. 474.

[490] AGUIAR JR., Ruy Rosado de. *Comentários ao novo Código Civil*: da extinção dos contratos cit., p. 246.

[491] Observa-se que recentemente o parágrafo único do art. 17 da RN da ANS nº 195/2009 foi revogado pela RN nº 455, de 30 de março de 2020, que, em cumprimento à determinação judicial proferida nos autos da Ação Civil Pública nº 0136265-83.2013.4.02.51.01, da 18ª Vara Federal do Rio de Janeiro, determinou a nulidade da exigência do prazo mínimo de vigência do contrato de assistência privada à saúde e a necessidade do aviso prévio de 60 dias. Cf. sobre a RN nº 455, de 30 de março de 2020 da ANS, em: http://www.ans. gov.br/component/legislacao/?view=legislacao&task=TextoLei&format=raw&id=Mzg2NQ==. Acesso em: 1º jul. 2020.

Do estudo da denúncia imotivada, a partir de autores especialistas, tanto portugueses[492] quanto brasileiros,[493] podem-se traçar como seus elementos comuns: a) sua incidência exclusiva em relações contratuais duradouras que são celebradas por período indeterminado ou por período determinado e renovável automaticamente; b) seu caráter potestativo;[494] c) a unilateralidade da declaração volitiva; d) a receptividade dessa declaração (pois a contraparte necessita tomar conhecimento da comunicação); e) a percepção de efeitos *ex nunc* (não retroativa) na relação contratual.

Além disso, nota-se que a denúncia *ad nutum,* em sua acepção técnica, apresenta-se como princípio geral que visa evitar a perpetuidade das relações contratuais. Trata-se de um poder reconhecido pelo ordenamento jurídico ao particular, a fim de limitar o princípio da *pacta sunt servanda* e, assim, impedir que a liberdade desmedida possa colocar em risco a própria liberdade contratual,[495] como consequências à liberdade da pessoa e à livre circulação de bens.[496]

Por outro lado, ainda que a denúncia apresente-se como princípio geral para a situação descrita no parágrafo antecedente, em ambos os ordenamentos jurídicos ora analisados, também se verifica que a referida forma de cessação do contrato poderá ser modulada a partir de condições, pro-

[492] Cordeiro, António Menezes. *Direito dos seguros* cit., p. 771; Martinez, Pedro Romano. *Da cessação do contrato* cit., p. 122; Alves, Francisco Luís F. Ribeiro. *Direito dos seguros*: cessação do contrato. Práticas comerciais cit., p. 27; Poças, Luís. O poder de desvinculação discricionária do segurador cit., p. 122.

[493] Gomes, Orlando. *Contratos* cit., p. 75; Aguiar Jr., Ruy Rosado de. *Comentários ao novo Código Civil*: da extinção dos contratos cit., p. 250-251; Martins-Costa, Judith. *A boa-fé no direito privado*: critérios para sua aplicação cit. p. 662-663.

[494] A denúncia é expressão de um direito potestativo. Os direitos potestativos "permitem ao seu titular, mediante uma atividade unilateral, atuar sobre situações jurídicas preexistentes, mudando-as ou extinguindo-as, ou criar outras novas" (Pinto, Carlos Alberto da Mota. *Cessão de contratos.* São Paulo: Saraiva, 1985. p. 297).

[495] Uma vinculação contratual perpétua fere a ordem pública e poderia ser objeto de nulidade por força do art. 280º do CCP. Cf. Martinez, Pedro Romano. *Da cessação do contrato* cit., p. 215-220; Poças, Luís. O poder de desvinculação discricionária do segurador cit., p. 123-124. No Brasil, de forma semelhante, também o negócio jurídico infinito, que afastasse a aplicação da denúncia, poderia ser decretado nulo consoante os termos do art. 166, II, do CCB.

[496] Loureiro, Francisco Eduardo. Extinção dos contratos. *In*: Lotufo, Renan; Nanni, Giovanni Ettore (coord.). *Teoria geral dos contratos.* São Paulo: Atlas, 2011. p. 648; Zanetti, Andrea Cristina. *Denúncia nos contratos privados de assistência à saúde* cit., p. 105. No direito italiano ver: Roselli, Federico. Il recesso dal contratto cit., p. 26.

cedimentos, prazos e limites fixados por lei ou estipulação contratual (observados os parâmetros dados pela legislação de cada país). Os limites impostos por lei visam evitar abusos e, por vezes, também oferecer proteção à parte que esteja em posição de vulnerabilidade no contrato.[497] No caso do seguro-saúde, como veremos a seguir, essa conformação da denúncia fica evidenciada pelas disposições legais especiais presentes na LCS, em Portugal, e na LPS, no Brasil, o que será detalhado nos itens referentes aos contratos de duração e longa duração, aos efeitos da denúncia e seu exercício.

5.1.2. Distinções quanto a outros modos de cessação do seguro

A LCS, em Portugal, ao tratar das formas de cessação do seguro no "Título I – Regime Comum", "Capítulo X – Cessação do Contrato", aponta a *denúncia, caducidade, revogação e resolução* como modos de cessação da relação contratual (art. 105º). A denúncia, nessa perspectiva, apresenta características distintas que apontaremos brevemente no intuito de diferenciá-la das demais formas extintivas.

Os aspectos gerais das formas de cessação do contrato, suprarreferenciados, apresentam semelhanças com aqueles presentes no Código Civil brasileiro. Note que a matéria da cessação do contrato de seguro no ordenamento brasileiro não está presente na parte dedicada aos contratos de seguro (atualmente regulado nos arts. 789 a 802 do Código Civil) ou mesmo definida tecnicamente na LPS, para a situação específica do seguro-saúde, razão pela qual o assunto volta-se, sobretudo, para o Código Civil, Capítulo I ("Disposições Gerais") do Título V ("Contratos em Geral") do Livro I ("Do Direito das Obrigações").[498]

No regime jurídico português, a caducidade,[499] em seu sentido estrito, consoante anota Pedro Romano Martinez, relaciona-se à cessação do contrato celebrado devido ao decurso do prazo previsto e, no sentido amplo, inclui situações extintivas do contrato em virtude da impossibilidade não imputável ao contratante (como nas circunstâncias de extinção do risco

[497] POÇAS, Luís. O poder de desvinculação discricionária do segurador cit., p. 122; ZANETTI, Andrea Cristina. *Denúncia nos contratos privados de assistência à saúde* cit., p. 177-204.

[498] O Projeto de Lei nº 29/2017 também não contempla seção destinada à cessação do contrato de seguro.

[499] A caducidade está prevista nos arts. 328º a 333º do CCP e seus efeitos podem ocorrer em virtude de lei ou convenção.

por morte da pessoa segura, da perda total do bem e da cessação da atividade objeto de cobertura).[500]

Os sentidos apontados no parágrafo precedente podem ser verificados nos arts. 109º e 110º da LCS, respectivamente. No primeiro caso, o art. 109º da LCS assinala que "o contrato de seguro caduca, nos termos gerais, nomeadamente no termo do período de vigência estipulado", e, no segundo, ao mencionar causas específicas relacionadas à caducidade, o nº 1 do art. 110º prescreve que o contrato de seguro caduca diante da eventual "perda do interesse ou da extinção do risco e sempre que se verifique o pagamento da totalidade do capital seguro para o período de vigência do contrato sem que se encontre prevista a reposição desse capital".

No Brasil, a figura que mais se aproxima da "caducidade", tal como supraindicada, em seu sentido estrito, é o "termo". O termo é elemento do negócio jurídico, no plano da eficácia, como lembra Antônio Junqueira de Azevedo,[501] e consiste no *momento em que começa ou se extingue a eficácia de um ato jurídico*,[502] no caso, o contrato. O termo relaciona-se com acontecimento futuro e certo, como se verifica no caso do período determinado ou prazo de vigência indicado no contrato ou na lei. Em contrapartida, no Brasil, as situações atinentes à perda do interesse ou extinção do risco aproximam-se da *impossibilidade superveniente* (arts. 234, 248 e 250 do CCB) e podem seguir o mesmo regime da resolução. O vocábulo "caducidade" não foi empregado pelo legislador do Código Civil brasileiro, mas podemos encontrar na obra de Caio Mário da Silva Pereira seu uso como sinônimo da *decadência*, definida como "perecimento do direito potestativo, em razão do seu não exercício em um prazo predeterminado".[503]

Na diferenciação entre a caducidade (tal como definida no regime de seguros português) e a denúncia, observa-se que naquela a cessação do contrato ocorre automaticamente, *ipso iure*, em virtude da verificação do *fato objetivo superveniente*,[504] logo, independentemente de manifestação volitiva, o que já é suficiente para distingui-la da denúncia, pois a última se pauta pela vontade do contratante.

500 MARTINEZ, Pedro Romano. *Da cessação do contrato* cit., p. 47-52.

501 AZEVEDO, Antônio Junqueira. *Negócio jurídico*: existência, validade e eficácia cit., p. 38.

502 AMARAL, Francisco. *Direito civil*: introdução. 9. ed. São Paulo: Saraiva, 2017. p. 585.

503 PEREIRA, Caio Mário da Silva. *Instituições de direito civil*. 31. ed. rev. e atual. Por Maria Celina Bodin de Moraes. Rio de Janeiro: Forense, 2017. v. 1, [s.p.]. Livro eletrônico.

504 POÇAS, Luís. O poder de desvinculação discricionária do segurador cit., p. 122.

No direito brasileiro, o termo, em especial o termo final, é a previsão futura e certa do momento em que o contrato não mais produzirá efeitos. É o que se dá com a estipulação de prazo ou acontecimento futuro e certo, ainda que a data possa ser certa ou incerta (morte). Uma vez advindo o prazo ou acontecimento, o contrato se extingue. A denúncia trata de situação inversa, uma vez que a sua função se justifica diante da falta de determinação prévia do prazo de vigência do contrato (seja pela duração indeterminada do contrato ou em razão das prorrogações automáticas que afastam a certeza do momento de seu encerramento).

Outra forma de cessação, a revogação bilateral – prevista na LCS como "revogação"[505] –, é a cessação do contrato de seguro por acordo entre os contratantes, ou seja, o segurador e o tomador do seguro, o que pode se dar a qualquer tempo (nº 1, art. 111º, da LCS). Com exceção do seguro de grupo e das especificidades previstas para o seguro de vida, caso o tomador do seguro não coincida com o segurado, "a revogação carece do consentimento deste" (nº 2). Pedro Romano Martinez assinala que as exceções do nº 2 do art. 111º visam evitar conluios em que a revogação possa prejudicar terceiros, o que é menos provável no caso de seguro de grupo, daí por que não se exige o consentimento do segurado.[506]

No direito civil brasileiro, a resilição bilateral ou distrato tem o mesmo sentido da "revogação bilateral ou distrate"[507] referenciada no regime português dos seguros. Não há disposição específica para os contratos de seguro em geral, nem para o seguro-saúde, mas é certo que essa forma extintiva está ao alcance dos contratantes para encerramento do contrato. A previsão do art. 472 do CCB aponta que o distrato se faz da mesma forma exigida no contrato.[508] A definição por sua vez, é dada por estudos doutri-

505 A revogação está presente na redação do art. 406º, nº 1, do CCP, que prevê a possibilidade de extinção do contrato por *mútuo consenso* dos contratantes.

506 O exemplo dado pelo autor sobre a possibilidade de conluio está no caso do seguro obrigatório de obra que, após a celebração, sendo o contrato apresentado ao dono da obra, aquele viesse a ser revogado, o que resultaria em prejuízo a terceiros (beneficiários) (MARTINEZ, Pedro Romano. *Lei do Contrato de Seguro*: anotada cit., p. 377).

507 ALVES, Francisco Luís F. Ribeiro. *Direito dos seguros*: cessação do contrato. Práticas comerciais cit., p. 20.

508 Na expressão de Ruy Rosado de Aguiar Jr., ao comentar o resilição bilateral e a resilição unilateral (denúncia) no CCB: "No Capítulo referente à extinção do contrato, a Seção I tem dois artigos: um deles cuida da resilição unilateral (art. 473); o outro trata do distrato, que seria a espécie de resilição não unilateral (art. 472). Ao adjetivar uma espécie de resilição,

nários, a exemplo de Orlando Gomes que a define como modalidade de revogação (por mútuo dissenso ou *contrarius consensus)*, em que os próprios contratantes resolvem dissolver o vínculo contratual, extinguindo-o.[509]

Na revogação bilateral, tal como na denúncia, a cessação ocorre por manifestação da vontade, livre e discricionária dos contratantes, contudo naquela há a necessidade de bilateralidade dessas vontades em mútuo consenso e nesta basta a manifestação unilateral da vontade de um dos contratantes.

Por fim, a resolução por justa causa prevista no art. 116º da LCS permite a qualquer dos contratantes resolver, por declaração unilateral, o contrato de seguro com fundamento em justo motivo. Ainda que a LCS não apresente definição de "justa causa", é certo que a efetivação dessa forma de cessação está condicionada à presença de uma razão justificadora. Nessa perspectiva, o Código Civil português, ao tratar da resolução[510] no art. 432º do CCP, nº 1, admite a resolução do contrato fundamentada *na lei ou em contrato.*[511]

Ainda quanto à possibilidade de resolução do seguro, na particular situação da *resolução após sinistro* pela seguradora, observe que o nº 3 do art. 117º expressamente afasta essa forma do seguro-saúde. Consoante a dicção do mencionado dispositivo, "salvo disposição legal em contrário, a resolução após sinistro, a exercer pelo segurador, não pode ser convencionada nos seguros de vida, de saúde, de crédito e caução, nem nos seguros obrigatórios de responsabilidade civil".

No regime brasileiro, a noção de resolução se dá pela ocorrência de fato superveniente que leva as partes a cessar a relação contratual. Orlando

dizendo-a unilateral, o Código implicitamente aceitou a existência de resilição bilateral, que só pode ser o distrato, espécie de extinção dependente do consenso das duas partes. Portanto, no sistema do Código Civil, resilição é gênero de manifestação extintiva, dependente apenas da manifestação de vontade das partes, com duas espécies: resilição bilateral (distrato) e resilição unilateral (nas suas diversas modalidades)" (*Comentários ao novo Código Civil*: da extinção dos contratos cit., p. 190).

509 GOMES, Orlando. *Contratos* cit., p. 222.

510 O regime comum da resolução está previsto nos arts. 432º a 436º do CCP. Sobre os tipos de resolução legal (como resolução por incumprimento, por alteração das circunstâncias, além de outros casos) e aspectos da resolução convencional, conferir: MARTINEZ, Pedro Romano. *Da cessação do contrato* cit., p. 122-165.

511 A força desse efeito cria para as partes deveres obrigacionais e necessários para o regresso dos contratantes ao *statu quo ante*, como regra (Idem, p. 181). Ver exceções e ponderações em: COSTA, Mário Júlio de Almeida. *Direito das obrigações* cit., p. 320-321.

Gomes, ao apontar a resolução por inexecução voluntária ou por incumprimento (incluindo a hipótese cláusula resolutiva prevista nos arts. 474 e 475 do CCB), por excessiva onerosidade superveniente (arts. 478 e 479 do CCB) e por inexecução involuntária (a exemplo dos arts. 234, 235, 238, 248 do CCB), está, em resumo, indicando causas que justificam a cessação do contrato.[512]

No direito brasileiro, a resolução também se dá por uma causa que justifica a ação do contratante em cessar o contrato, previsto na lei ou no contrato. Não basta a declaração de vontade, é necessária prova do motivo. Observe, ainda, que resolução aplicável aos seguros, no regime brasileiro, poderá ser moldada por leis especiais, a exemplo das restrições do Código de Defesa do Consumidor (art. 54, § 4º, do CDC) e do procedimento e prazos previstos na LPS para implementar a resolução por inadimplemento do beneficiário ou segurado no seguro-saúde (art. 13, parágrafo único, II,).[513]

A resolução, portanto, requer a existência de uma causa justa que deve estar prevista na lei ou previamente estipulada em contrato pelas partes para que seja admissível seu uso como modo de cessação do contrato; a denúncia, por sua vez, como expressão de direito potestativo, prescinde de qualquer razão justificadora, ou seja, basta a declaração unilateral de vontade.

A LCS apresenta também a denominada *livre resolução* (art. 118º da LCS), que consiste na possibilidade de o tomador do seguro, sendo pessoa singular, resolver o contrato sem invocar justa causa admitida para as situações indicadas nas alíneas "a", "b" e "c", nº 1, do art. 118º. O mesmo artigo estipula procedimentos, prazos, limitações, forma e efeitos da medida. Ao se referir ao seguro-saúde com duração igual ou superior a seis meses, na alínea "a", nº 1, do art. 118º, o legislador evidencia que a livre resolução poderá ser feita nos 30 dias imediatos à data de recepção da apólice, desde que não se trate da modalidade de seguro de grupo (nº 3 do art. 118º da LCS). Além disso, a livre resolução opera com efeitos retroativos, observados alguns direitos do segurador quanto a prestações relativas ao prêmio calculado *pro rata temporis*, custos de despesas e custo de desinvestimento, conforme prescreve o nº 6 do art. 118º da LCS.

[512] GOMES, Orlando. *Contratos* cit., p. 204-220.

[513] Admite-se a resolução do plano de saúde e seguro-saúde por não pagamento quando o segurado estiver em mora "por período superior a sessenta dias, consecutivos ou não, nos últimos doze meses de vigência do contrato, desde que o consumidor seja comprovadamente notificado até o quinquagésimo dia de inadimplência".

Pedro Romano Martinez assinala que a livre resolução prevista no regime de seguros português é o direito ao arrependimento concedido a um determinado tipo de tomador de seguro, pessoa singular, e normalmente consumidor.[514] Francisco Luís F. Ribeiro Alves pontua, por sua vez, que o referido direito ao arrependimento expressa a ponderação de situações, pelo legislador, em que o "consumidor esteja um pouco mais desprotegido, atendendo à complexidade dos seguros e sua forma de comercialização".[515]

No direito brasileiro, a doutrina, de modo semelhante, apresenta o direito de arrependimento como um período de reflexão,[516] logo após a realização do negócio, em que o contratante pode arrepender-se e extinguir a relação, com efeitos retroativos, em regra.[517] No Brasil, especificamente no caso do seguro-saúde, há a proteção especial do segurado (consumidor) que realiza contratação eletrônica, sendo-lhe permitido exercer o direito de arrependimento no prazo de sete dias contados do início da vigência do contrato (art. 8º da RN nº 413/2016 da ANS). Esse direito é atribuído apenas ao segurado, não havendo a mesma possibilidade para a seguradora. Caso o segurado e seus dependentes tenham feito uso de procedimentos nesse período, deverão arcar com os referidos valores até o limite legal (§§ 1º e 2º do art. 8º da RN nº 413/2016 da ANS).

Nesse comparativo final, nota-se que tanto a livre resolução (ou o direito de arrependimento, no Brasil) quanto a denúncia têm em comum o fato de ambas as formas dispensarem um motivo para sua aplicação, contudo a intenção pretendida pelo legislador para cada modalidade é claramente

[514] MARTINEZ, Pedro Romano *et al. Lei do Contrato de Seguro*: anotada cit., p. 386.

[515] ALVES, Francisco Luís F. Ribeiro. *Direito dos seguros*: cessação do contrato. Práticas comerciais cit., p. 90.

[516] No direito brasileiro, o direito de arrependimento é tratado como espécie de *resilição unilateral*. Todavia, essa espécie de resilição apresenta algumas particularidades, como aponta Ruy Rosado de Aguiar Jr.: 1º) a exclusividade do direito de arrependimento dada ao consumidor, sendo afastada do fornecedor de bens ou prestador de serviços; 2º) a relação de consumo pode tornar-se aperfeiçoada com a prestação, que é realizada de ambas as partes, sem que haja um contrato, o que não afasta o direito de arrependimento em questão; 3º) o consumidor não está obrigado a indenizar (salvo se durante o período de reflexão danificou o bem ou utilizou-o de forma a depreciar o seu valor); 4º) as partes devem ser recolocadas na situação em que se encontravam, sendo restituído o que cada uma recebeu, em regra, diante dos efeitos retroativos (*Comentários ao novo Código Civil*: da extinção dos contratos cit., p. 296).

[517] Sobre o direito de arrependimento previsto no art. 49 do CDC, ver MARQUES, Claudia Lima. *Contratos no Código de Defesa do Consumidor* cit., p. 834-835.

diversa. No primeiro caso, o objetivo é proporcionar um período de reflexão e arrependimento para a contraparte que, dadas as suas características, demanda essa tutela especial por parte do legislador. No segundo, não é o caso de proteção ao contratante débil ou vulnerável que impulsiona a regra, mas sim o intuito de evitar que haja a perpetuação de vínculos contratuais celebrados por tempo indeterminado ou automaticamente renováveis. Ademais, os efeitos retroativos (*ex tunc*) são esperados para a livre resolução, o que não se verifica, em regra, na denúncia.

5.1.3. Seguro-saúde como contrato de duração e da longa duração

5.1.3.1. Seguro-saúde como contrato de duração

Contratos de duração têm como característica seu prolongamento no tempo a partir de prestações executadas de forma continuada ou reiterada e diferenciam-se dos contratos de execução imediata e instantânea, em que a prestação é realizada a um só momento.[518]

Nos contratos de duração, o adimplemento é, portanto, alongado no tempo conforme a continuidade da prestação ou a partir de cada prestação executada, como uma exigência para que o contrato seja satisfativo ao interesse das partes e atinja sua finalidade, em outras palavras, o cumprimento reiterado ou repetitivo das prestações ao longo do tempo está na essencialidade do negócio, como anota Antônio Junqueira de Azevedo.[519] Nessa perspectiva, o contrato de seguro-saúde é um exemplo de contrato de duração em ambos os regimes jurídicos ora analisados.

O contrato de seguro-saúde pode ser estipulado por duração determinada, com prazo certo de vigência e, assim, uma vez atingido esse momento, a relação contratual se extingue *ipso iure*. Ao menos, é possível considerar essa possibilidade de ajuste pelas partes quando se está diante de regimes jurídicos em que prevalece a liberdade contratual e não há uma predeterminação legal a respeito. Nesses casos, não caberá a denúncia, afinal, os contratos firmados devem ser cumpridos, tal como determinado

518 MARTINEZ, Pedro Romano. *Da cessação do contrato* cit., p. 215. No direito italiano, para um estudo específico sobre contratos de duração, ver: OPPO, Giorgio. I contratti di durata – Parte I cit., p. 1745.

519 AZEVEDO, Antônio Junqueira. Contrato de distribuição – causa final dos contratos de trato sucessivo – resilição unilateral e seu momento de eficácia – interpretação contratual – negócio "per relationem" e preço determinável – conceito de "compra" de contrato e abuso de direito cit., p. 124.

pelas partes (*pacta sunt servanda*), e a previsão de denúncia nessa situação específica implicaria o enfraquecimento do poder vinculativo contratual.

Percebe-se, entretanto, que, dadas a própria natureza e a finalidade do seguro-saúde, a opção por uma duração determinada do contrato é pouco comum, bem como a duração indeterminada. A forma habitual considera a fixação de um período inicial do contrato (duração determinada), mas com sucessivas prorrogações por força de cláusulas de renovação ou prorrogação automática, estabelecendo a continuidade da relação por iguais e sucessivos períodos ao final do prazo inicial de vigência, aspecto que se observa tanto no seguro-saúde em Portugal quanto no Brasil.

Nessa perspectiva, no regime português, Francisco Luís F. Ribeiro Alves salienta que a duração comum no contrato de seguro é de um ano renovável,[520] e a própria LCS, no regime comum dos seguros, considera celebrado o contrato por um período de um ano, diante da ausência de estipulação da matéria pelos contratantes (art. 40º da LCS).[521] Além disso, a LCS prevê prorrogação ou renovação sucessiva e automática do contrato, "por novos períodos de um ano", quando as partes estipularem a vigência de um ano, salvo convenção em sentido contrário (nº 1 do art. 41º da LCS).

Também lembra Pedro Romano Martinez que a generalidade dos contratos de seguro prevê habitualmente a vigência anual renovável do contrato. Entretanto, mesmo que a duração seja inferior ou superior a um ano, uma vez presente a disposição contratual expressa de prorrogação ou renovação automática, qualquer das partes poderá igualmente fazer uso da denúncia para evitar as sequências de prorrogação ou renovação.[522]

Quando se trata especificamente dos contratos de seguro-saúde, Francisco Luís F. Ribeiro Alves assinala a preponderância dos contratos anuais e renováveis, ainda que também possa haver contratos com prazo igual ou

520 REGO, Margarida Lima. O contrato de seguro em Portugal cit., p. 38; e ALVES, Francisco Luís F. Ribeiro. O regime do contrato de seguro de saúde no direito português cit., p. 14-15.

521 Ressalva José Pereira Morgado que "este período de 1 ano não é – pensamos – prorrogável sucessivamente por iguais períodos ao abrigo do art. 41º, nº 1, visto se tratar de contrato celebrado sem estipulação de período de vigência, e não de contrato 'celebrado pelo período inicial de um ano', que é requisito necessário da sua automática e sucessiva prorrogação ao abrigo do art. 41º, nº 1, se nada tiver sido convencionado em contrário" (*Lei do Contrato de Seguros*: anotada cit., p. 231).

522 MARTINEZ, Pedro Romano *et al. Lei do Contrato de Seguro*: anotada cit., p. 378.

superior a cinco anos.[523] No caso do seguro-saúde anual renovável, além do conteúdo mínimo que deve constar da apólice de qualquer seguro (art. 37º da LCS), o art. 214º da LCS estabelece a obrigatoriedade de cláusulas contratuais específicas, as quais devem ser inseridas pelo segurador de maneira visível e com destaque no contrato para informar que: (i) o segurador oferece a cobertura apenas do pagamento das prestações relativas aos cuidados com a saúde, conforme convencionado, ou das despesas efetuadas em cada ano de vigência do contrato (art. 214º, "a", da LCS); e (ii) a previsão das condições de indenização em caso de não renovação do contrato ou da cobertura da *pessoa segura* quanto ao risco coberto no seguro-saúde, segundo o art. 217º da LCS (art. 214º, "b", da LCS).[524] Trata-se do dever de informar a ser contemplado no contrato e, sobretudo, na apólice, na expressão de José Alves de Brito.[525]

O contrato de seguro, em Portugal, produz efeitos a partir da zero hora do dia seguinte ao da sua celebração, salvo convenção em contrário (art. 39º da LCS). E, como explicita José Pereira Morgado, a duração material do contrato não se confunde com o início da cobertura do risco,[526] a qual exige o pagamento do prêmio (art. 59º), como regra.[527] Tais aspectos, atinentes ao regime comum dos seguros, são também observados para o seguro-saúde.

Uma vez que o contrato entre em vigor, e sendo contrato de duração anual renovável, a avença produzirá seus efeitos até que uma das partes apresente a denúncia (oposição à renovação),[528] o que deverá ser feito ao final do prazo previsto no contrato e antes da renovação automática (nº 1, art. 112º, da LCS). Nesse caso, a denúncia será enviada por escrito ao outro contratante, com observância do prazo de aviso prévio (mínimo de 30 dias

[523] ALVES, Francisco Luís F. Ribeiro. O regime do contrato de seguro de saúde no direito português cit., p. 19.

[524] Ver MONTEIRO, Jorge Sinde; MESQUITA, Maria José Rangel de. *Insurance law in Portugal* cit., p. 119.

[525] BRITO, José Alves de *et al. Lei do Contrato de Seguro*: anotada cit., p. 577.

[526] MORGADO, José Pereira *et al. Lei do Contrato de Seguros*: anotada cit., p. 236.

[527] O art. 58º da LCS assim estabelece quanto às exceções à regra do pagamento do prêmio: "O disposto nos artigos 59º a 61º não se aplica aos seguros e operações regulados no capítulo respeitante ao seguro de vida, aos seguros de colheitas e pecuário, aos seguros mútuos em que o prémio seja pago com o produto de receitas e aos seguros de cobertura de grandes riscos, salvo na medida em que essa aplicação decorra de estipulação das partes e não se oponha à natureza do vínculo".

[528] LEITÃO, Luís Manuel Teles de Menezes. *Direito das obrigações* cit., 2016, p. 98.

para os contratos com duração inicial inferior a cinco anos)[529] e, quando for o caso, do cumprimento das condições de *pós-eficácia*, na expressão utilizada por António Menezes Cordeiro[530] (art. 217º da LCS).

Ainda que a hipótese do seguro-saúde por tempo indeterminado seja pouco comum,[531] o nº 2 do art. 112º da LCS prevê, para a denúncia dos seguros estipulados com duração indeterminada, prazo de aviso prévio de 90 dias,[532] tendo como referência a data de cessação do contrato indicada na notificação. Além disso, seu exercício só será admitido quando não implicar abuso de direito (atitude abusiva, em oposição à natureza do vínculo ou à finalidade do contrato).[533]

Feita essa análise inicial do seguro-saúde como contrato de duração, no regime português, e antes de tratar do tema atinente aos contratos de longa duração, vejamos como se dá a denúncia no caso do seguro-saúde brasileiro.

A denúncia no regime brasileiro do seguro-saúde regido pela LPS[534] revela-se uma questão tormentosa, pois a referida Lei regulou a matéria apenas para a modalidade individual e familiar do seguro-saúde, nada dispondo sobre as modalidades coletivas (adesão e empresarial) quanto ao tema.

À semelhança do que se verifica em Portugal, é comum encontrar o seguro-saúde com vigência de um ano, renovável por iguais períodos, na prática brasileira. Entretanto, a vigência em questão não deriva da liberdade contratual, mas da determinação da lei que estabelece a vigência de

529 Consoante o nº 1 do art. 115º da LCS, deve ser feita declaração escrita com antecedência mínima de 30 dias. A disposição em questão é relativamente imperativa.

530 CORDEIRO, António Menezes. *Direito dos seguros* cit., p. 85.

531 Quanto aos seguros celebrados com duração indeterminada, Francisco Luís F. Ribeiro Alves observa que são pouco comuns e "com previsível exequibilidade reduzida", pois o contrato perdurará enquanto for proveitoso para as partes e, nessa situação, uma vez que o segurador não tenha mais interesse, ou seja, tenha que arcar com algum prejuízo, tenderá a fazer cessar o contrato, observados os limites do art. 114º (*Direito dos seguros*: cessação do contrato. Práticas comerciais cit., p. 69).

532 Conforme nº 2, art. 115º, da LCS.

533 Cf. nº 1 do art. 114º da LCS.

534 Observe que a LCS trata a denúncia como "rescisão unilateral" no inciso II, parágrafo único, do art. 13º da LCS. Entretanto, tal termo, em especial com o advento do Código Civil brasileiro, mostra-se pouco preciso, razão pela qual faremos a opção por manter a técnica jurídica e utilizar o termo *denúncia*, uma das manifestações da resilição unilateral tal como indicado pela doutrina brasileira.

um ano para o contrato individualmente celebrado (o que inclui as modalidades individual ou familiar), sendo renovados automaticamente[535] e sem a recontagem de carências.[536] As demais formas que se inserem nas modalidades coletivas de seguro-saúde, em outros termos, os seguros de grupo coletivo por adesão e coletivo empresarial, podem apresentar prazos variados, mas também costumam fixar cláusulas com vigência anual, sujeita à renovação ou prorrogação automática.[537]

A LPS não indica qual o evento que dá início à vigência do seguro-saúde. A ANS, por sua vez, orienta que a modalidade individual ou familiar passe a valer a partir da assinatura do contrato ou proposta de adesão ou do pagamento do prêmio, o que ocorrer primeiro. Na modalidade seguro-saúde coletivo (de grupo), a referida agência reguladora afirma que é possível às partes negociar o início da vigência, desde que não haja pagamento do prêmio. Se não houver a assinatura do formulário ou contrato, e sim comprovante do pagamento, será a data do pagamento utilizada como indicativo do começo da vigência do seguro-saúde.[538]

Algumas coberturas devem observar o prazo de carência previsto no art. 12, V, da LPS, contudo os arts. 2º a 5º da Resolução CONSU nº 13/1998 fixam prazo de 24 horas, após a contratação, para a cobertura de casos considerados urgência e emergência, observadas as particularidades e as limitações de cada segmento (ambulatorial, hospitalar e referência).

O legislador da LPS, por outro lado, determinou as formas possíveis de cessação do contrato de seguro-saúde na modalidade individual, ao menos para as seguradoras, e, ao fazê-lo, não inseriu a denúncia como uma forma de cessação possível (parágrafo único, II, do art. 13 da LPS). Na mesma linha, a impossibilidade de uso da denúncia aplica-se também à seguradora

[535] Parágrafo único e *caput* do art. 13 da LPS e inciso VII, "a", do art. 16 da LPS.

[536] Parágrafo único, I, do art. 13 da LPS.

[537] Segundo Maury Ângelo Bottesini e Mauro Conti Machado, a intenção do legislador foi determinar que, após o prazo anual de vigência mínima do contrato de assistência à saúde (o que inclui o seguro-saúde), a avença vigorasse por período indeterminado e, dessa feita, o segurado pode a qualquer momento, respeitado o prazo de aviso prévio, colocar fim à relação contratual (*Lei dos planos e seguros de saúde* cit., [s.p.], livro eletrônico).

[538] ANS – Agência Nacional de Saúde. Espaço do Consumidor. Disponível em: http://www.ans.gov.br//index.php/planos-de-saude-e-operadoras/espaco-do-consumidor/central-de-atendimento-ao-consumidor/index.php/752-quem-pode-contratar-um-plano-de-saude-o-que-deve-receber-no-momento-da-contratacao-e-qual-o-prazo-de-validade-do-plano. Acesso em: 16 jan. 2020.

na modalidade familiar do seguro-saúde (pessoa titular e seu grupo familiar), como se observa dos §§ 1º e 2º do art. 3º da RN da ANS nº 195/2009.

Ressalve-se que a impossibilidade do uso da denúncia no seguro-saúde para as modalidades individual e familiar não alcança os segurados e tal orientação, vale mencionar, é construída a partir dos arts. 4º e 5º da RN da ANS nº 412/2016. A intenção do legislador da LPS à época, ao afastar a possibilidade de cessação do contrato por denúncia da seguradora (*resilição unilateral*) na modalidade individual e familiar, foi conferir proteção especial ao segurado, pessoa física, bem como às pessoas que compõem seu grupo familiar, considerando a finalidade social desse seguro e a posição de contratante débil que ocupam na relação contratual. Trata-se de norma imperativa que não admite estipulação contrária.

Nessa mesma linha, Maury Ângelo Bottesini e Mauro Conti Machado ressaltam a diferença de tratamento entre seguradoras e segurados, no regime brasileiro, para o seguro-saúde da modalidade individual e familiar regido pela LPS, assinalando que, além da fraude e resolução por inadimplemento (previstas no inciso II do art. 13 da LPS), "somente a alienação da carteira, nos casos legalmente previstos, põe fim ao vínculo da operadora ou seguradora com os usuários, mas com o imediato restabelecimento do vínculo com a operadora ou seguradora adquirente, nas mesmas condições".[539]

Em contrapartida, observa-se a total ausência de dispositivos na LPS que regulam os modos de cessação relacionados ao seguro-saúde coletivo (empresarial e por adesão), o que, em princípio, possibilitaria o uso da denúncia por ambos os contratantes, seja no caso dos contratos celebrados por tempo indeterminado, seja para aqueles com duração determinada, acompanhados de cláusula de renovação ou prorrogação automática.

Poderia ser cogitado que bastaria cláusula contratual com previsão nesse sentido para ambos os contratantes, como prescreve o art. 51, XI, do CDC. Contudo, a questão não se resolve de forma simples. No início, dado o silêncio da LPS, observou-se posicionamentos doutrinários divergentes, em especial na primeira década de vigência da lei especial e, ainda hoje, a matéria passa por ajustes e revisões nos Tribunais Superiores, como explicitamos a seguir.

[539] Bottesini, Maury Ângelo; Machado, Mauro Conti. *Lei dos planos e seguros de saúde* cit., p. 105.

No Brasil, além da LPS e Resoluções da ANS e CONSU, aplica-se o Código de Defesa do Consumidor aos seguros-saúde, de maneira a complementar a lei especial, por força do art. 35-G da LPS (também corroborado pela Súmula nº 608 do STJ). Daí a razão pela qual se reconhece ao segurado do seguro-saúde também a qualidade de consumidor.[540] Diante disso, autores como Claudia Lima Marques e Cristiano Schmitt compreenderam que a situação da denúncia não se alterava no caso do plano e seguro-saúde coletivo, ou seja, a ideia de proteção do consumidor, pessoa física destinatária final da cobertura, está presente tanto na modalidade individual quanto nas modalidades de grupo do seguro-saúde (empresarial e por adesão) e, dessa feita, não deveria ser admitida a denúncia imotivada. A cláusula de denúncia assemelhar-se-ia à cláusula resolutória (art. 54, §§ 1º a 4º, do CDC) no entendimento desses autores, o que coloca o consumidor em desvantagem exagerada, uma vez que o usuário fica exposto à desvinculação nos momentos em que mais necessitar da cobertura. Portanto, a cláusula de denúncia, mesmo que bilateral, seria abusiva e contrária à boa-fé na visão desses autores (art. 51, IV e § 1º, do CDC).[541]

Por seu turno, autores como Francisco Eduardo Loureiro,[542] Maury Ângelo Bottesini e Mauro Conti Machado entenderam que, diante dos termos do inciso II, parágrafo único, do art. 13 da Lei nº 9.656/1998 – o texto legal do referido artigo trata exclusivamente das modalidades individual e familiar – não haveria possibilidade de extensão de seus efeitos para o seguro-saúde na modalidade de grupo. Portanto, "o que a lei não admite é a denúncia imotivada e a cessação do vínculo, nas hipóteses em que possa haver prejuízo irreparável para a parte",[543] razão pela qual o exercício da denúncia deveria ser admitido para a modalidade de seguro-saúde coletivo (empresarial e por adesão), havendo, entretanto, um controle concreto de seu exercício abusivo.

Com o advento do parágrafo único e *caput* do art. 17 da RN nº 195/2009, a ANS expressamente admitiu a denúncia imotivada nos contratos da

540 Cf. Súmula nº 608 do STJ.

541 MARQUES, Claudia Lima; SCHMITT, Cristiano Heineck. Visões sobre os planos de saúde privada e o Código de Defesa do Consumidor, p. 74. Disponível em: http://www.egov.ufsc.br/portal/sites/default/files/anexos/24753-24755-1-PB.pdf. Acesso em: 20 fev. 2018. Na mesma linha ver SAMPAIO, Aurisvaldo. *Contrato de plano de saúde* cit., p. 336-337.

542 LOUREIRO, Francisco Eduardo. Planos e seguros de saúde cit., p. 346.

543 BOTTESINI, Maury Ângelo; MACHADO, Mauro Conti. *Lei dos planos e seguros de saúde* cit., p. 105.

modalidade coletiva que poderá ser efetivada pela seguradora ou estipulante, desde que observados os seguintes requisitos: a) vigência mínima de 12 meses do contrato; b) previsão desse modo de cessação em cláusula contratual; e c) prévia notificação ao segurado com antecedência de 60 dias. Mesmo assim, a referida resolução normativa não foi suficiente para obstar os questionamentos judiciais sobre o assunto.

Das decisões precedentes do STJ sobre a matéria nota-se a consolidação gradual do entendimento que admite a aplicação da denúncia imotivada no seguro-saúde coletivo, corroborando as determinações do parágrafo único do art. 17 da RN nº 195/2009 da ANS e observado o art. 51, XI, do CDC (que prevê a obrigatoriedade da previsão de desvinculação imotivada para ambas as partes para que a cláusula seja válida).[544] Aliás, verifica-se que tais decisões, até recentemente, admitiam a denúncia imotivada na modalidade coletiva do seguro-saúde sem precisar a quantidade de pessoas que integravam o grupo segurado.[545]

No entanto, a partir de 2018, começaram a surgir decisões na Terceira e Quarta Turmas do STJ condicionando a denúncia imotivada da seguradora no seguro-saúde coletivo (empresarial e por adesão) a partir de um número mínimo de segurados, no caso, 30 ou mais segurados, para admitir a denúncia. A razão das decisões está na RN da ANS nº 309/2012, que trata dos agrupamentos de contratos coletivos pela seguradora (operadora), em pelo menos 30 beneficiários, para fins de cálculo e aplicação do reajuste anual. Em linhas gerais, os acórdãos em questão consideram o caráter híbrido dos contratos de seguro-saúde coletivos com menos de 30 beneficiários, pois há pouca possibilidade para diluição do risco (pelo número reduzido de membros), o que os assemelharia aos contratos individuais ou familiares e, de outro lado, estão sujeitos ao reajuste livre, acrescido da possibilidade de denúncia imotivada, fatores que expõem a vulnerabili-

[544] Os contratos de planos privados de assistência à saúde coletivos podem ser rescindidos imotivadamente após a vigência do período de 12 meses e mediante prévia notificação da outra parte com antecedência mínima de 60 dias (art. 17, parágrafo único, da RN nº 195/2009 da ANS). A vedação de suspensão e de rescisão unilateral prevista no art. 13, parágrafo único, II, da Lei nº 9.656/1998 aplica-se somente aos contratos individuais ou familiares (STJ, 3ª Turma, REsp 1471569/RJ, Min. Ricardo Villas Bôas Cueva, j. 1º.03.2016, *DJe* 07.03.2016. Disponível em: www.stj.jus.br. Acesso em: 1º jun. 2020).

[545] Tivemos a oportunidade de analisar as razões dessas decisões anteriormente. Cf. Zanetti, Andrea Cristina. *Denúncia nos contratos privados de assistência à saúde* cit., p. 269-276.

dade do grupo segurado.[546] Daí a razão pela qual a decisão proferida no Recurso Especial nº 1471569/RJ ampliou a aplicação dos efeitos do inciso II, parágrafo único, do art. 13 da LPS na espécie.

Os argumentos da decisão são reflexos de questões decorrentes diretamente da LPS – que não deixou de se destacar, à época, como um marco regulatório e um avanço, mas cujo aprimoramento seria importante como uma das medidas para reduzir as demandas judiciais –, em especial no que concerne à diferença de tratamento entre o seguro-saúde individual e o seguro-saúde coletivo em aspectos que deveriam ser comuns a qualquer modalidade do seguro-saúde, tal como se dá nas formas possíveis de cessação do contrato, incluindo a denúncia. No entanto, não se podem desconsiderar dois fatores: a) o inciso II, parágrafo único, do art. 13 da LPS é direcionado apenas para a modalidade individual; e b) a RN da ANS nº 309/2012 instituiu limite numérico para questões de cálculo do reajuste, e não para determinar o uso da denúncia.

De todo modo, reconhece-se que tanto a resolução normativa da ANS quanto as recentes decisões da Terceira e Quarta Turmas, indicadas no parágrafo anterior, também são medidas que visam remediar distorções do mercado, pois algumas seguradoras e corretoras, no intuito de evitar o rigor legislativo da modalidade individual e familiar do seguro-saúde, começaram a direcionar os proponentes (pessoa e sua família) para constituírem pessoa jurídica (micro e pequenas empresas) e, assim, celebrar o contrato na modalidade "seguro-saúde coletivo empresarial", possibilitando o uso da denúncia e o reajuste livre do controle da ANS. Nesse ponto, justifica-se a aplicação o inciso II, parágrafo único, do art. 13 da LPS, pois a qualidade do vínculo não se altera em sua essência.

Como já tivemos a oportunidade de analisar em outro trabalho, a nosso sentir, a questão deveria considerar o caráter *qualitativo* do seguro-saúde, isto é, o caráter existencial e social que integra a finalidade do contrato, em vez de estender o critério *quantitativo* da RN da ANS nº 309/2012, que trata apenas de reajustes na modalidade coletiva do seguro-saúde. Todavia, reconhecemos que a proposta aqui indicada depende de alteração e

[546] STJ, 3ª Turma, REsp 1.553.013/SP, Rel. Min. Ricardo Villas Bôas Cueva, j. 13.03.2018; e 4ª Turma, REsp 1.776.047/SP, Rel. Min. Maria Isabel Gallotti, j. 23.04.2019. Disponível em: www.stj.jus.br. Acesso em: 1º jun. 2020.

atualização legislativa para uma solução definitiva, medida que proporcionaria segurança aos contratantes quanto à questão.[547]

Outro ajuste recente quanto à matéria foi a revogação do parágrafo único do art. 17 da RN nº 195/2009 da ANS pela RN nº 455/2020 da ANS, feita para cumprir decisão judicial, o que acarreta a eliminação da obrigatoriedade legal de vigência mínima do contrato de seguro-saúde coletivo, bem como o cumprimento do prazo de aviso prévio de 60 dias para a denúncia.[548] A referida decisão judicial, mantida e efetivada após sete anos de mudanças no setor de saúde suplementar, desconsidera resoluções editadas pela ANS no intuito de aclarar o exercício da denúncia e deixa espaço para novas discussões judiciais sobre a questão, aspecto que detalharemos aos tratarmos da denúncia abrupta (item 5.2.2.1)

Até o momento, analisamos o seguro-saúde como contrato de duração, mas há ainda a ideia do seguro-saúde de longa duração, ao menos no regime português, além de propostas legislativas para regimes especiais referentes a esse seguro. Vejamos o tratamento dado à cessação do contrato de seguro por denúncia, quando o seguro-saúde é considerado um contrato de longo prazo.

5.1.3.2. Longa duração do seguro-saúde

Em Portugal, nota-se que o legislador da LCS não se ocupou de atribuir uma noção expressa de duração ou longa duração ao contrato de seguro, mas percebe-se da leitura dos seus dispositivos – nº 5 do art. 107º e arts.

[547] Cf. ZANETTI, Andrea Cristina. Plano de saúde. Rescisão unilateral de contrato coletivo empresarial com menos de trinta beneficiários. Admissibilidade. Contrato que possui características híbridas e admite o rompimento desde que haja motivação idônea. *Revista de Direito Civil Contemporâneo*, São Paulo, v. 18, p. 510-522, 2019.

[548] A sentença foi proferida na Ação Civil Pública 0136265-83.2013.4.02.51.01, Juiz Federal Flávio Oliveira Lucas, da 18ª Vara Federal do Rio de Janeiro, e declarou nulo o parágrafo único do art. 17 da RN nº 195/2009 da ANS por compreender que o referido dispositivo autorizava a cobrança de multa pela seguradora, diante do descumprimento do prazo pelo segurado (consumidor). A decisão da Turma Especial III do TRF da 2ª Região, Rel. Des. Vera Lúcia Lima da Silva, confirmou a sentença judicial em 06.05.2015 e, em 07.08.2018, o STJ não reconheceu do recurso por falta de impugnação específica aos termos da decisão recorrida. Disponível em: http://procweb.jfrj.jus.br/ portal/consulta/mostraarquivo.asp?MsgID=E6562722F7944AE38E70F1967002D9DC&timeIni=82445,11&P1=68848270&P2=53&P3=&NPI=181&NPT=181&TI=1&NV=710144&MAR=S. Acesso em: 1º jul. 2020.Ver também: STJ, REsp 1.323.136/RJ, Rel. Min. Laurita Vaz, *DJe* 13.08.2018. Disponível em: www.stj.jus.br. Acesso em: 15 out. 2020.

113º, 114º, 115º e 179º – que há tratamento legal diferenciado para o seguro considerado de "longa duração". A expressão, inclusive, está presente no texto legal.

No regime brasileiro do seguro-saúde, não há na LPS a noção do contrato de longa duração, como também não se constata estruturação legislativa voltada para esse fim, o que também se verifica nas resoluções da agência reguladora do setor. É certo que nos contratos coletivos empresariais há a previsão do art. 31 da LPS que determina a manutenção do empregado como beneficiário do seguro-saúde coletivo após sua aposentadoria, uma vez que tenha contribuído para o contrato de seguro por, pelo menos, dez anos. No entanto, uma ou outra disposição isolada na lei não nos parece suficiente para estruturar a existência de um regime diferenciado para contratos de seguro-saúde de longa duração no País. Aliás, essa perspectiva temporal não se estende para outras modalidades de seguro-saúde (por adesão, individual e familiar) e da mesma maneira não há na lei a consideração do fator temporal (duração do contrato) para condicionamento do exercício da denúncia. Portanto, uma vez que não há um regime legal diferenciado para os contratos de seguro-saúde de longa duração no Brasil,[549] a análise a seguir considerará apenas o regime português.

Ainda que não haja uma definição de "longa duração" na LCS e não exista na doutrina um sentido único para o termo, Pedro Romano Martinez indica a possibilidade de atribuir como parâmetro o prazo de cinco anos ou superior, tendo em conta o art. 113º da LCS(ao menos o prazo deve ser superior ao previsto no art. 40º da mesma lei, anota o autor).[550] Do mesmo modo, José Alves de Brito aponta como critério objetivo para a longa duração, o prazo fixado no art. 113º da LCS.[551]

[549] Ainda que não haja a especialização do seguro-saúde como contrato de longa duração no Brasil, a doutrina brasileira tem se ocupado de estudar o fenômeno nos contratos em geral, a exemplo dos seguintes trabalhos: SCHUNCK, Giuliana Bonanno. *Contratos de longo prazo e dever de cooperação*. São Paulo: Almedina, 2016. p. 127-200; GRAMSTRUP, Erik Frederico. Contratos relacionais. *In*: LOTUFO, Renan; NANNI, Giovanni Ettore (coord.). *Teoria geral dos contratos*. São Paulo: Atlas, 2011. p. 321-322; ARAÚJO, Paulo Dóron Rehder de. *Prorrogação compulsória de contratos a prazo*: pressupostos para sua ocorrência. 2011. 430 p. Tese (Doutorado) – Faculdade de Direito da Universidade de São Paulo, São Paulo, 2011, p. 150-152 e 327. Na perspectiva brasileira das relações de consumo: MARQUES, Claudia Lima. *Contratos no Código de Defesa do Consumidor* cit., p. 96-98.

[550] MARTINEZ, Pedro Romano *et al. Lei do Contrato de Seguro*: anotada cit., p. 373.

[551] BRITO, José Alves de *et al. Lei do Contrato de Seguro*: anotada cit., p. 498.

Quando se trata de contrato de seguro de longa duração, além dos elementos de menção obrigatória estabelecidos no art. 37º, a apólice deve apresentar ainda, em carácter destacado: a) a extinção do direito às garantias; b) a eventual extensão da garantia para além do termo do contrato; e c) o regime de evolução e adaptação dos prêmios na vigência do contrato (art. 179º). No que concerne à extensão da garantia para além do contrato, trata-se da eficácia estendida da cobertura do seguro-saúde, observados condição, prazo e limites do capital seguro, tal como previsto no art. 217º da LCS.

Observe que os contratos de duração com prazo inferior a cinco anos e prorrogáveis automaticamente estão sujeitos à cessação do contrato por denúncia, sem a incidência das limitações que se encontram estipuladas no art. 114º da LCS.[552] De maneira diversa, nos contratos com prazo de cinco anos ou superior e prorrogáveis automaticamente, a denúncia é admitida, mas com as limitações do art. 114º da LCS, ou seja, desde que seu exercício não contrarie a natureza do vínculo, a finalidade *prosseguida pelo contrato* e resulte em atitude abusiva (nºs 1 e 5 do art. 114º da LCS).

Tais limites serão explicitados com mais detalhes no item atinente ao exercício da denúncia, mas, no momento, convém recordar que tais limitações não se referem apenas aos contratos celebrados com duração de cinco anos ou superior, mas também são aplicáveis aos contratos de duração indeterminada (nº 1 do art. 114º da LCS). Além disso, como nota Luís Poças, mesmo que as mencionadas limitações direcionem-se, em princípio, para o segurador, visando à tutela da parte vulnerável da relação contratual, não se devem excluir situações de exercício abusivo da denúncia pelo próprio tomador do seguro e do segurado, o que também invoca a incidência desses limites.[553]

5.1.3.3. Seguro-saúde com cobertura graduada e seguro-saúde vitalício

Em 2010, o então ISP realizou consulta pública sobre o Anteprojeto de Decreto-lei referente "ao regime especial dos seguros de saúde com cobertura graduada e dos seguros de saúde vitalícios"[554] (doravante referen-

[552] Cf. art. 113º da LCS.

[553] Poças, Luís. O poder de desvinculação discricionária do segurador cit., p. 130.

[554] Cf. ASF – Autoridade de Supervisão de Seguros e Fundos de Pensões. Disponível em: https://www. asf.com.pt/NR/rdonlyres/D170A4B3-B39D-4B59-A9E9-4F30E07D23B2/0/ATP_DL_SSV2.pdf. Acesso em: 26 maio 2020.

ciado como "Anteprojeto"). A discussão sobre essa iniciativa legislativa não prosseguiu, porém o Anteprojeto em questão mostra-se relevante para o presente estudo doutrinário, pois nos permite refletir sobre estruturas legislativas possíveis para atender às especificidades dos seguros-saúde, quando perdurem por longos períodos e mesmo por toda a vida da pessoa, de forma a estabelecer: a) proteção mais detalhada à pessoa, como tomadora do seguro, parte débil da relação contratual; e b) criar formas de provisionamento que garantam a sustentabilidade do seguro em situações especiais, como se dá na duração vitalícia.

Também não é o caso de transcrever todo o Anteprojeto nesse momento. A ideia é traçar linhas gerais a partir da proposta de divisão de três modalidades de seguro-saúde, obtidas de dispositivos da LCS com o Anteprojeto mencionado no parágrafo precedente. Assim, a gradação ou nivelamento do seguro-saúde, considerando a LCS e referido Anteprojeto resultaria na seguinte divisão, em ordem crescente: (i) seguro-saúde comum; (ii) seguro-saúde de cobertura graduada; e (iii) seguro-saúde vitalício.[555]

A primeira modalidade, referente ao seguro-saúde comum, já se encontra disciplinada nos arts. 213º a 217º da LCS, além dos dispositivos constantes no regime comum dos seguros aplicáveis ao seguro-saúde, o que foi detalhado no item antecedente e inclui, na proposta de reorganização das modalidades de seguro-saúde, tanto os contratos de duração celebrados por período inferior a cinco anos (*v.g.*, os contratos anuais renováveis) como aqueles celebrados por cinco anos ou mais.

A segunda modalidade, presente no Anteprojeto, é o denominado regime do "seguro de saúde de cobertura graduada". Os artigos atinentes a essa modalidade, constantes do Anteprojeto, possibilitam alterações para estabelecer regime mais favorável ao tomador ou *pessoa segura*.[556] Entre os aspectos principais dessa modalidade estão: a) restrição quanto à exclusão de doenças preexistentes (apenas aquelas de diagnóstico conhecido do tomador do seguro ou *pessoa segura* ou cujos sintomas, manifestados à data celebração, sejam diagnosticados no prazo de três meses a contar da data da celebração);[557] b) limitação dos deveres de declaração inicial do risco pelo tomador do seguro ou *pessoa segura* aos termos do questionário for-

[555] Idem, ibidem.

[556] Art. 2º do Anteprojeto.

[557] Art. 5º do Anteprojeto.

necido pelo segurador;[558] c) prazo máximo de oito dias para a negativa da seguradora quanto à autorização para a realização de exames, atos médicos ou clínicos;[559] d) aplicação de arbitragem médica em motivo de natureza médica, quando haja oposição do segurador à efetivação de determinada cobertura;[560] e) estipulação do limite de 14 dias para que o segurador efetue o pagamento das comparticipações ou das despesas, contados da data da apresentação dos documentos necessários ao pagamento;[561] f) ampliação do prazo previsto no nº 1 do art. 217º da LCS, de dois para três anos (pós-eficácia contratual) e da data-limite para aviso ao segurador, quanto à ocorrência do evento, que passa de 30 para 90 dias (data-limite para que o segurador seja informado);[562] g) dever especial de transparência.[563]

Por fim, a terceira modalidade, também presente no Anteprojeto, consiste no regime especial do seguro-saúde vitalício[564] (acompanha a vida do tomador do seguro ou *pessoa segura*, salvo exceções como invalidades e perda de cobertura nas hipóteses legalmente previstas). Essa modalidade está contida nas disposições dos arts. 12º a 27º do Anteprojeto e, supletivamente, pelas disposições do seguro-saúde com cobertura graduada. Em suma, apresenta maior complexidade entre as três modalidades ora analisadas.

Como exemplo de disposições específicas para essa terceira modalidade citamos: a) possibilidade de exclusão de doenças preexistentes pelo segurador, cujos sintomas tenham se manifestado à data da sua celebração e posteriormente diagnosticadas, em até dois anos;[565] b) resolução do contrato pelo tomador do seguro que deve ocorrer na data de aniversário, a partir de comunicação ao segurador com antecedência mínima de 90 dias;[566] c) nivelamento dos prêmios, considerando o cálculo atuarial para constituir provisão para envelhecimento (técnica do seguro de vida);[567]

[558] Art. 6º do Anteprojeto.
[559] Art. 7º do Anteprojeto.
[560] Art. 8º do Anteprojeto.
[561] Art. 9º do Anteprojeto.
[562] Art. 11º do Anteprojeto.
[563] Art. 10º do Anteprojeto.
[564] Sobre seguro vitalício, em estudo comparativo ver: MENDES, Joana. Seguros de saúde vitalícios. Estudo de práticas e direito comparado. *Revista Semestral do Instituto de Seguros de Portugal – Fórum*, ano XIII, n. 27, p. 45-71, jul. 2009.
[565] Art. 15º do Anteprojeto.
[566] Art. 14º, nº 2, do Anteprojeto.
[567] Art. 16º do Anteprojeto.

d) alteração do estado de saúde da pessoa não pode determinar qualquer alteração nos termos da cobertura do seguro-saúde vitalício;[568] e) modificação da cobertura por fato imputável à *pessoa segura* deve ser alheia a seu estado de saúde e basear-se em fato susceptível de ter uma influência significativa sobre a existência ou a extensão do risco;[569] f) atualização anual dos prêmios está limitada ao valor que resultaria da aplicação dos índices de evolução do custo médio da prestação dos cuidados de saúde no âmbito da atividade seguradora, relevantes para cada mutualidade;[570] g) há previsão específica do procedimento a ser adotado e destinação das provisões nos casos de resolução do contrato;[571] h) solução de divergência entre o tomador do seguro e o segurador inclui, além das arbitragens de natureza médico-clínica, a arbitragem jurídica, as quais serão financiadas a partir de taxa incidente sobre os prêmios do seguro.[572]

O que se nota da LCS e do Anteprojeto conjuntamente é a minúcia no tratamento do seguro-saúde, pautando-se pela longevidade do contrato para tecer uma tutela especial ao tomador do seguro ou *pessoa segura* (parte vulnerável da relação contratual) que se sujeita aos efeitos do tempo. Daí a divisão do seguro-saúde segundo sua duração (previstos na LCS) e a proposta do seguro-saúde com previsão de cobertura graduada e vitalício (ambos previstos no Anteprojeto), em que se nota o tratamento diferenciado quanto à exclusão das doenças preexistentes, o detalhamento da forma de cálculo do prêmio e limites de reajuste (específico para a modalidade vitalícia), além do condicionamento e restrição quanto ao uso da denúncia, segundo a modalidade de seguro-saúde.

5.1.4. Cláusula de denúncia no contrato de seguro-saúde

5.1.4.1. Dever de informar quanto à denúncia

Informar e esclarecer o tomador do seguro (como denominado no regime português) ou segurado (como indicado no regime brasileiro) quanto à possibilidade de denúncia no seguro-saúde é dever previsto em lei e atribuído, em princípio, à seguradora (salvo quando se trata de seguro de grupo, no caso do regime português).

568 Art. 18º, nº 1, do Anteprojeto.

569 Art. 18º, nº 2, do Anteprojeto.

570 Art. 19º, nº 1, do Anteprojeto.

571 Art. 22º do Anteprojeto.

572 Art. 25º do Anteprojeto.

Tal dever de informar está disposto na alínea "h" do art. 18º da LCS, em Portugal, que prescreve entre as condições do contrato a serem informadas as menções obrigatórias da apólice, a duração do contrato e o regime de novação, denúncia e livre resolução.

Soma-se a esse dever a determinação legal do art. 37º da LCS, ao estabelecer, entre os elementos mínimos do texto da apólice, a presença de cláusula com indicação do início da vigência do contrato e sua duração (alínea "i", nº 2, do art. 37º da LCS) e, em caracteres destacados, com maior dimensão, a cláusula que deve apresentar a informação referente à cessação do contrato por iniciativa de qualquer das partes, o que inclui a denúncia (alínea "a", nº 3, do art. 37º da LCS).

As consequências do descumprimento do dever de informar acarretam para a seguradora a responsabilidade civil (nº 1 do art. 23º da LCS) e, conforme o caso, a possibilidade de o tomador do seguro resolver o contrato (nº 2 do art. 23º da LCS). A violação do dever de informar, ressalva Pedro Romano Martinez, indica como solução inicial a responsabilização da seguradora. A cumulação da referida responsabilidade com a resolução do contrato requer que a ausência da informação ou esclarecimento seja grave o bastante para afetar a decisão do tomador do seguro de contratar.[573]

Note que, no caso do seguro-saúde de grupo português, o dever de informar e esclarecer desloca-se para o tomador do seguro, e, em regra, é este que deverá informar os segurados.[574] Assim, no caso do seguro não contributivo, o tomador do seguro informa aos segurados, segundo o material elaborado e fornecido pelo segurador (nº 1, art. 78º, da LCS). De toda forma, o segurado poderá solicitar diretamente à seguradora informações necessárias à efetiva compreensão do contrato (nº 4, art. 78º, da LCS).

As mesmas observações referenciadas no parágrafo anterior são aplicações ao seguro de grupo contributivo, acrescido da ênfase dada pelo legislador no art. 87º, nº 2, da LCS, que aponta o dever do tomador do seguro em fornecer ao segurado todas as informações a que um *tomador de seguro individual* teria em circunstâncias semelhantes.

Em ambas as modalidades de seguros de grupo (contributivo e não contributivo), a solução para o descumprimento do dever de informar é para-

[573] MARTINEZ, Pedro Romano *et al. Lei do Contrato de Seguro*: anotada cit., p. 128.

[574] Nada impede que os contratantes possam atribuir o dever de informar à seguradora (nº 5, art. 78º, da LCS).

lela àquela prevista no art. 23º da LCS, como anota José Alves de Brito,[575] afinal, o art. 79º da LCS prevê a responsabilização civil em termos gerais. Além disso, há as consequências específicas para os seguros contributivos, que atribuem ao tomador o dever de arcar com parte do prêmio devido pelo segurado, nas condições e períodos indicados no art. 87º, nº 3, da LCS.

No regime brasileiro, o inciso II do art. 16 da LPS prevê que o contrato de seguro-saúde deve apresentar cláusula com o início de vigência do contrato. A referida lei expressamente menciona a duração legal da modalidade individual e familiar (período anual renovável) e, apesar de a LPS não admitir o uso da denúncia pela seguradora,[576] o dever de informar se justifica, uma vez que o segurado (e os membros de seu grupo familiar) tem garantido a cessação do contrato por denúncia nos termos dos arts. 4º a 6º da RN da ANS nº 412/2016. Note que a referida normativa da ANS não dispõe expressamente sobre o dever de informar, porém tal obrigação pode ser extraída a partir de seus termos acrescidos das disposições expressas do art. 31 do CDC,[577] que determina a obrigatoriedade da informação já nas tratativas do seguro-saúde (oferta).

Quando se trata do seguro-saúde coletivo regido pela LPS, o dever de informar da seguradora também se encontra presente, tendo por fundamento o mesmo dispositivo do Código de Defesa do Consumidor referenciado no parágrafo anterior. No entanto, diferentemente do regime português, esse dever de informar não se altera na modalidade coletiva, ou seja, continua a ser da seguradora, em regra.[578] A denúncia está ao alcance das partes (seguradora e segurado) e do intermediário (estipulante) nessa modalidade, entretanto a base normativa e o procedimento da denúncia no seguro-saúde coletivo (por adesão e empresarial) variam segundo a relação da seguradora com o estipulante e dos segurados com a seguradora: a) na primeira relação incide o art. 17 da RN da ANS nº 195/2009, com as

575 BRITO, José Alves de *et al. Lei do Contrato de Seguro*: anotada cit., p. 314.

576 Cf. inciso II, parágrafo único, do art. 13 e §§ 1º e 2º do art. 3º da RN nº 195/2009 da LPS.

577 Cf. art. 31 do CDC: "A oferta e apresentação de produtos ou serviços devem assegurar informações corretas, claras, precisas, ostensivas e em língua portuguesa sobre suas características, qualidades, quantidade, composição, preço, garantia, prazos de validade e origem, entre outros dados, bem como sobre os riscos que apresentam à saúde e segurança dos consumidores."

578 O estipulante só responderá se atuar como representante da seguradora e, nessa função, deixar de informar ou houver falha na informação. Nesse caso, não é incomum que a responsabilização se dê em ações regressivas.

alterações da RN da ANS nº 455/2020; e b) na segunda observam-se os arts. 7º a 14 da RN da ANS nº 412/2016.[579]

Tal dever de informar da seguradora (seja na modalidade individual, familiar ou coletiva) contribui para decisão do segurado em contratar ou não, e, dessa feita, sua obrigação vai além da simples menção à existência da cláusula de denúncia no contrato como informação. A seguradora deve adotar medidas para que haja a compreensão dessa forma de cessação pelo estipulante e segurado em qualquer das modalidades de seguro-saúde. Assim, a construção legal do dever de informar no âmbito específico dos contratos de assistência à saúde no regime brasileiro (o que inclui o seguro-saúde) requer, em suma, a consideração do art. 35-G da LPS com os arts. 31 e 46 e § 3º do art. 54[580] do CDC e, portanto, que a seguradora, em suas tratativas (pré-contratual), possibilite o conhecimento prévio do conteúdo do contrato, com a cláusula de denúncia escrita em termos que facilitem sua compreensão e alcance pelo segurado, sendo sua redação destacada em relação ao restante do texto.[581]

O descumprimento do dever de informar, na perspectiva brasileira do seguro-saúde, poderá acarretar não só a responsabilidade da seguradora, mas também importar na não obrigatoriedade de o segurado ou estipulante observar a denúncia (art. 46 do CDC),[582] quando exercida pela seguradora, sendo afastados seus efeitos. No entanto, não nos parece ser o caso de aplicar a mesma consequência para o estipulante ou segurado, ou seja, negar-lhes esse poder potestativo pela simples ausência de cláusula ou informação. O entendimento contrário resultaria irrazoável não só por contrariar o sentido próprio da vulnerabilidade, mas também por

[579] Trataremos dessas diferenças no item 5.2.

[580] Nos termos do art. 54 do CDC, "contrato de adesão é aquele cujas cláusulas tenham sido aprovadas pela autoridade competente ou estabelecidas unilateralmente pelo fornecedor de produtos ou serviços, sem que o consumidor possa discutir ou modificar substancialmente seu conteúdo. [...] § 3º Os contratos de adesão escritos serão redigidos em termos claros e com caracteres ostensivos e legíveis, cujo tamanho da fonte não será inferior ao corpo doze, de modo a facilitar sua compreensão pelo consumidor".

[581] KHOURI, Paulo R. Roque A. O direito à informação e o contrato de seguro cit., [s.p.], livro eletrônico.

[582] "Art. 46. Os contratos que regulam as relações de consumo não obrigarão os consumidores, se não lhes for dada a oportunidade de tomar conhecimento prévio de seu conteúdo, ou se os respectivos instrumentos forem redigidos de modo a dificultar a compreensão de seu sentido e alcance."

atribuir consequências a outrem que não está sujeito a esse dever legal de informar. Além disso, vale lembrar que a denúncia, no caso do segurado, está garantida pela RN da ANS nº 412/2016.

5.1.4.2. Critérios para estipulação da cláusula de denúncia

O conteúdo mínimo do seguro-saúde inclui cláusulas sobre os procedimentos da cessação do contrato, abrangendo as disposições sobre a denúncia.

No caso do direito dos seguros português, a cláusula sobre a cessação do contrato está disciplinada na alínea "a", nº 3, do art. 37º da LCS que, ao dispor sobre regras relacionadas à apólice do seguro, determina a inserção expressa das "cláusulas que estabeleçam causas de invalidade, de prorrogação, de suspensão ou de cessação do contrato por iniciativa de qualquer das partes". As referidas cláusulas devem ser escritas *de modo compreensível, conciso e rigoroso*, em linguagem corrente (quando não for necessário usar termos técnicos e jurídicos), em língua portuguesa (nºs 1, 2 e 3 do art. 36º da LCS), em caracteres destacados e de maior dimensão do que o restante das disposições contratuais (art. 37º da LCS). Tais disposições legais, previstas no regime comum, são aplicáveis também para a estipulação da denúncia no seguro-saúde.

Além disso, a alínea "b" do art. 179º da LCS, ao tratar dos contratos de seguro de pessoas de longa duração, estabelece a presença, também em caracteres destacados, da eventual extensão da garantia para além do contrato, o que direciona a questão para a previsão do art. 217º da LCS. Afinal, a saúde também é um dos riscos cobertos no seguro de pessoas (art. 175º da LCS).

O art. 214º, alínea "b", da LCS, por sua vez, aponta para a modalidade de seguro-saúde anual e renovável, o dever de indicar, de forma bem visível e destacada: "as condições de indemnização em caso de não renovação do contrato ou da cobertura da pessoa segura respeitam ao risco coberto no contrato, de acordo com o disposto no artigo 217º".

No regime brasileiro do seguro-saúde, como já apontado, a denúncia só é admitida nos contratos de seguro-saúde individuais e familiares, se a cláusula for estabelecida unilateralmente para o segurado e seu grupo familiar. Essa forma de cessação não será possível para a seguradora,[583] e sua inserção de forma contrária à lei determina a nulidade da cláusula (art.

583 Cf. inciso II, parágrafo único, art. 13 da LPS.

166, VII, do CCB). Por sua vez, a denúncia nas modalidades coletivas do seguro-saúde (por adesão e empresarial) tem sido admitida para ambas as partes contratantes.[584]

Na prática, e em especial com o advento da RN nº 412/2016 da ANS, o segurado – como pessoa física vinculada contratualmente à seguradora (indicada como "operadora" na norma)[585] – poderá cessar o contrato pelo exercício da denúncia, ainda que a seguradora não tenha estipulado contratualmente, pois tal possibilidade está assegurada na referida normativa. Esclareça-se que a entidade reguladora utilizou, no texto da RN nº 412/2016 da ANS, expressões de pouco rigor técnico jurídico como "cancelamento" para as modalidades individual e familiar[586] e "exclusão" para as modalidades coletiva por adesão ou coletiva empresarial,[587] mas ambos os termos remetem efetivamente à denúncia, seus procedimentos e efeitos.

No que toca à seguradora, por sua vez, sua possibilidade de denúncia no regime brasileiro do seguro-saúde está circunscrita à modalidade coletiva (por adesão e empresarial), possibilidade, a propósito, igualmente garantida à estipulante, todavia a cláusula de denúncia está condicionada a determinados critérios extraídos de regras previstas na norma especializada e no Código de Defesa do Consumidor para que lhe sejam assegurados seus efeitos.

Portanto, no regime brasileiro, para que o exercício da denúncia como modo de cessação do contrato de seguro-saúde coletivo seja eficaz, deve haver a estipulação de cláusula expressa no contrato e apólice (conforme o caso), como indica o parágrafo único do art. 17 da RN da ANS nº 195/2009 e art. 46 do CDC.

Além disso, a redação da cláusula de denúncia no regime brasileiro, uma vez que a LPS não trata da matéria, considera as exigências do Código de Defesa do Consumidor (art. 35-G da LPS) em aplicação suplementar. Assim: a) a cláusula deverá garantir a bilateralidade de uso, ou seja, a possibilidade de denunciar o contrato será tanto da seguradora quanto do estipulante (art. 51, XI, do CDC); b) sua redação deve ser clara e facilitar seu entendimento pela contraparte, em caracteres ostensivos e legíveis,

584 Cf. parágrafo único e *caput* do art. 17 da Resolução Normativa da ANS nº 195/2009.

585 Inciso I, art. 2º, da RN nº 412/2016 da ANS.

586 Inciso II, art. 2º, da RN nº 412/2016 da ANS.

587 Inciso III, art. 2º, da RN nº 412/2016 da ANS.

de forma destacada no texto do contrato, para sua imediata identificação (art. 54, §§ 3º e 4º, do CDC).

Como salientado no item anterior, a forma de redação poderá impactar o dever de informar e estará sujeita às consequências de seu descumprimento, inclusive indenização por eventuais prejuízos apurados (art. 46 do CDC). Contudo, no caso do critério específico previsto no art. 51, XI, do CDC, ou seja, se a cláusula permitir a denúncia apenas para a seguradora, sem conceder o mesmo poder à contraparte (estipulante e segurado), a disposição contratual em questão poderá ser considerada nula (art. 51, XI, do CDC) e, assim, afastados os efeitos da denúncia para a seguradora.[588]

Em cada um dos regimes jurídicos ora analisados percebe-se que a estipulação da denúncia poderá apresentar um condicionamento próprio, no que concerne aos critérios fixados por lei. A referência escrita, a redação em caracteres destacados e de dimensão maior do que o restante do documento, com o fim de facilitar sua imediata identificação pela contraparte, são aspectos comuns.

Entretanto, o condicionamento da denúncia, segundo a legislação brasileira, encontra-se mais restritiva para a seguradora, a qual, por exemplo, não poderá fazer uso desse modo de cessação em contratos de seguro-saúde individuais e familiares, limitação que não se verifica no regime português. O conjunto desses critérios, ainda que apresente particularidades conforme o regime jurídico estudado, denota a preocupação comum dos legisladores português e brasileiro no que toca à necessária transparência e dever de informar quanto à denúncia, direcionada à proteção da parte mais débil da relação contratual. Também por isso a inobservância de tal dever acarreta consequências para aquele que estipula a cláusula nesse contrato de adesão, ainda que a gradação das consequências seja variável, em conformidade com o ordenamento jurídico de cada país.[589]

5.1.5. Efeitos da denúncia e a pessoa contratante

5.1.5.1. Seguro-saúde individual

A denúncia visa a cessação da relação contratual com efeitos não retroativos (*ex nunc*), é um modo de extinção do contrato que não requer justificação

[588] Nesse sentido, ver STJ, 4ª Turma, REsp 889.406/RJ, Rel. Min. Massami Uyeda, j. 20.11.2007, *DJe* 17.03.2008; e AgRg no AREsp 251317/RJ, Rel. Min. Antonio Carlos Ferreira, j. 13.08.2013, *DJe* 17.03.2008. Disponível em: www.stj.jus.br. Acesso em: 8 jun. 2020.

[589] Conferir, quanto às consequências, itens 4.1.4.1 e 4.1.4.2.

e, em princípio, não acarreta responsabilização do agente, na medida em que seu uso respeitar os limites fixados na lei. Além disso, quando o contrato for celebrado por duração indeterminada, a denúncia produzirá efeitos diretos na extinção da relação contratual, e, no caso da denúncia feita nos contratos celebrados por duração determinada e renováveis automaticamente por sucessivos períodos determinados (oposição à renovação), a denúncia determina, indiretamente, a extinção do vínculo contratual "por desencadear a caducidade", como esclarece Pedro Romano Martinez.[590] De toda forma, em ambas as hipóteses seus efeitos não retroagem, mantendo-se íntegro o vínculo contratual até o momento em que a denúncia passe a gerar seus efeitos para o futuro.

Na especificidade do seguro-saúde, no regime português, os efeitos da denúncia podem ser estruturados, em linhas gerais, a partir dos arts. 106º[591] e 217º da LCS. Assim, "sem prejuízo de disposições que estatuam a eficácia de deveres contratuais depois do termo do vínculo, a cessação do contrato determina a extinção das obrigações do segurador e do tomador do seguro" (nº 1, art. 106º, da LCS) no que tange à cobertura dos riscos relacionados com a prestação de cuidados de saúde (art. 213º da LCS).

No caso do contrato de seguros-saúde renováveis, objeto de cessação por denúncia – ou mesmo quando a cobertura específica não for renovada –, o segurador deverá, ainda, cobrir as prestações resultantes da doença manifestada na vigência do contrato (ou outro fato relativo à saúde ocorrido durante o mesmo período), desde que o sinistro em questão esteja na cobertura do seguro-saúde. Tal assistência deverá se estender pelos dois anos subsequentes e até que se mostre esgotado o capital seguro no último

[590] Martinez, Pedro Romano. *Da cessação do contrato* cit., p. 118.

[591] Os arts. 107º e 108º da LCS também tratam de outros efeitos relacionados à cessação do contrato, quais sejam *estorno do prémio por cessação antecipada* e *efeitos em relação a terceiros*, respectivamente. No caso da denúncia aqui tratada, não se pode afirmar que há propriamente uma cessação antecipada a justificar estorno do prêmio. Afinal, quando há a oposição à prorrogação, seus efeitos consideram a data de prorrogação do contrato (nº 1 e, em parte, nº 2 do art. 115º da LCS), não havendo cessação antecipada. Já na denúncia de contrato por tempo indeterminado, sem prejuízo do respeito ao prazo de aviso prévio, a cessação produz efeitos ao final do período em que foi verificado o último prêmio pago (nº 3 do art. 115º da LCS), na linha do que pondera Luís Poças (O poder de desvinculação discricionária do segurador cit., p. 131-132). Além disso, como lembra Pedro Romano Martinez, ao comentar o art. 108º da LCS, a denúncia no seguro de saúde tem forma particular quanto à extensão de seus efeitos, previstos no art. 217º da LCS, o que deve ser observado (*Lei do Contrato de Seguro*: anotada cit., p. 374).

período de vigência do contrato, isso se o tomador do seguro não contratar seguro posterior que inclua o sinistro ocorrido (nº 1, art. 217º, da LCS). Para essa extensão da eficácia contratual, vale notar, o segurador deve ser informado acerca do fato até os 30 dias imediatos ao termo do contrato, salvo justo impedimento (nº 2, art. 217º, da LCS).

Da análise do art. 217º da LCS é possível observar que a seguradora pode realizar a denúncia parcial do contrato e, logo, cessar a cobertura de determinados eventos, todavia, como pondera Francisco Luís F. Ribeiro Alves, "um contrato de seguro reduzido nas coberturas poderá já não ser útil ao tomador do seguro, podendo o mesmo no mercado procurar um segurador que lhe proporcione melhores garantias". Nesse caso, deve a seguradora deixar evidenciado o que denuncia e destacar as cláusulas alteradas a fim de que o tomador do seguro possa considerar seu próprio interesse em manter-se ou não nesse contrato.[592] Caso o contrato, com as alterações supra-assinaladas, não interesse mais ao tomador do seguro, também ele poderá fazer uso da denúncia para encerrar o contrato.

Em algumas situações, a denúncia está acompanhada, portanto, de proposta para modificação do contrato.[593] Aliás, não é incomum que a renovação do contrato se sujeite à aceitação das referidas alterações pelo tomador do seguro (por exemplo, a alteração do valor do prêmio, a mudança da extensão da cobertura ou mesmo mudanças na rede referenciada do seguro-saúde). Nesse ponto, Francisco Luís F. Ribeiro Alves explicita que há, na realidade, denúncia parcial das condições inicialmente contratadas e, somente se o tomador do seguro aceitá-las, haverá a continuidade da relação contratual, na forma do nº 3 do art. 41º da LCS (a aceitação pode se dar por declaração expressa ou ato que evidencie a concordância da contraparte). O silêncio do tomador do seguro, entretanto, não deve ser considerado como uma aceitação, no entendimento do autor, afinal, tendo em conta o equilíbrio contratual, não deve ele estar obrigado com relação às alterações contratuais que não expressamente acordou.[594]

[592] O autor considera que tal destaque relaciona-se com a intenção do legislador no art. 37º da LCS. Cf. ALVES, Francisco Luís F. Ribeiro. *Direito dos seguros*: cessação do contrato. Práticas comerciais cit., p. 73.

[593] MARTINEZ, Pedro Romano. *Da cessação do contrato* cit., p. 115.

[594] O estudioso ressalta que essa linha de entendimento é a que mais se aproxima do nº 4, art. 9º, da LDC que estabelece: "O consumidor não fica obrigado ao pagamento de bens ou serviços que não tenha prévia e expressamente encomendado ou solicitado, ou que não

Quanto ao prazo para apresentação da proposta de alteração, Francisco Luís F. Ribeiro Alves conclui que a seguradora deve considerar, pelo menos, o prazo mínimo fixado para o aviso prévio da denúncia, tendo como consequência dessa inobservância a manutenção das condições anteriores para a renovação automática. Assim, por exemplo, no caso dos contratos anuais renováveis, deve-se observar o prazo mínimo de 30 dias da data de renovação (nº 1 do art. 115º da LCS).

A denúncia tem os mesmos efeitos no regime brasileiro, tal como apontados no parágrafo inicial deste item. As principais diferenças em relação ao regime português estão em *quem* pode fazer uso dessa forma extintiva na modalidade individual e familiar do seguro-saúde e na ausência de qualquer dispositivo semelhante ao art. 217º da LCS, ou seja, que estabeleça a possibilidade de um período de pós-eficácia contratual.

Diante do caráter cogente das disposições normativas brasileiras incidentes sobre o seguro-saúde nas modalidades individual e familiar, apenas o segurado e os integrantes de seu grupo familiar poderão denunciar o seguro-saúde, não assistindo a mesma alternativa à seguradora (a exemplo do art. 13 da LPS e art. 4º da RN nº 412/2016 da ANS). Além disso, no caso do seguro-saúde familiar, a eficácia da denúncia será restrita, em princípio, à pessoa que se manifesta pela desvinculação, não atingindo os demais membros do grupo familiar, salvo situações em que há representação ou estipulação contratual em sentido contrário.

Observa-se que o intuito do legislador da LPS, após o primeiro ano de vigência de contrato, foi fixar a renovação automática do seguro-saúde individual ou familiar por prazo indeterminado (*caput* do art. 13),[595] pois ao segurado é possível desvincular-se a qualquer momento a partir do primeiro ano, observados os procedimentos previstos nos arts. 4º a 6º da RN nº 412/2016 da ANS, que trataremos adiante no item 5.2.

Também é provável que a chance de denunciar o contrato aumente a partir do reajuste anual do valor do prêmio, entretanto tais reajustes são fixados no percentual máximo definido pela própria agência reguladora

constitua cumprimento de contrato válido, não lhe cabendo, do mesmo modo, o encargo da sua devolução ou compensação, nem a responsabilidade pelo risco de perecimento ou deterioração da coisa" (ALVES, Francisco Luís F. Ribeiro. *Direito dos seguros*: cessação do contrato. Práticas comerciais cit., p. 74-75).

595 No mesmo sentido: BOTTESINI, Maury Ângelo; MACHADO, Mauro Conti. *Lei dos planos e seguros de saúde* cit., [s.p.], livro eletrônico.

do setor, em especial para os contratos regidos na LPS,[596] limitação que não alcança o seguro-saúde na modalidade coletiva.

5.1.5.2. Seguro-saúde de grupo

Os efeitos da denúncia, explicitados no item anterior, não se alteram quando se trata do seguro-saúde de grupo.[597] As mesmas observações apresentadas no item antecedente, portanto, podem ser verificadas na modalidade do seguro-saúde de grupo. Tal perspectiva é encontrada tanto para os contratos regulados no regime português quanto no brasileiro.

Logo, o que dá sentido à proposta de divisão aqui apresentada não é a definição dos efeitos da denúncia em si, que, como já salientado, não se alteram pela divisão do seguro-saúde individual e de grupo, mas sim a extensão ou alcance desses efeitos segundo o agente que faz uso dessa forma de desvinculação típica dos contratos com duração indeterminada ou determinada, acompanhados de cláusula de renovação automática.

No regime português, como assinalado no item 4.4.2, não há coincidência entre as pessoas do tomador do seguro e do segurado na modalidade de grupo, e esse fato reflete no alcance dos efeitos da denúncia, conforme tratamento dado pela própria LCS. Assim, o poder de fazer cessar o contrato de seguro de grupo pelo uso da denúncia foi atribuído apenas ao tomador do seguro (nº 1, art. 84º, da LCS), além da seguradora, mas não ao segurado.[598]

[596] O § 2º do art. 35-E da LPS estabelece que os reajustes dos prêmios (mensalidades) serão controlados pela ANS nas modalidades individual e familiar do seguro-saúde regido pela Lei nº 9.656/1998. Portanto, é a ANS que divulgará qual será o índice para reajuste nesses contratos. O referido artigo determinava, ainda, que tal determinação alcançaria os contratos celebrados antes da vigência da LPS. Contudo, diante da decisão do STF, proferida na Medida Cautelar na Ação Direta de Inconstitucionalidade nº 1931/DF, datada 21 de agosto de 2003, ficou sem efeito o trecho do dispositivo que admitia a retroatividade da LPS para os planos antigos. Assim, os seguros individuais e familiares celebrados antes da vigência da referida lei especial não estão sujeitos a esse limite, mas devem observar os princípios e normas do CDC. Conferir também a RN nº 74/2004 da ANS (STF, ADI 1931 MC/DF, Rel. Min. Maurício Corrêa, j. 21.08.2003. Disponível em: http://redir.stf.jus.br/paginadorpub/paginador.jsp?docTP=AC&docID=347335. Acesso em: 10 out. 2017).

[597] Nesse sentido, esclarece José Alves de Brito, ao comentar o art. 84º (cessação do seguro de grupo) que o artigo em questão estabelece "um mínimo quanto à cessação do contrato de seguro de grupo, tendo por pano de fundo a extensa regulamentação dada pela LCS ao tema à cessação do seguro individual (arts. 105º e ss.)", incluindo os dispositivos que tratam especificamente da denúncia (art. 112º e ss.) (*Lei do Contrato de Seguro*: anotada cit., p. 319).

[598] Comenta José Alves de Brito, quanto ao nº 1, art. 82º, que trata sobre a denúncia do segurado após a comunicação de alterações contratuais: "A referência, no nº 1, à 'denúncia' reporta-se

Também é do tomador do seguro o dever de comunicar aos segurados sobre a extinção da cobertura decorrente da cessação do contrato de seguro (nº 2, art. 84º, da LCS), o que deve ser feito com, pelo menos, 30 dias de antecedência da data prevista para a efetiva cessação do contrato (nº 3, art. 84º, da LCS), sob a consequência de ser responsabilizado pelos danos apurados (nº 4, art. 84º, da LCS).

Por seu turno, a denúncia possível ao segurado refere-se ao seu próprio vínculo de adesão, como estabelece o nº 1 do art. 82º da LCS, o que se dá a partir da comunicação das alterações do contrato de seguro de grupo (como alteração do valor do prêmio ou modificação da cobertura), "salvo nos casos de adesão obrigatória em virtude de relação estabelecida com o tomador do seguro". Ressalta José Alves de Brito, na análise dos diversos vínculos existentes no seguro de grupo, que não se trata da cessação do vínculo com o tomador (como contrato de trabalho ou elo associativo com a instituição), "mas sim o *terminus* da adesão".[599] Logo, a cessação da adesão do segurado pelo uso da denúncia não determina a cessação do próprio contrato de seguro de grupo nem a cobertura do restante dos segurados (nº 2, art. 82º, da LCS), seus efeitos (eficácia) estão circunscritos à sua adesão em particular, salvo se houver um número considerável de denúncias (além da sua) e o conjunto delas inviabilizar a própria manutenção do seguro de grupo.[600]

A denúncia do segurado é feita por declaração escrita ao tomador do seguro ou ao segurador (caso os contratantes estipulem nesses termos) e, na situação indicada pelo nº 3 do art. 82º da LCS, deve observar o prazo de 30 dias de antecedência. Andreia Marques Martins aponta para a possibilidade de os contratantes estipularem a entrega direta da declaração escrita do segurado ao segurador e, nessas condições, o dever de informar recairá sobre o segurador, o qual deverá informar ao tomador do seguro a respeito da denúncia efetuada, sendo tal dever decorrente da necessária colaboração entre as partes e da boa-fé esperada na relação contratual.[601]

ao vínculo resultante da adesão, e não tanto ao contrato de seguro, o que sempre se afiguraria susceptível de causar embaraços" (*Lei do Contrato de Seguro*: anotada cit., p. 317).

599 Brito, José Alves de *et al. Lei do Contrato de Seguro*: anotada cit., p. 311.

600 Cf. Martins, Andrea Marques. Do seguro de grupo à luz do novo regime jurídico do contrato de seguro cit., p. 57.

601 Idem, p. 54.

Por último, e ainda no âmbito de análise do ordenamento jurídico português, ressaltamos o estudo de Francisco Luís F. Ribeiro Alves quando trata da possibilidade ou não de denúncia, no seguro de grupo, envolvendo as seguintes situações: (i) seguradora em relação ao segurado; e (ii) tomador do seguro em relação ao segurado. No primeiro caso, o autor afasta a possibilidade da denúncia, já que o vínculo contratual da seguradora está restrito ao tomador do seguro e não alcança as adesões. Já na segunda hipótese o autor não exclui a possibilidade de denúncia do tomador em relação à adesão do segurado, contudo deve-se observar o período de aviso prévio (segundo o prazo renovável do contrato), evitar denúncias abusivas, averiguar que tal possibilidade é compatível com a natureza do vínculo do qual se origina o seguro de grupo e que seja acordado entre as partes.[602]

No regime brasileiro, a possibilidade de uso da denúncia no seguro-saúde coletivo está ao alcance da seguradora (desde que atendidas determinadas condições),[603] estipulante e segurado (beneficiário) por força de Resoluções Normativas da ANS, porém a extensão dos efeitos da denúncia poderá variar segundo o agente que a utiliza.

Quando se trata da seguradora e do estipulante, até 30 março de 2020, era exigido que as partes observassem o prazo mínimo de 12 meses de vigência do contrato e o aviso prévio não inferior a 60 dias,[604] para que fosse possível o uso da denúncia no seguro-saúde coletivo celebrado por tempo indeterminado ou determinado com renovações automáticas, sucessivas. Às partes era possível renunciar o prazo de aviso prévio, todavia a inobservância da vigência do contrato habitualmente acarretava a imposição de multa contratual.

A partir de 30 de março de 2020, a edição da RN da ANS nº 455/2020 determinou a revogação do parágrafo único do art. 17 da RN nº 195/2009 da ANS, que estabelecia o cumprimento de ambos os prazos assinalados

[602] Por exemplo, não será possível a denúncia do tomador do seguro com relação ao segurado quando a obrigatoriedade do seguro-saúde de grupo decorre da relação de trabalho ou pelo simples fato de a pessoa estar associada a uma entidade profissional, "sob pena de incumprimento das condições a que se obrigou perante os segurados" (ALVES, Francisco Luís F. Ribeiro. *Direito dos seguros*: cessação do contrato. Práticas comerciais cit., p. 150-153).

[603] Desde 2018, observa-se o surgimento de decisões da Terceira e Quarta Turmas do STJ que condicionam a possibilidade da denúncia pela seguradora, no seguro-saúde, à presença de um grupo de segurados com 30 membros ou mais. Cf. item 5.1.3.1.

[604] Parágrafo único do art. 17 da RN nº 195/2009 da ANS.

no parágrafo antecedente. Tal alteração é recente e ainda não nos propicia delinear todas as consequências possíveis para a revogação em tela, contudo, no momento, a mudança permite que as partes possam livremente estipular sobre a vigência do seguro-saúde (observada a renovação automática, indicada no art. 13 da LPS), bem como o procedimento a ser observado para a efetivação da denúncia.

Assim, até o momento, e até que eventualmente seja editada outra norma especial a respeito, seguradora e estipulante têm como exigência legal a previsão expressa da cláusula de denúncia no contrato de seguro-saúde coletivo, mas podem dispor livremente sobre procedimentos e prazos (art. 17 da RN nº 195/2009 da ANS), nos limites da boa-fé objetiva.

O dever de informar aos segurados sobre a extinção do vínculo contratual recai sobre o estipulante do seguro-saúde coletivo. Assim, no caso da modalidade empresarial, o empregador (estipulante) deve fazê-lo em "tempo hábil" para que seus funcionários e ex-funcionários (conforme o caso) possam optar pelo produto individual ou familiar oferecido pela seguradora e realizar a portabilidade de carências. Para tanto, o estipulante deve considerar que os membros do grupo segurado têm o prazo máximo de 30 dias da cessação do seguro-saúde coletivo para efetivar sua migração para o seguro individual ou familiar, como estabelecem o parágrafo único e *caput* do art. 2º e art. 1º da Resolução do CONSU nº 19/1999. Note que o mesmo ocorre na modalidade coletiva por adesão, ainda que a Resolução do CONSU nº 19/1999 não tenha estipulado de forma expressa.[605]

No entanto, mesmo diante dos termos da Resolução do CONSU nº 19/1999, que atribuem o dever de informar à estipulante, há decisões dos Tribunais Superiores que não eximem a seguradora do dever de informar a todos os membros do grupo segurado quanto à extinção do seguro-saúde coletivo, considerando que tal relação também está amparada pelas leis de consumo, e, assim, com base nos termos do art. 6º, III, do CDC, tal dever seria também da seguradora.[606]

Ainda quanto à modalidade coletiva no regime brasileiro e pelas mesmas razões já apontadas neste item, com base na análise feita por Francisco

[605] Cf. TJRJ, 25ª Câmara Cível, Ap. Cív. 0036426-39.2015.8.19.0209, Des. Luiz Fernando de Andrade Pinto, j. 27.09.2017, publicado em 29.09.2017. Disponível em: www.tjrj.jus.br. Acesso em: 9 jun. 2020.

[606] STJ, 3ª Turma, REsp 1792649/PR, Min. Nancy Andrighi, j. 26.05.2020, *DJe* 29.05.2020. Disponível em: www.stj.jus.br. Acesso em: 9 jun. 2020.

Luís F. Ribeiro Alves, não será possível que a seguradora exerça a denúncia imotivada quanto ao segurado, pois na modalidade coletiva seu vínculo está limitado à relação contratual com a estipulante, e não alcança o segurado em si. A estipulante, por sua vez, visto que as modalidades legais do seguro-saúde no Brasil são "empresarial" ou "por adesão" e, logo, relacionadas às pessoas ligadas à estipulante por vínculo de trabalho ou associativo (membro de entidade profissional, recreativa ou similar), não poderá fazer distinção entre seus trabalhadores ou associados, uma vez que tenham a mesma qualidade de vinculação e, assim, também não será possível à estipulante exercer a denúncia sobre aqueles que com ela mantenham vínculo.

No que concerne à denúncia do segurado, no seguro-saúde coletivo, as mesmas observações do regime português são aqui verificáveis, ou seja, seus efeitos extintivos ficam adstritos ao vínculo contratual singular e não atingirão o vínculo dos demais segurados (salvo se os demais segurados também optarem pela denúncia de maneira a finalizar o próprio grupo).

Note que a RN nº 412/2016 da ANS optou por utilizar o termo "exclusão", em vez de denúncia. A nosso sentir, não se cuida tecnicamente de caso de exclusão. A "exclusão", vale lembrar, na técnica legislativa empregada nos arts. 30 e 31 da LPS ocupa-se das situações em que há a extinção do vínculo entre o estipulante e o segurado, ou seja, quando há a extinção da relação contratual entre o empregador e o empregado ou entre a entidade e o associado, por exemplo. Não é esse o sentido presente na RN nº 412/2016 da ANS. O sentido do pedido de "exclusão" contido na referida RN trata de forma extintiva do contrato por adesão do segurado com relação à seguradora, o que é feito mediante simples comunicação sem necessidade de justificativa, em suma, características da denúncia. Assim, ao menos duas razões nos direcionam à reflexão da terminologia empregada na RN nº 412/2016 da ANS: 1ª) o procedimento descrito na normativa para a efetiva extinção do contrato (celebrado por duração indeterminada ou determinada com cláusula de renovação automática) remete à cessação por denúncia; e 2º) a cessação em tela circunscreve-se ao contrato singular do segurado, integrante do seguro-saúde coletivo (por adesão ou singular), mas não atinge a relação contratual entre o estipulante e o segurado. Portanto, a situação em questão trata-se de denúncia do segurado, e não de "exclusão".

O procedimento para a desvinculação imotivada do segurado, membro do seguro-saúde coletivo empresarial, está disciplinado nos arts. 6º a 10 da RN nº 412/2016 da ANS. Quando a pessoa for membro da modalidade coletiva por adesão, deverá observar os procedimentos previstos nos arts. 11 a 14 da RN nº 412/2016 da ANS.

Em suma, do paralelo entre os regimes português e brasileiro, quanto aos efeitos da denúncia no seguro-saúde de grupo, observa-se que o legislador português, na LCS, trata de forma clara, detalhada e técnica sobre o tema da denúncia. A LPS, no Brasil, veio regular um mercado já em funcionamento e, à época, deixou lacuna a respeito da denúncia no seguro-saúde coletivo, o que exigiu posicionamento das entidades reguladoras do setor quanto à questão, as quais assumiram papel de legislador. Contudo, não obstante o esforço das entidades reguladoras, a denúncia é motivo constante de discussões judiciais no Brasil e, ainda hoje, os tribunais lidam com ações questionando a possibilidade de denúncia, ou mesmo quando e em que condições ela será possível.

5.2. Exercício da denúncia no seguro-saúde

Uma vez superados os aspectos iniciais sobre a denúncia imotivada, apresentado o dever de informar na fase pré-contratual do seguro-saúde, os cuidados relacionados à redação e estipulação da cláusula de denúncia e os efeitos desse modo de cessação do contrato, prosseguimos nossa análise para o momento do exercício da denúncia. O que os ordenamentos português e brasileiro estabelecem como procedimentos a serem observados, quais os limites da aplicação encontrados em cada regime, consequências diante de ilegalidades ou abuso e o que é garantido à parte débil da relação contratual são temas presentes em ambos os ordenamentos e serão abordados na sequência, a fim de indicar os parâmetros para a aplicação eficaz da denúncia, bem como apontar questões que podem decorrer de seu uso.

5.2.1. Aspecto temporal e procedimento da denúncia no seguro-saúde

O exercício da denúncia requer a observação de um conjunto de regras para que possa alcançar sua eficácia. Considerar aspectos como vigência do contrato, prazo de aviso prévio e, especificamente no regime português, o período de extensão temporária de coberturas contratuais, quando presentes as condições do art. 217º da LCS, remete-nos aos fatores temporais que se relacionam direta ou indiretamente com a denúncia para que ela alcance seus efeitos sem implicar questionamentos e situações de responsabilização.

Outros aspectos do procedimento, como a identificação do destinatário e a forma pela qual se dá ciência ao destinatário da denúncia, também integram o exercício desse modo de desvinculação e podem impactar seus efeitos.

Enfim, observar o conjunto dessas etapas e procedimentos visa evitar a ruptura abrupta da relação contratual, possibilitando que a denúncia produza seus efeitos, o que será detalhado, a seguir, em ambos os regimes jurídicos ora analisados.

5.2.1.1. Aviso prévio

Como salientado, segundo a técnica jurídica, a denúncia é forma de cessação típica dos contratos celebrados por duração indeterminada ou determinada, sendo o prazo inicial renovado reiterada e automaticamente por força da disposição contratual. Em Portugal, como lembra Margarida Lima Rego, os contratos de seguro-saúde "podem ser vitalícios, mas a generalidade dos produtos disponíveis no mercado português tem uma vigência anual renovável, sendo a possibilidade de renovação, normalmente, limitada em função da idade da pessoa segura".[607]

Dessarte, no regime português, caso a seguradora ou tomador do seguro decidam pela cessação do contrato anual renovável por denúncia (contrato renovável com duração inicial inferior a cinco anos), devem observar o prazo de aviso prévio, não inferior a 30 dias antes da respectiva data de prorrogação do contrato (nº 1, art. 115º, da LCS).[608] As outras hipóteses tratadas pela LCS (nº 2 do art. 115º da LCS), entretanto menos comuns no seguro-saúde, são: a) vigência por duração indeterminada; e b) contratos com duração inicial de cinco anos ou superior. Nas duas situações, o prazo de aviso prévio passa a ser de, no mínimo, 90 dias antes da data indicada para o término do contrato.

Outra diferença aplicável às duas últimas hipóteses suprarreferenciadas, quando comparadas aos contratos com duração inferior a cinco anos, são as limitações à denúncia indicadas no art. 114º da LCS (tendo como critérios o uso abusivo da denúncia, ou nas hipóteses em que seu uso se oponha à natureza ou à finalidade do contrato). Tais limites não se apli-

607 REGO, Margarida Lima; PEÑA LÓPEZ, Fernando. *Regulação do contrato de seguro em Portugal e em Espanha*: análise comparada cit. p. 93.

608 A inobservância do prazo pode levar a consequências e responsabilização. Cf. item 5.2.2.1 a seguir.

cam aos contratos renováveis celebrados com duração inferior a cinco anos, consoante previsão expressa no art. 113º da LCS, afinal, é a curta duração desses contratos, mesmo diante de sucessivas renovações, que leva o legislador a fixar maior liberdade no exercício da denúncia, sem o alcance do art. 114º da LCS.[609]

Na modalidade de grupo, no regime português, o tomador deve cuidar não só de notificar a seguradora sobre a denúncia, mas também de informar aos membros do grupo segurado, com antecedência mínima de 30 dias (nºs 1, 2, e 3 do art. 84º da LCS). O mesmo prazo é observado caso o segurado resolva cessar seu vínculo singular pelo exercício da denúncia, após conhecimento de alterações no contrato, sendo a notificação enviada, em regra, ao tomador do seguro, salvo se existir estipulação contratual que indique a seguradora como destinatária (nºs 1, 2, e 3 do art. 82º da LCS). Todavia, como explicitado anteriormente, os efeitos da denúncia estão circunscritos ao vínculo particular do segurado e, logo, não determinam a cessação do próprio contrato de seguro-saúde de grupo.

Comparativamente, no regime brasileiro, quando se está diante do seguro-saúde individual ou familiar, o contrato também será anual renovável. Entretanto, a renovação indicada pelo legislador, após o decurso do prazo inicial, será por duração indeterminada.[610] Nessa modalidade, a seguradora não pode fazer uso da denúncia imotivada, apenas o segurado (titular) e os membros do seu grupo familiar. Trata-se de uma restrição legal.[611] O procedimento de denúncia está previsto no art. 4º e incisos do RN nº 412/2016 da ANS e as formas ali listadas facilitam o exercício da denúncia pelo segurado. São previstas três maneiras de realizá-lo: (i) comparecimento do segurado à sede ou aos escritórios ou outro local indicado pela seguradora; (ii) atendimento telefônico do segurado; ou (iii) envio da notificação por meio eletrônico. Assim, a comunicação feita pela pessoa (segurado-titular ou membro de seu grupo familiar) poderá ser oral ou escrita, sendo atribuída à seguradora, por força da referida normativa, a obrigação de emitir o comprovante de recebimento da denúncia para a pessoa solicitante (o segurado é indicado na referida normativa da ANS com "beneficiário").[612]

609 Cf. MARTINEZ, Pedro Romano *et al. Lei do Contrato de Seguro*: anotada cit., p. 378.

610 Ver art. 13 da LPS.

611 Cf. item 5.1.5.1.

612 Trata-se do recebimento da solicitação de "cancelamento", como previsto no art. 6º da RN nº 412/2016.

Note que, uma vez observado o prazo de vigência mínima do seguro--saúde,[613] a RN da ANS supramencionada não exige cumprimento de prazo de aviso prévio pela pessoa solicitante, basta que a seguradora receba sua comunicação de forma clara. No entanto, antes de dar seguimento aos procedimentos internos para a desvinculação, o art. 5º da RN nº 412/2016 da ANS determina que a seguradora, no momento da comunicação da denúncia, informe ao segurado, com clareza e precisão, quais os efeitos da declaração de denúncia para além do encerramento da relação contratual (art. 15º da RN nº 412/2016 da ANS).[614]

As informações presentes no art. 15 da RN nº 412/2016 da ANS, as quais devem ser informadas ao segurado no momento da denúncia, são exemplificativas. A intenção do referido dispositivo é deixar a pessoa solicitante ciente das implicações da denúncia, caso o segurado resolva contratar outro seguro ou plano de saúde. Esse dever de informar condiciona o exercício da denúncia e seu descumprimento poderá acarretar responsabilização da seguradora e mesmo a ineficácia da denúncia com a manutenção do contrato, sem prejuízo de sanções administrativas (art. 25 da RN nº 412/2016 da ANS).

A partir da data de emissão do comprovante de recebimento da comunicação do segurado, a seguradora deverá efetuar os procedimentos internos para encerramento do vínculo no prazo de dez dias úteis e remeter a prova desse encerramento por qualquer meio que assegure a ciência da pessoa solicitante, acompanhado de eventuais cobranças de serviços, conforme o caso (arts. 18 e 19 da RN nº 412/2016 da ANS).

A RN nº 412/2016 da ANS também regulamenta a denúncia imotivada na situação do segurado que integra qualquer uma das duas modalidades coletivas de seguro-saúde no Brasil: a) empresarial (arts. 7º e 10 da RN

[613] Dispõe o art. 20 da RN nº 412/2016 da ANS: "O pedido de cancelamento dos contratos individuais ou familiares não exime o beneficiário do pagamento de multa rescisória, quando prevista em contrato, se a solicitação ocorrer antes da vigência mínima de 12 (doze) meses, observada a data de assinatura da proposta de adesão".

[614] Entre as informações podem-se destacar: a) perda do direito de portabilidade de carências; b) novo cumprimento de carências; c) preenchimento de nova declaração de saúde (doença e leões preexistentes); d) efeito imediato e caráter irrevogável da medida; e) contraprestações e coparticipações vencidas e devidas deverão ser pagas; f) as despesas decorrentes de eventuais utilizações dos serviços pelo usuário após a data de solicitação da denúncia correrão por sua conta, entre outros.

nº 412/2016); e b) por adesão (arts. 11 e 14 da RN nº 412/2016). Dos termos da referida resolução observa-se que as mesmas etapas presentes na modalidade individual também se aplicam ao procedimento da denúncia realizada pelo segurado nas modalidades coletivas. Assim: a) o segurado pode utilizar as mesmas formas de comunicação da denúncia à seguradora já previstas na modalidade individual, apontadas anteriormente; b) há a inversão do dever de comprovação do recebimento da notificação de denúncia, que passa a ser da seguradora; c) também há a presença do dever de informar a respeito das consequências da denúncia (art. 15 da RN nº 412/2016 da ANS); e d) o mesmo prazo de dez dias úteis para efetivar as medidas de encerramento e envio do comprovante.[615]

Contudo, também há diferenças entre a denúncia na modalidade coletiva, em relação à modalidade individual ou familiar, no que concerne ao segurado, e elas estão nos destinatários da denúncia e adaptações de procedimentos, visto que há a presença do estipulante (como empregador, associação ou entidade profissional) e, em alguns casos, da administradora de benefícios,[616] que poderá funcionar como um intermediário ou mesmo representante da seguradora.[617]

Dessa feita, na modalidade coletiva empresarial do seguro-saúde brasileiro, o segurado deverá direcionar sua comunicação de denúncia, inicialmente, ao estipulante (pessoa jurídica contratante) e esta, por sua vez, deve cientificar a seguradora em até 30 dias. Caso o estipulante não o faça, então o segurado poderá redirecionar sua comunicação à seguradora.[618] Por sua vez, na modalidade coletiva do seguro-saúde por adesão, o segu-

[615] Arts. 9º, 10, 13, 14, 18 e 19 da RN nº 412/2016 da ANS.

[616] Consoante os incisos e *caput* do art. 2º da RN nº 196/2009 da ANS: "Considera-se Administradora de Benefícios a pessoa jurídica que propõe a contratação de plano coletivo na condição de estipulante ou que presta serviços para pessoas jurídicas contratantes de planos privados de assistência à saúde coletivos, desenvolvendo ao menos uma das seguintes atividades: I – promover a reunião de pessoas jurídicas contratantes na forma do artigo 23 da RN nº 195, de 14 de julho de 2009; II – contratar plano privado de assistência à saúde coletivo, na condição de estipulante, a ser disponibilizado para as pessoas jurídicas legitimadas para contratar; III – oferecimento de planos para associados das pessoas jurídicas contratantes; IV – apoio técnico na discussão de aspectos operacionais".

[617] Silva Junior, Aluísio Gomes da; Gouveia, Maria Thereza Carolina de Souza. Saúde suplementar: regulação e jurisdição. *In*: Asensi, Felipe Dutra; Pinheiro, Roseni (org.). *Direito sanitário*. Rio de Janeiro: Elsevier, 2012. p. 231.

[618] §§ 1º e 2º do art. 7º da RN nº 412/2016 da ANS.

rado poderá optar por qualquer um dos seguintes destinatários: (i) estipulante; (ii) administradora de benefícios (se houver); e (iii) seguradora.[619]

Ainda, no que toca à modalidade coletiva por adesão, quando os destinatários escolhidos forem a administradora de benefícios ou a seguradora, a denúncia terá efeito imediato, após a comunicação ao segurado do disposto no art. 15 da RN nº 412/2016 da ANS.[620] A referida normativa não trata expressamente do procedimento, quando o destinatário da solicitação for o estipulante, todavia parece-nos possível aplicar o mesmo prazo de 30 dias para que o estipulante cientifique a seguradora acerca da comunicação de denúncia feita pelo segurado, do mesmo modo que ocorre na modalidade coletiva empresarial.

Ao final, na emissão do comprovante do efetivo encerramento do contrato de adesão do segurado (denúncia do vínculo singular), as seguradoras ou administradoras de benefício indicarão os valores dos serviços para pagamento pelo segurado, conforme o caso. Tais valores, diante da inadimplência, poderão ser objeto de cobrança judicial, contudo tal fato não interfere na eficácia da denúncia.[621]

Como último ponto a respeito do procedimento da denúncia para a cessação do seguro-saúde coletivo celebrado no Brasil, até 30 de março de 2020, quando a denúncia fosse notificada pelo estipulante ou pela seguradora, observavam-se os seguintes aspectos temporais e etapas: (i) cumprimento da vigência mínima de 12 meses do contrato;[622] (ii) envio do aviso prévio com antecedência mínima de 60 dias;[623] e (iii) oferta, pela seguradora ao segurado (membro do grupo coletivo), de seguro-saúde individual ou familiar, sem recontagem do prazo de carência.[624]

619 Incisos I a III do art. 11 da RN nº 412/2016 da ANS.

620 §§ 1º a 4º do art. 11 da RN nº 412/2016 da ANS.

621 Art. 21 da RN nº 412/2016 da ANS.

622 Exigência da primeira parte do parágrafo único do art. 17 da RN nº 195/2009 da ANS, revogado pela RN nº 455/2020.

623 Exigência do parágrafo único do art. 17, *in fine*, da RN nº 195/2009 da ANS, revogado pela RN nº 455/2020.

624 Art. 1º da Resolução nº 19/1999 do CONSU: "As operadoras de planos ou seguros de assistência à saúde, que administram ou operam planos coletivos empresariais ou por adesão para empresas que concedem esse benefício a seus empregados, ou ex-empregados, deverão disponibilizar plano ou seguro de assistência à saúde na modalidade individual ou familiar ao universo de beneficiários, no caso de cancelamento desse benefício, sem necessidade de cumprimento de novos prazos de carência".

Após a data indicada no artigo antecedente, por força da RN nº 455/2020 da ANS, não há mais a obrigatoriedade de cumprimento do prazo legal mínimo para a vigência do contrato ou o prazo legal de aviso prévio no seguro-saúde coletivo, restando apenas a exigência do *caput* do art. 17 da RN nº 195/2009, ou seja, a previsão em cláusula sobre a possibilidade de cessação do contrato por denúncia, podendo as partes (seguradora e estipulante) fixar prazos e procedimentos, inclusive para o segurado, respeitado o mínimo estabelecido na RN nº 412/2016 da ANS.

A inobservância dos prazos e procedimentos para o exercício da denúncia, seja no regime português ou no regime brasileiro, gera consequências por seu descumprimento. Essas consequências são graduais, normalmente proporcionais à gravidade do referido descumprimento, e variam segundo o ordenamento analisado. Tais aspectos serão abordados no item 5.2.2.

5.2.1.2. Forma

A notificação de denúncia, habitualmente acompanhada do prazo de aviso prévio, não se reveste de formalidades, em regra. Em Portugal, Pedro Romano Martinez indica que a notificação é a própria declaração negocial da denúncia e não exige forma especial (arts. 219º, nº 1, e 342º do CCP).[625] Nesse mesmo sentido, Rui Rosado de Aguiar Jr., ao comentar o art. 473 do CCB, conclui pela forma livre, salvo quando a lei fixa de maneira diversa.[626]

No caso específico do contrato de seguro no regime português, o art. 120º da LCS estabelece que as comunicações devem "revestir forma escrita ou ser prestadas por outro meio de que fique registo duradouro" (nº 1 do art. 120º da LCS), e serão enviadas ao destinatário devidamente identificado no contrato, "considerando-se validamente efectuadas se remetidas para o respectivo endereço constante da apólice" (nº 2 do art. 120º da LCS).

José Pereira Morgado aponta, segundo sua compreensão, que o art. 120º da LCS trata tanto de comunicações feitas por escrito quanto aquelas realizadas por meio de qualquer outro suporte, desde que o registro

[625] Nesse sentido, em Portugal, MARTINEZ, Pedro Romano. *Da cessação do contrato* cit., p. 117-118. No Brasil: LOUREIRO, Francisco Eduardo. Extinção dos contratos cit., p. 621; e GUERRA, Alexandre Dartanhan de Mello. *Princípio da conservação do negócio jurídico*. São Paulo: Almedina, 2016. p. 230-231.

[626] AGUIAR JR., Ruy Rosado de. Da extinção dos contratos. *In*: TEIXEIRA, Sálvio de Figueiredo Teixeira (coord.). *Comentários ao novo Código Civil*. Rio de Janeiro: Forense, 2011. v. VI, t. II, p. 245.

seja duradouro, inclusive o eletrônico ou telemático. Também assinala o mesmo autor a possibilidade de outras interpretações, como aquela que admite a comunicação por meio telefônico, mediante gravação. O importante é que as partes convencionem previamente quais serão as formas possíveis de fazê-lo, tendo em conta o registro que deverá ser duradouro.[627]

Luís Poças, por seu turno, compreende que a notificação deve ser escrita (art. 115º, nº 1, da LCS), por razões de prova, e admite o uso do correio eletrônico ou outra forma escrita em suporte digital para tanto (art. 120º da LCS), e a inobservância dessa forma é causa de invalidade da denúncia, que não produzirá efeitos.[628]

No regime brasileiro, o art. 17 da RN nº 195/2009 da ANS estabelece que as condições da extinção para o seguro-saúde coletivo por adesão ou empresarial devem constar do contrato celebrado pelos contratantes. Isso permite que a seguradora e a estipulante livremente escolham a maneira como a denúncia ocorrerá entre elas. Daí a possibilidade de fixar e encontrar, nos contratos brasileiros, formas como aquelas referenciadas no regime português dos seguros supraindicadas. O importante é que aquela escolhida possa ser comprovada, pois o denunciante tem o ônus de provar o recebimento da comunicação pelo destinatário, em regra.

No regime brasileiro, não nos parece que o formato da denúncia será uma questão de validade, em princípio, e isso se deve à consideração da liberdade que a lei confere à forma dos negócios em geral (art. 107 do CCB), o que alcança a declaração da denúncia no seguro-saúde coletivo (pois não há disposição legal específica a respeito). Entretanto, poderá ser questão de validade, caso as partes assim determinem no contrato. A parte deve considerar com cuidado a maneira que pretende empregar para a comunicação, pois algumas delas poderão dificultar a prova, o que poderá tornar a denúncia ineficaz. A denúncia não se reveste de forma solene, entretanto a comunicação escrita endereçada ao sujeito legitimado a recebê-la faci-

[627] Esclarece o mencionado autor que, quando a comunicação for eletrônica, "deve ser reconhecida como emitida pelo seu autor. A sua eficácia probatória depende do tipo de 'assinatura', ou sinal de reconhecimento que delas conste (art. 3º do Decreto-lei nº 290/D/99). Parece ser lícito, porém, às partes estabelecer convenção sobre a matéria, reconhecendo e atribuindo força probatória plena a documentos electrónicos sem assinatura certificada, desde que devidamente identificada a sua autoria e origem, por exemplo pelo acesso através de chaves ou códigos pré definidos, exclusivos de uma certa relação contratual" (MORGADO, José Pereira *et al. Lei do Contrato de Seguros*: anotada cit., p. 390-392).

[628] POÇAS, Luís. O poder de desvinculação discricionária do segurador cit., p. 128.

litará a comprovação de que o denunciante proporcionou conhecimento inequívoco à outra parte.[629]

Por fim, observe que no seguro-saúde individual e familiar, no Brasil, à exceção do quanto exposto até o momento, as formas estão predeterminadas pela RN nº 412/2016 da ANS, indicadas no item precedente. São disposições imperativas que não podem ser afastadas por estipulação contratual, revelando o dirigismo contratual para essas modalidades de seguro-saúde no regime brasileiro. Nesse caso, verifica-se que o legislador tratou de assegurar variadas formas de denúncia para o segurado (o que também se aplica aos segurados da modalidade coletiva do seguro-saúde), facilitando o procedimento e a prova da denúncia pelo consumidor.

5.2.1.3. Pós-eficácia

A pós-eficácia contratual do seguro-saúde, como possibilidade instituída por lei para a salvaguarda do segurado, em situações especiais, é uma solução presente no regime português que não se verifica no direito brasileiro. Assim, a liberdade de denúncia no caso dos contratos com renovações automáticas, seja de longo prazo ou não, está condicionada à observância dos termos do art. 217º da LCS. Tal condicionamento, note, não afeta os efeitos da denúncia em si, mas exige que a seguradora continue a cobrir certos eventos, por um período predeterminado após a cessação do contrato.[630] É o que António Menezes Cordeiro aponta como *certa pós-eficácia* do seguro-saúde.[631]

Prescreve o nº 1 do art. 217º da LCS que "o segurador não pode, nos dois anos subsequentes e até que se mostre esgotado o capital seguro no último período de vigência do contrato, recusar as prestações resultantes de doença manifestada ou outro facto ocorrido na vigência do contrato, desde que cobertos pelo seguro", uma vez que o contrato de seguro-saúde não seja renovado (ou a cobertura) e o risco não esteja coberto por um contrato de seguro posterior.[632]

[629] Aguiar Jr., Ruy Rosado de. Da extinção dos contratos cit., p. 245.

[630] Nesse caso, há um regime especial, como descreve Pedro Romano Martinez, que, "sem pôr em causa a denúncia *ad nutum*, permite-se que a cobertura inclua reclamações pós-contratuais" (*Lei do Contrato de Seguro*: anotada cit., p. 379).

[631] Cordeiro, António Menezes. *Direito dos seguros* cit., p. 853.

[632] Sobre formas possíveis de interpretação do dispositivo recomenda-se a leitura de: ALVES, Francisco Luís F. Ribeiro. *Direito dos seguros*: cessação do contrato. Práticas comerciais cit., p. 130-132.

Portanto, para que haja a pós-eficácia prevista art. 217º da LCS, devem-se ter em conta: a) seguro-saúde renovável, cuja não renovação do contrato (ou cobertura) decorre da cessação do vínculo por denúncia; b) manifestação de doença ou evento indicado na apólice que requer a prestação de cuidados de saúde durante a vigência do contrato; c) não cobertura do risco manifestado no contrato antigo pelo seguro-saúde subsequente; d) informação do segurado à seguradora acerca da doença ou evento ocorrido até 30 dias imediatos ao termo do contrato, salvo justo impedimento (nº 2 do art. 217º da LCS).[633]

Dessarte, diante dos elementos supramencionados, há o dever legal de cobertura da antiga seguradora quanto às prestações relacionadas ao risco segurado e concretizado, devendo cobri-los nos dois anos subsequentes e até que se mostre esgotado o capital seguro no último período de vigência do contrato. Francisco Luís F. Ribeiro Alves ressalva que, caso a doença do segurado já tenha se manifestado ao longo da relação contratual anterior e, por conseguinte, seja conhecida da seguradora, não há a necessidade de notificá-la na forma do nº 2 do art. 217º da LCS, contudo o segurado deve, ao menos, noticiar à seguradora que a referida doença não está coberta pelo novo segurado ou que não foi realizado outro seguro posterior.[634]

Esse dispositivo legal, em nossa compreensão, expressa o cuidado do legislador com o tomador do seguro ou segurado, no que concerne à sua condição de saúde no momento da cessação do vínculo contratual. Além disso, parece-nos que tal disposição reforça a perspectiva social desse seguro e, ao mesmo tempo, é uma solução relevante para fazer frente a questões que possam surgir no momento da cessação do seguro-saúde, por exemplo, situações que requerem a continuidade do tratamento da doença ou evento ocorrido, já iniciados, para afastar o perigo iminente à vida ou mesmo o restabelecimento da saúde, claro, na medida em que tal doença ou evento estejam previstos na cobertura do contrato e dentro do limite financeiro fixado. O prazo do art. 217º da LCS pode, ainda, possibilitar que a pessoa tenha algum tempo para encontrar outro seguro.

633 José Alves de Brito comenta a solução ponderando que, "entre a responsabilização do antigo ou novo segurador, afigura-se mais razoável a responsabilização do último" (*Lei do Contrato de Seguro*: anotada cit., p. 579).

634 Cf. Alves, Francisco Luís F. Ribeiro. O regime do contrato de seguro de saúde no direito português cit., p. 26.

O dispositivo em comento não indica expressamente qual o destinatário da norma e, por isso, Francisco Luís F. Ribeiro Alves admite a possibilidade de duas interpretações: (i) aplicação às duas partes do contrato, diante da não renovação, o que é tratado como aceitação do "risco de posteridade"[635]; e (ii) aplicação apenas ao segurador, de maneira a conceder ao segurado proteção especial em face de eventuais denúncias abusivas (art. 114º, nº 4, da LCS). No primeiro caso, se denúncia for feita pelo tomador do seguro ou segurado (consumidor), entende o autor que a cobertura posterior se estende ao limite do capital remanescente no último ano de vigência. No segundo caso, para uma proteção efetiva, é possível concluir que o capital se renova a cada ano, a fim de combater denúncias abusivas do segurador. O autor trata ainda de uma interpretação mista, a qual acompanhamos, para admitir a renovação do capital a cada ano a fim de proporcionar proteção ao tomador ou segurado (consumidor) se a não renovação do contrato partiu do segurador e constatada a ocorrência de sinistros que: a) já resultaram em gastos; e b) necessitam da continuidade de assistência. Por outro lado, se a iniciativa da não renovação é do tomador ou segurado, leva-se em conta apenas o saldo remanescente do capital.[636]

No Brasil, reitere-se, a lei não fixa um período de cobertura pós-contratual do seguro-saúde para cobertura do segurado em nenhuma condição, contudo, como veremos ao tratar dos limites da denúncia, a jurisprudência brasileira tem construído o entendimento da possibilidade de extensão temporal dos efeitos do contrato, após a denúncia, para contemplar doença ou evento ocorrido durante a vigência do contrato e cuja cessação imediata do tratamento acarrete risco à saúde ou vida do segurado.

[635] Na definição do autor: "Na primeira hipótese está em causa o risco de posteridade, em que o preceito visa dar a possibilidade de o seguro cobrir os eventos que ocorreram na vigência do contrato e que ainda não deram lugar a despesas" (ALVES, Francisco Luís F. Ribeiro. *Direito dos seguros*: cessação do contrato. Práticas comerciais cit., p. 130).

[636] Renovar o capital, se a denúncia é exercida pelo segurador, é garantir a efetiva tutela da pessoa expressa no art. 217 do CC; do contrário, poderiam não restar quaisquer valores que pudessem proporcionar a manutenção dos tratamentos necessários ao tomador ou segurado (ALVES, Francisco Luís F. Ribeiro. *Direito dos seguros*: cessação do contrato. Práticas comerciais cit., p. 130-131).

5.2.2. Limites ao exercício da denúncia no seguro-saúde

Ambos os regimes ora estudados apontam o exercício discricionário da denúncia[637] pautado pela manifestação da vontade unilateral, desprovida de justificativa, o que, todavia, não importa em ausência de limites ao seu exercício.

A denúncia no seguro-saúde, portanto, encontra-se sujeita a condicionamentos legais, que variam nos regimes português e brasileiro, bem como o tradicional controle pelo abuso de direito, quando seu uso for disfuncional, de modo a contrariar a boa-fé esperada dos contratantes nessa relação contratual.[638]

Já tivemos oportunidade de esclarecer em trabalho pregresso que tanto a denúncia feita em desconformidade com as exigências e etapas determinadas em lei quanto aquela cujo exercício caracteriza abuso de direito configuram denúncias ilícitas e estão sujeitas a consequências. Tais consequências variam de ordenamento para ordenamento, porém, no esforço organizá-las segundo o rigor de suas consequências, propomos, em linhas gerais, dividi-las em duas categorias: a) denúncia abrupta; e b) denúncia abusiva.[639] Vejamos a seguir.

5.2.2.1. Denúncia abrupta

A ruptura abrupta do contrato ocorre quando a denúncia é exercida sem observar o procedimento legal ou contratual previsto para seu exercício regular, o que remete a: 1º) descumprimento de aspectos temporais (inobservância do prazo de aviso prévio); e 2º) irregularidade nos procedimentos de comunicação da denúncia. Sobre esses dois aspectos mencionados Pedro Romano Martinez observa que, em geral, mesmo o exercício de modo ilícito da denúncia não obsta a produção imediata dos efeitos de cessação, entretanto a consideração do "contexto" ou "modo como se faz

[637] MARTINEZ, Pedro Romano. *Da cessação do contrato* cit., p. 116; AGUIAR JR., Ruy Rosado de. *Comentários ao novo Código Civil*: da extinção dos contratos cit., p. 242-243.

[638] MARTINS-COSTA, Judith. *A boa-fé no direito privado*: critérios para sua aplicação cit., p. 663; MARTINEZ, Pedro Romano. *Da cessação do contrato* cit., p. 116; CORDEIRO, António Menezes. *Da boa fé no direito civil* cit., 2001, p. 898.

[639] Essa proposta tem em consideração os estudos de Ruy Rosado de Aguiar Jr. que utiliza a ideia em linhas gerais para tratar da resilição unilateral no Brasil (cf. *Comentários ao novo Código Civil*: da extinção dos contratos cit., p. 249). Já tivemos a oportunidade de tratar dessa sugestão de divisão em trabalho anterior (cf. ZANETTI, Andrea Cristina. *Denúncia nos contratos privados de assistência à saúde* cit., p. 194-204).

valer" essa forma de desvinculação poderão impactar seu exercício e, em alguns casos, resultar na "subsistência do vínculo" contratual. De toda forma, subsistindo ou não o vínculo contratual, será possível a indenização dos prejuízos causados e comprovados, tendo como fundamento a responsabilidade civil.[640]

No regime português dos seguros, Luís Poças ressalta que o prazo de aviso prévio – condições e prazos previstos no art. 41º; nº 3 do art. 82º; nº 3 do art. 84º; e nºs 1 e 2 do art. 115º da LCS – tem por fim evitar a ruptura abrupta da relação. Trata-se de proteção destinada ao denunciado no que concerne a eventuais prejuízos e transtornos decorrentes da cessação do contrato de forma inesperada. Em especial, quando o denunciado é o tomador do seguro, o objetivo é possibilitar a busca de alternativas no mercado para o risco que deixará de ser coberto.[641] Tais observações e dispositivos mencionados no presente parágrafo referem-se ao regime comum dos seguros, os quais são aplicados também ao seguro-saúde.

Convém observar que, no caso específico do período de pós-eficácia de cobertura de doença ou evento ocorrido na vigência do contrato, objeto de cessação, consoante previsto no art. 217º da LCS, não estamos diante de prazo de aviso prévio. Tal procedimento especial não influencia propriamente os efeitos da denúncia e, a nosso ver, não está atrelado à questão da ruptura abrupta da relação contratual, mas, sim, estabelece um regime especial de proteção *pós-contratual* no seguro-saúde,[642] destinado a atender à condição especial de segurados em contratos de seguro-saúde renováveis. Tal garantia legal está prevista em norma de imperatividade relativa, ou seja, sua modificação é possível desde que beneficie o tomador do seguro,[643] e seu efetivo cumprimento pode ser exigido pela parte que dela se beneficia, uma vez que estejam preenchidos os pressupostos legais do art. 217º da LCS.

Feita essa distinção, cumpre perquirir as consequências da parte que exercita a denúncia sem observar o prazo mínimo de aviso prévio previsto na LCS.[644] Nessa perspectiva, Luís Poças aponta a responsabilidade civil daquele que denuncia sem observar o pré-aviso, logo, deverá reparar os

[640] MARTINEZ, Pedro Romano. *Da cessação do contrato* cit., p. 121-122.

[641] POÇAS, Luís. O poder de desvinculação discricionária do segurador cit., p. 127-128.

[642] MARTINEZ, Pedro Romano *et al. Lei do Contrato de Seguro*: anotada cit., p. 375.

[643] Cf. nº 1 do art. 13º da LCS.

[644] Cf. art. 115º da LCS.

prejuízos daí decorrentes, salvo se houver o aceite do denunciado, como se dá no caso de renúncia, por se tratar de direito disponível.[645] Observe que não há disposição legal específica para a responsabilização quanto à denúncia nesse caso, mas tal se pode extrair do art. 483º do CCP que cuida da responsabilidade por ato ilícito. Assim, a responsabilidade civil é o remédio para a inobservância dos prazos de aviso prévio indicados no nº 3 do art. 82º e nºs 1 e 2 do art. 115º da LCS.

Além disso, o nº 3 do art. 84º da LCS estabelece, para as situações de cessação do seguro de grupo, a obrigatoriedade de o tomador do seguro avisar os segurados acerca da denúncia do contrato, com prazo mínimo de 30 dias antes da extinção da cobertura do risco, sendo o desrespeito de tal dispositivo passível de responsabilidade civil do tomador do seguro "pelos danos a que der origem". Entretanto, nesse aspecto específico, não nos parece ser o caso de pré-aviso da denúncia. A obrigatoriedade de aviso aqui indicado direciona-se para o dever de informar e, nesse sentido, José Alves de Brito assinala em seu comentário que a disposição em questão trata do "não cumprimento culposo do dever de comunicar", do qual decorre o dever de indenizar o segurado diante dos danos comprovados, solução que segue a mesma linha do art. 79º da LCS.[646]

A denúncia abrupta no regime brasileiro do seguro-saúde poderá ocorrer no caso do seguro-saúde coletivo, modalidade empresarial e por adesão. Enquanto vigorava o parágrafo único do art. 17 da RN nº 195/2009 da ANS, a desconsideração do prazo de aviso prévio de 60 dias não invalidava a denúncia, mas possibilitava exigir a indenização dos prejuízos apurados. Como anota Rui Rosado de Aguiar Jr., tal descumprimento "não impede a extinção, pois o ato extintivo é eficaz", mas o denunciado terá direito à reparação dos danos.[647] Atualmente, considerando que a partir de março de 2020 não há mais previsão fixa de aviso prévio para a denúncia (RN nº 455/2020 da ANS), o prazo dependerá das condições estipuladas contratualmente pelas partes, em regra.

Ainda na perspectiva brasileira, e mesmo que não se trate de um fator temporal, podemos observar também como exigência para a denúncia *ad nutum* nos seguros-saúde coletivos, quando realizada pela seguradora, a

645 Poças, Luís. O poder de desvinculação discricionária do segurador cit., p. 129.

646 Brito, José Alves de *et al. Lei do Contrato de Seguro*: anotada cit., p. 319.

647 Aguiar Jr., Ruy Rosado de. Da extinção dos contratos cit., p. 248.

obrigação de ofertar, como alternativa aos segurados de grupo, a modalidade individual e familiar do seguro-saúde, sem recontagem do prazo de carência, antes da efetivação da denúncia (art. 1º da RN nº 19/1999 do CONSU). O descumprimento dessa garantia legal autoriza o segurado a exigi-la da seguradora, inclusive por via judicial, sem prejuízo da indenização pelos danos verificados, porém também não interfere na eficácia da denúncia.[648]

No que concerne ao cumprimento de procedimentos para a comunicação da denúncia à outra parte, em outros termos, quanto às formas possíveis da comunicação e, sobretudo, à legitimidade do sujeito destinatário da notificação, o descumprimento da lei ou do contrato poderá acarretar não só o pagamento dos danos, mas a própria ineficácia da denúncia. Mesmo que possa haver variações de tais procedimentos segundo o ordenamento ora estudado, tanto o regime português quanto o regime brasileiro apontam a denúncia como declaração unilateral receptícia que se aperfeiçoa com a comunicação da denúncia ao destinatário, indicado na lei ou contrato.[649] Em regra, considera-se que a exigência do recebimento e a ciência do destinatário estão validamente atendidas com o envio da comunicação escrita (ou por outro meio que permita registro duradouro) remetida ao destinatário legitimado a recebê-la no endereço mencionado na apólice ou contrato.[650]

Diante da ausência de prova da ciência do destinatário, ou seja, se sua realização se deu em desrespeito à lei (ou ao contrato, nos limites legais), a denúncia resultará ineficaz, o que determinará a subsistência do vínculo contratual até que a comunicação seja refeita em conformidade com os dispositivos legais aplicáveis.[651] Também nesse caso não se exclui a possibilidade de responsabilização civil pelos danos apurados.[652]

A denúncia no seguro-saúde coletivo sempre foi uma questão intrincada no direito brasileiro, dados o silêncio da LPS e a divisão doutrinária

[648] A responsabilidade civil não obsta a responsabilização da seguradora em outras esferas como aquela que pode ser aplicada pela entidade reguladora do setor de saúde suplementar.

[649] Cf. art. 224º, nº 1, do CCP e art. 473 do CCB.

[650] Cf., em Portugal, arts. 115º e 120º da LCS. No Brasil, arts. 107 do CCB e 17 da RN nº 195/2009 da ANS.

[651] Nesse sentido, em Portugal: "Havendo inobservância dos requisitos formais, a denúncia é inválida (nula) por vício de forma, pelo que não produz efeitos" (Poças, Luís. O poder de desvinculação discricionária do segurador cit., p. 129).

[652] Cf. arts. 115º e 120º da LCS e *caput* do art. 473 do CCB.

que se seguiu em duas posições principais: a) há aqueles que defendem a impossibilidade da denúncia para qualquer modalidade do seguro-saúde, a partir da aplicação extensiva do inciso II, parágrafo único, do art. 13 da LPS, aliado ao art. 51, IV, do CDC, por considerá-la como uma desvantagem excessiva ao consumidor, incompatível com a boa-fé; e b) há outros que admitem a cláusula de denúncia, respeitadas certas condições, em especial a bilateralidade da medida, consoante determina o art. 51, XI, do CDC, e o combate às situações de abuso de direito.[653] Na linha desse segundo entendimento, o parágrafo único e o *caput* art. 17 da RN nº 195/2009 da ANS estabeleceram a possibilidade da denúncia entre a operadora e o estipulante (pessoa jurídica contratante), desde que a cláusula respectiva esteja expressa no contrato e observados a vigência mínima de 12 meses e o aviso prévio de 60 dias.

Após a RN nº 195/2009 da ANS, o próprio STJ foi gradualmente sedimentando, nos anos subsequentes, o entendimento do controle concreto da denúncia, ou seja, pela admissibilidade da cláusula de denúncia no seguro-saúde coletivo, pois o parágrafo único do art. 13 da LPS restringia-se aos seguros individuais.[654] Para tanto, a cláusula deveria respeitar: (i) a bilateralidade da medida, conforme o art. 51, XI, do CDC; (ii) o cumprimento do prazo mínimo de vigência, considerando-se a renovação automática do contrato; e (iii) o aviso prévio, tal como estabelecido no parágrafo único do art. 17 da RN nº 195/2009 da ANS.[655]

Paralelamente a essa situação, em 2014, nos autos da Ação Civil Pública nº 0136265-83.2013.4.02.51.01, proposta na 18ª Vara Federal do Rio de Janeiro, reconheceu-se o pedido da Autarquia de Proteção e Defesa do Consumidor do Estado do Rio de Janeiro (PROCON/RJ), em face da ANS, para declarar a ilegalidade do parágrafo único do art. 17 da RN nº 195/2009 da ANS. A sentença de primeira instância apresentou como principais

[653] Conferir detalhes no item 5.1.3 deste trabalho. As correntes se dividem na classificação que atribuímos a "abstrato" (não admite a cláusula de denúncia no seguro-saúde coletivo) e "concreto" (admite a cláusula de denúncia no seguro-saúde coletivo, sujeito a controle concreto), respectivamente. Sobre o assunto ver: ZANETTI, Andrea Cristina. *Denúncia nos contratos privados de assistência à saúde* cit., p. 264-277.

[654] REsp 889406/RJ, 4ª Turma, Min. Massami Uyeda, j. 20.11.2007, *DJe* 17.03.2008. Disponível em: www.stj.jus.br. Acesso em: 15 out. 2020.

[655] AgInt no AREsp 952334/SP, 3ª Turma, Min. Moura Ribeiro, j. 27.04.2017, *DJe* 16.05.2017. Disponível em: www.stj.jus.br. Acesso em: 1º out. 2017.

razões as seguintes: (i) a contratação coletiva não descaracteriza a natureza consumerista do ajuste; (ii) não seria o caso da aplicação do art. 51, XI, pois não há comutatividade e, por "via de regra, quem rescinde o contrato é o consumidor, justamente pela onerosidade das parcelas mensais ou pelo mau serviço prestado pelas operadoras de saúde"; (iii) o contrato em questão pressupõe continuidade no tempo e, estando as condições iniciais mantidas, não pode ser negada a renovação automática, independentemente da alegação que se faça, *v.g.*, "desequilíbrio contratual"; e (iv) o trecho legal da resolução normativa ora em debate é nulo porque concede vantagem exagerada às operadoras (seguradoras), em desacordo com o art. 51, IV, X, XIII, § 1º e incisos do CDC; e, logo, v) está reconhecida sua nulidade, por decisão judicial, pois o parágrafo do art. 17 estabelece cláusula de "fidelidade de 12 meses de permanência e 2 meses de pagamento antecipado de mensalidades, imposta no ato administrativo viciado" ao consumidor. A referida decisão, posteriormente confirmada pelo Tribunal Regional Federal da 2ª Região, transitou em julgado e foi cumprida em março de 2020, com a edição da RN nº 455/2020 da ANS, a qual deixou sem efeito o parágrafo único do art. 17 da RN nº 195/2009 da ANS.[656]

Da leitura das razões da decisão, ora em análise, observa-se que realmente o seguro-saúde (como plano de saúde), individual ou coletivo, também está sob as regras do Código de Defesa do Consumidor (Súmula nº 608/2018 do STJ), mas não se pode afirmar que essa relação peculiar está circunscrita à relação de consumo ou com ela se confunda. O seguro-saúde apresenta caráter assistencial que não comporta propriamente a definição de "bem ou serviço de consumo". A LPS foi editada com a finalidade de salvaguardar o interesse dos segurados e beneficiários, o que também se aplicadas às resoluções normativas da ANS que tratam do setor de saúde suplementar. Portanto, os regulamentos da ANS devem ser observados na medida em que não contrariem disposições imperativas da LPS, Código de Defesa do Consumidor, Código Civil brasileiro, por exemplo. A questão é verificar se há alguma contradição na espécie.

Antes de passar ao exame das razões, é oportuno relembrar alguns pontos sobre o uso da denúncia no seguro-saúde coletivo, desenvolvidos anteriormente. Primeiramente, o art. 17 e seu parágrafo único da RN nº 195/2009 da ANS tratam da possibilidade de denúncia (resilição unila-

[656] Ver nota 529.

teral) na relação entre estipulante e seguradora, partes do seguro-saúde coletivo. A cessação por denúncia da adesão do segurado ou beneficiário, aplicável a qualquer modalidade de seguro-saúde (individual ou coletivo), está garantida nos arts. 6º a 14 da RN nº 412/2016.[657] Portanto, se a decisão visava a proporcionar a denúncia em condições especiais para o consumidor (segurado), tal aspecto deveria ter levado em conta na RN nº 412/2016, em vez da RN nº 195/2009 da ANS.[658] Além disso, os termos do parágrafo único do art. 17 estabeleciam para a modalidade coletiva a denúncia condicionada *a vigência do período de 12 meses e mediante prévia notificação à outra parte com antecedência de 60 dias*, contudo o trecho da resolução normativa da ANS não indicava aplicação de multas.

Logo, em princípio, e com o máximo respeito, parece questionável o entendimento de que o consumidor, no caso, o segurado ou o beneficiário, estaria sujeito a alguma penalidade instituída pela agência reguladora no seguro-saúde coletivo. Além disso, o parágrafo único do art. 17 RN nº 195/2009 da ANS dirigia-se ao estipulante e à seguradora, e não ao segurado ou beneficiário, sem previsão legal de multa.

Outra ponderação inicial diz respeito ao art. 51 do CDC que determina a nulidade das *cláusulas contratuais relativas ao fornecimento de produtos e serviços* em determinadas situações indicadas pela lei. A questão é que o referido artigo foi utilizado como fundamento para declarar a nulidade de termos constantes em resolução normativa editada por agência reguladora. A dúvida está em saber se a natureza de normas e regulamentos expedidos por agências reguladoras poderia se assemelhar a cláusulas contratuais de forma a autorizar a aplicação extensiva do art. 51 do CDC (que trata de cláusulas abusivas em contratos de consumo). Não se descartam situações de aproximação entre o poder de regular o setor de saúde suplementar da agência reguladora e sua influência sobre as cláusulas contratuais nesse setor, afinal os regulamentos da ANS orientam as referidas cláusulas, mas não parece ser esse o fundamento que autoriza o controle da própria norma pelo uso do art. 51 do CDC, como foi feito na sentença. Por outro lado, as agências regulatórias que cuidam de interesse público e

657 Ver item 5.1.5.

658 Observa-se que a Resolução Normativa foi editada posteriormente às decisões judiciais da primeira e segunda instâncias. Todavia, as partes poderiam tê-la juntado aos autos antes da decisão do STJ.

geral devem limitar-se a temas de *interesses primários*, abstendo-se de intervir no espaço que a própria lei resguarda a iniciativa privada.[659] De todo modo, como o ponto ultrapassa o objetivo de nossa pesquisa, por incluir discussão sobre as funções, os limites e o controle dos atos das agências reguladoras, não vamos dele nos ocupar e passaremos a analisar as razões do julgado em si, pois ele expressa as principais questões atuais relacionadas à denúncia no seguro-saúde coletivo.

Das razões da decisão fica a dúvida se o pedido do PROCON/RJ incluía o estipulante do seguro e se a intenção era impedir que a operadora (seguradora) exercesse a denúncia nas modalidades coletivas do seguro-saúde. Todavia, como a sentença abordou a matéria em suas razões de decisão, passamos a analisar o argumento.

Realmente, a relação entre seguradora e segurado é assimétrica, como tratado anteriormente, e essa assimetria refere-se à possível falta de informação da parte para a realização do negócio, daí a necessidade de observar os deveres de informar, exigíveis em lei especial (art. 11 da LPS e RN nº ANS 162/2007). Por outro lado, não se trata de ausência de comutatividade, pelo menos não no que concerne à cobertura e seu correspondente valor de pagamento. De toda forma, a constatação da assimetria não parece justificar o afastamento do art. 51, XI, do CDC, que estabelece a nulidade da cláusula de *cancelamento unilateral* (denúncia) apenas quando for unidirecional, mas não se a previsão contratual for aplicável a todos os contratantes.

No entanto, também não se pode desconsiderar o argumento de que a simples inserção da cláusula de denúncia poderia implicar desvantagem desmedida ou ofensa à boa-fé (art. 51, VI, do CDC), e, nesse contexto, a análise volta-se para a possibilidade da denúncia pela seguradora, nos contratos coletivos.

Esclareça-se que a possibilidade de denúncia no seguro-saúde coletivo é tema complexo, que gera hesitação, cuja solução definitiva necessita de revisão legislativa. Ao analisarmos a denúncia, modo de cessação típico dos contratos por duração indeterminada ou com cláusula de renovação automática, ressaltamos que o art. 473 do CCB autoriza implicitamente o uso da denúncia para os dois modos de vigência contratual. Então, o afastamento da denúncia para os contratos de duração por tempo indetermi-

[659] Aragão, Alexandre Santos de. *Agências* reguladoras e a *evolução do direito administrativo econômico*. 3. ed. Rio de Janeiro: Forense, 2013. p. 426-427.

nado ou com cláusula de renovação automática poderá ocorrer desde que haja lei especial em sentido diverso (a previsão contratual, sem amparo legal, contudo, poderá implicar a abusividade da cláusula, pois há o risco de eternizar a relação contratual). Na LPS, o inciso II, parágrafo único, do art. 13 regulou expressamente quais são as formas admissíveis de cessação do seguro-saúde individual, afastando a denúncia, mas não tratou do seguro-saúde coletivo, sendo certo que essa modalidade já existia e foi reconhecida na própria LPS. A ausência de posição do legislador, portanto, leva à aplicação do art. 35-G da LPS, que direciona a questão para a aplicação suplementar do Código de Defesa do Consumidor, e, assim, a cláusula de denúncia *ad nutum*, como modo e cessação unilateral, estaria sob a incidência do art. 51, XI ou VI, do CDC.

Neste ponto, considerando a segunda e a terceira razões presentes na decisão judicial supramencionada, observa-se que o legislador da LPS teve a oportunidade de afastar a cláusula de denúncia do seguro-saúde coletivo, mas optou por não inserir a restrição na lei especial. Assim, utilizar o art. 51, VI, do CDC para o entendimento de que a simples inserção, em abstrato, da cláusula de denúncia bilateral implica *vantagem exacerbada* para a seguradora e, portanto, nula, atrai a aplicação extensiva do parágrafo único, II, do art. 13 da LPS para as modalidades coletivas (adesão e empresarial), o que não fez o legislador, podendo fazê-lo.

Poderia ser o caso de contemporizar a questão com os desafios atuais, primando pelo caráter existencial que o contrato poderá assumir, mas, sujeito a melhor juízo, parece-nos difícil desconsiderar os termos do art. 51, XI, do CDC, que não impedem a denúncia, uma vez condicionada à sua indicação bilateral e expressa no contrato. O argumento da sentença parece aproximar a denúncia e as situações de resolução por onerosidade excessiva ou descumprimento do contrato, afirmando que essas formas são, *por via de regra*, utilizadas pelo consumidor. Entretanto, na técnica jurídica, a denúncia é forma extintiva diversa da resolução, porquanto a última apresenta a necessidade de razão ou justificativa para seu uso, o que não se observa na denúncia, que tem caráter potestativo (o que, todavia, está sujeito a limites). Além disso, o fato de uma parte utilizar com mais frequência determinada forma de extinção contratual, não retira a possibilidade de uso da outra. Não se trata de hipótese de *supressio*.

É adequado considerar o caráter assistencial e a relevância social do seguro-saúde, independentemente da modalidade, para justificar a tutela especial no caso da denúncia. Nesse contexto, é criticável a diferença de tratamento legislativo dado às modalidades individual e coletiva do seguro-saúde. Já tivemos a oportunidade de tratar do tema assinalando a importância de considerar o aspecto qualitativo desses contratos para uniformizar o tratamento das formas de cessação ou extinção do seguro-saúde.[660]

A tutela especial aplicada ao seguro-saúde coletivo, considerando a LPS, resoluções normativas da ANS e CONSU, passa pela obrigatoriedade de oferecer aos segurados um seguro alternativo, ou seja, o seguro-saúde individual, sem necessidade de cumprir carência, na forma do art. 1º da RN nº 19/1999 do CONSU, antes da cessação do seguro-saúde coletivo. Portanto, acredita-se que, no momento, o controle da denúncia será feito casuisticamente, a partir da obrigatoriedade da oferta do seguro-saúde individual para os membros do grupo segurado, além da proibição de situações de abuso de direito no exercício da denúncia, o que é feito considerando a jurisprudência dos Tribunais brasileiros. Aliás, observa-se que as hipóteses comuns de abuso, indicadas nas decisões dos Tribunais Superiores,[661] guardam semelhança com as hipóteses legais presentes no art. 114º da LCS, com a diferença de que a previsão legal de situações abusivas na LCS facilita o ofício jurisdicional e oferece segurança jurídica às soluções do ordenamento português.[662]

Feitas essas ponderações, o último argumento da sentença passa pela consideração do prazo de vigência mínimo como *cláusula de fidelidade* e da legalidade (ou não) da fixação do referido prazo pela ANS. Já esclarecemos nos parágrafos antecedentes que o prazo em tela não se refere às adesões do segurado ao contrato de seguro-saúde coletivo, mas aos contratos de seguro-saúde coletivo firmados entre o estipulante e a seguradora. Pois bem, o seguro-saúde, como já explicitado, é um contrato que encontra sua razão, sua utilidade, a partir de sua duração no tempo, e, ademais, é intrínseca ao seguro-saúde a *mutualidade*, forma encontrada pelos membros do grupo de solidarizar seus riscos comuns, os quais se compensam matematicamente desse modo.

660 Zanetti, Andrea Cristina. Denúncia nos contratos privados de assistência à saúde cit., p. 287-292.

661 Zanetti, Andrea Cristina. Denúncia nos contratos privados de assistência à saúde cit., p. 281-287.

662 Poças, Luís. O poder de desvinculação discricionária do segurador cit., p. 131-132.

A mutualidade, nesses casos, possibilita a diluição de perdas financeiras e facilita o acesso à prestação de serviços de saúde atrelados a riscos cobertos pelo seguro-saúde. Também é esperado que eventos relacionados à saúde ou às doenças ocorram com certa regularidade na linha do tempo, e é esse fator temporal que integra, com outros elementos (tais como características do grupo segurado, riscos cobertos, número de membros etc.), os cálculos matemáticos (probabilísticos e atuariais) para fixação do valor da contraprestação devida à seguradora (prêmio ou mensalidade) e garantia de cobertura financeira do risco. Portanto, a questão da previsão de uma vigência alongada no tempo justifica-se na mutualidade presente no seguro-saúde, e não propriamente no conceito de fidelização que se aplica a bens e serviços de consumo.

A duração mínima, com renovação automática, também é uma segurança de que o contrato não será objeto de denúncia durante o decurso do período referido, o que poderia ocorrer na hipótese de ter sido celebrado por duração indeterminada. Por essa razão, o art. 13 da LPS prevê a *renovação automática a partir do vencimento do prazo inicial de vigência*, disposição aplicável tanto à modalidade coletiva quanto à individual do seguro-saúde.

Por fim, concluindo a análise da decisão, ainda que a Lei nº 9.961/2000, art. 4º, I e II, atribua à ANS a competência de propor diretrizes e estabelecer as características gerais dos instrumentos contratuais, a fixação do prazo de 12 meses de vigência e 60 dias de aviso prévio poderia ser compreendida como um excesso no desempenho da função da agência reguladora, sobretudo porque o art. 13 da LPS apenas prevê a renovação automática do seguro-saúde coletivo, não havendo referência a prazo mínimo de vigência, daí por que se compreende pela possibilidade de fixação pelas partes (art. 19 da RN nº 195/2009 e art. 6º da RN nº 309/2012).

Observa-se que, mesmo com a decisão judicial cumprida pela ANS, a partir da RN nº 455/2020 da ANS, de 30 de março, remanesce o *caput* do art. 17 da RN nº 195/2009 da ANS, o qual determina que a estipulante e a seguradora estabeleçam as *condições de rescisão do contrato ou de suspensão de cobertura* de forma expressa no contrato. A *rescisão*, tal como utilizada na resolução normativa, não se direciona a uma forma de extinção específica, a nosso ver. Aliás, pondera Orlando Gomes que *o termo 'rescisão' é usado no sentido de 'resilição' e, mesmo de 'resolução'.*[663] O próprio Código Civil brasileiro

[663] GOMES, Orlando. *Contratos* cit., p. 227.

não emprega o termo *rescisão* em sentido único ou técnico, o que permite atribuir, inclusive, a denúncia, dado seu sentido genérico.

Logo, compreendemos que permanece a exigência de que as partes especifiquem os modos e as condições de cessação do contrato no seguro-saúde coletivo, inclusive a denúncia (também nomeada como *rescisão unilateral* ou *resilição unilateral* no ordenamento jurídico brasileiro). Portanto, o que a decisão judicial ora em análise determinou, na prática, foi o fim da obrigatoriedade de as partes observarem a vigência mínima de 12 meses do contrato de seguro-saúde e o prazo de 60 dias de aviso prévio, como fixado na normativa da ANS. Em suma, se a partir da RN nº 455/2020 da ANS não há mais o prazo legal de aviso prévio, a denúncia abrupta ocorrerá nas hipóteses em que as partes estipularem prazo de aviso prévio e ele não for respeitado (salvo se a contraparte renunciá-lo). Todavia, a nosso ver, mesmo nos casos em que as partes não fixarem prazo de aviso prévio, tal procedimento poderá ser invocado, conforme as circunstâncias, a partir da boa-fé objetiva (art. 422 do CCB). Afinal, a conduta habitualmente esperada para o caso do uso da denúncia em relações duradouras, como se dá no seguro-saúde, é que haja algum prazo de aviso para que a pessoa comunicada da denúncia possa se preparar para o encerramento da relação contratual.

No mínimo, prazo para salvaguardar a portabilidade de carências e coberturas parciais temporárias cumpridas no seguro-saúde denunciado e que só podem ser aproveitadas pelo estipulante se o seguro-saúde anterior estiver vigente até a data da contratação do novo seguro-saúde ou plano de saúde (RN nº 438/2018 da ANS).

5.2.2.2. Denúncia abusiva

A denúncia é uma expressão de direito potestativo e seus limites, tradicionalmente, são dados pelo abuso de direito.[664] Assim, toda vez que o exercício da denúncia for disfuncional e desmedido, será necessária sua correção, o que é concretizado segundo os parâmetros dados pela boa-fé, bons costumes, finalidade econômica ou social.[665]

[664] MARTINEZ, Pedro Romano. *Da cessação do contrato* cit., p. 116.

[665] O abuso do direito encontra-se expressamente presente no Código Civil português (art. 334º do CCP) e no Código Civil brasileiro, no qual sua noção é apresentada sem nomeação (art. 187 do CCB). Nota-se que os dois Códigos fazem uso de conceitos abertos para caracterizar o abuso de direito.

Judith Martins-Costa lembra que nessa situação não se trata de *abusividade* contratual, mas de *abuso,* afinal, a primeira se relaciona com *conteúdo* da cláusula contratual, cuja ilegalidade poderá resultar na invalidade da cláusula, enquanto o segundo encontra-se no plano da eficácia.[666] Assim, neste item do trabalho, está superada a análise da cláusula de denúncia (considera-se que seu conteúdo corresponde às determinações e exceções legalmente previstas), sendo a questão posta em momento posterior, que ocorre no exercício da denúncia *ad nutum* para cessação do contrato.

Portanto, quando o exercício da denúncia exceder manifestamente os limites impostos pela boa-fé, pelos bons costumes e a finalidade econômica ou social desse direito, estaremos diante do abuso, o que retira a licitude da ação realizada. Nesse caso, a denúncia abusiva terá consequências mais rigorosas, quando comparada à ruptura abrupta, o que inclui o afastamento de seus efeitos extintivos e a impossibilidade de ser realizada novamente, quando esbarrar nas mesmas razões jurídicas que a caracterizam como abusiva.[667]

Na denúncia abusiva, os prazos e procedimentos até podem ter sido observados pelo denunciante, contudo seu uso se tornou desvirtuado por razões objetivas indicadas na norma positiva, logo, independentemente da apuração da intenção ou vontade do denunciante.[668] Em ambos os regimes jurídicos, será necessária a comprovação dos elementos atinentes ao abuso de direito, segundo o caso específico, mas há o entendimento comum de que tal análise é feita de forma objetiva, ou seja, sem a necessidade de provar a culpa ou dolo do denunciante.[669] Esse entendimento é encontrado tanto entre doutrinadores portugueses quanto brasileiros.

[666] MARTINS-COSTA, Judith. *A boa-fé no direito privado*: critérios para sua aplicação cit., p. 581-582.

[667] No direito italiano, Alberto Maria Benedetti aponta como consequências da denúncia abusiva: a) a cessação da prática dos atos abusivos e seus efeitos; b) o retorno das partes ao estado anterior, antes do abuso, o que pode resultar na manutenção do contrato; e c) a fixação de indenização pelos prejuízos apurados (L'abuso dei (e nei) rimedi contrattuali. *In*: VISINTINI, Giovanna (coord.). *L'abuso del diritto*. Napoli: Edizioni Scientifiche Italiane, 2016. p. 8).

[668] CORDEIRO, António Menezes. Do abuso do direito: estado das questões e perspectivas. *Revista da Ordem dos Advogados* (eletrônica), Lisboa, v. II, n. 65, [s.p.], set. 2005. Disponível em: https://portal.oa.pt/publicacoes/revista/ano-2005/ano-65-vol-ii-set-2005/artigos-doutrinais/antonio-menezes-cordeiro-do-abuso-do-direito-estado-das-questoes-e-perspectivas-star/. Acesso em: 1º jul. 2020.

[669] CORDEIRO, António Menezes. Do abuso do direito: estado das questões e perspectivas cit., [s.p.]; MARTINEZ, Pedro Romano. *Da cessação do contrato* cit., p. 116-117; NANNI, Giovanni

Na LCS, em Portugal, a indicação de limites à denúncia está direcionada para os contratos de duração indeterminada e para aqueles com duração inicial de cinco anos ou superior, sujeito a sucessivas prorrogações ou renovações (nºs 1 e 2 do art. 112º, art. 113º, e nºs 1 e 5 do art. 114º da LCS). Nesses contratos, há a previsão de limites à liberdade de exercício da denúncia, sendo definido um regime próprio de controle nos nºs 1 a 5 do art. 114º da LCS.

Em seus comentários, Luís Poças anota que as situações em questão apontam para a categoria comum do abuso de direito, ou seja, as situações de limites dados pela natureza do vínculo (nº 2 do art. 114º da LCS); a finalidade do contrato (nº 3 do mesmo artigo) e mesmo a presunção da denúncia abusiva, quando realizada no momento da iminência do sinistro ou logo após o fato que acarretará custos ou a responsabilidade do segurador (nº 4), são exemplos do abuso de direito, reconduzidos à categoria comum de "atitude abusiva" presente no nº 1 do art. 114º da LCS. Segundo o autor, essas limitações direcionam-se inicialmente à seguradora, porém não há nada que exclua do alcance do art. 114º, em especial seu nº 1, também o tomador do seguro.[670]

A previsão geral e ampla do nº 1 do art. 114º da LCS, portanto, encontra exemplos de sua concretização no nºs 2, 3 e 4 do mesmo artigo. A previsão do nº 4, em especial, está voltada à atitude abusiva da seguradora e, como observa Pedro Romano Martinez, visa obstar hipóteses em que, uma vez "detetada uma doença ou na iminência de um parto", faça uso da denúncia para cessar o contrato[671] e, assim, esquivar-se de conduta legitimamente esperada na relação contratual.

A sistemática da denúncia abusiva, estruturada na forma do nº 1 do art. 114º da LCS, na síntese de Luís Poças, traça três critérios que auxiliam na verificação do caráter abusivo da denúncia: a) oposição à natureza do vínculo; b) oposição à finalidade do contrato; e c) atitude abusiva. De acordo com o autor, os dois primeiros não são autônomos com relação ao abuso de direito, ou seja, a ocorrência de sua hipótese remete à necessária atitude abusiva. Eis a razão pela qual esse autor conclui que, efetivamente, não há

Ettore. Abuso de direito. *In*: Lotufo, Renan; Nanni, Giovanni Ettore (coord.). *Teoria geral do direito civil*. São Paulo: Atlas, 2011. p. 746-747; Miragem, Bruno. *Abuso de direito*. 2. ed. São Paulo: RT, 2013. p. 111.

670 Poças, Luís. O poder de desvinculação discricionária do segurador cit., p. 129-130.

671 Martinez, Pedro Romano *et al*. *Lei do Contrato de Seguro*: anotada cit., p. 378.

paridade entre os critérios e, assim, "o único necessário e suficiente para a aferição da admissibilidade da denúncia é o terceiro – o caráter abusivo da atitude – autêntico fiel da balança desse juízo".[672] Daí por que o abuso de direito, na figura da "atitude abusiva", é o princípio que se extrai do art. 114º da LCS.

Dessa feita, o art. 114º da LCS auxilia o trabalho de avaliação dos Tribunais sobre a denúncia abusiva, pois seus critérios, como assinala Francisco Luís F. Ribeiro Alves, facilitam a apreciação "do abuso contrário à boa-fé" no seguro-saúde, em especial a) na iminência, ou no desenvolvimento inicial, do sinistro (inclusive na circunstância em que seja previsível seu conhecimento pela seguradora); ou b) na situação em que o segurado aciona o seguro para obter a cobertura, ocasião em que a seguradora visualiza gastos de significativo valor.[673]

Uma vez que o Tribunal verifique a atitude abusiva, a denúncia feita perderá sua eficácia e a relação contratual poderá subsistir. A denúncia ilícita da seguradora, segundo Luís Poças, permite ao tomador do seguro escolher a reconstituição *in natura*, a partir da conservação do contrato (art. 562º do CCP) ou indenização decorrentes da atitude abusiva (nº 1 do art. 566º do CCP). Ambas as soluções remetem à disciplina de responsabilidade civil acessível também às situações em que há configuração do abuso de direito.[674]

Aliás, ainda quanto às consequências da denúncia abusiva, suprarreferenciadas, parece-nos possível uma terceira alternativa que é exigir a continuidade do seguro-saúde com a indenização dos danos apurados (portanto não como uma compensação pelo fim do vínculo). Essa situação poderia ser exemplificada na denúncia feita pela seguradora no seguro-saúde renovável e de longa duração, em que a sequência de exames feitos

[672] Poças, Luís. O poder de desvinculação discricionária do segurador cit., p. 131.

[673] Alves, Francisco Luís F. Ribeiro. O regime do contrato de seguro de saúde no direito português cit., p. 26. Também nesse sentido: Martinez, Pedro Romano *et al. Lei do Contrato de Seguro*: anotada cit., p. 380.

[674] Na expressão do autor: "Estas soluções, que vertem do regime de responsabilidade civil, estão também em harmonia com a disciplina do abuso de direito, que, na omissão legal de um regime sancionatório, apela para uma determinação casuística da cominação aplicável, de acordo com as circunstâncias concretas da situação em causa e considerando as medidas mais adequadas à reposição da justiça entre os sujeitos, nomeadamente, a reparação específica, a supressão de ato praticado, a convalidação de atos ou negócios etc." (Poças, Luís. O poder de desvinculação discricionária do segurador cit., p. 131-132).

pelo tomador do seguro leva à presunção da existência de câncer e, dada a seguida denúncia da seguradora, haverá o retardamento do tratamento da pessoa com o consequente agravamento do seu estado de saúde, razão pela qual ela resolve custear o tratamento até o restabelecimento do vínculo contratual que foi abusivamente encerrado.

Tais alternativas também são encontradas no regime brasileiro do seguro-saúde, quando há a denúncia abusiva,[675] entretanto, como veremos, a construção dos critérios foi feita de maneira gradual, só verificável com a análise jurisprudencial, já que a matéria não está normatizada na LPS nem nas normativas das entidades reguladoras do setor.

Por fim, ainda no regime português, mesmo que a denúncia exercida sobre o seguro-saúde renovável, com prazo inferior a cinco anos, não sofra as restrições previstas no art. 114º da LCS, logo, sobressaia a liberdade de exercício da denúncia, o legislador também oferece a mesma possibilidade de pós-eficácia do contrato ao tomador do seguro (segurado ou *pessoa segura)* na forma do art. 217º da LCS, aspecto já abordado no item 5.2.1.3.[676]

No Brasil, a primeira dúvida considerava a possibilidade ou não do uso da denúncia no seguro-saúde coletivo (por adesão ou empresarial), já que a forma de redação adotada no inciso II, parágrafo único, do art. 13 da LPS afastou essa modalidade extintiva apenas no caso do seguro-saúde individual e deixou dúvidas acerca de sua viabilidade de uso na organização coletiva do seguro-saúde. Houve ponderações da doutrina, em especial daquela relacionada à defesa do consumidor. No entanto, o entendimento construído pelas decisões do STJ, sobretudo na última década,[677] admite a cláusula de denúncia para o seguro-saúde coletivo, com base no art. 17 e parágrafo único da RN nº 195/2009 da ANS e art. 51, XI, do CDC, desde que observados os critérios e as ressalvas quanto ao número de segurados (ao menos 30 beneficiários ou mais), como já explicitado no item 5.1.3.1.

[675] Conferir sobre as alternativas do ofendido diante do ilícito relacionado ao abuso de direito, no Brasil: AMARAL, Francisco. Os atos ilícitos. *In*: FRANCIULLI NETTO, Domingos; MENDES, Gilmar Ferreira; MARTINS FILHO, Ives Gandra da Silva (coord.). *O novo Código Civil*: homenagem ao Prof. Miguel Reale. 2. ed. São Paulo: LTr, 2006. p. 162.

[676] ALVES, Francisco Luís F. Ribeiro. O regime do contrato de seguro de saúde no direito português cit., p. 26.

[677] Ver o levantamento das decisões eletrônicas do STJ, feito desde a entrada em vigor da LPS, no apêndice da tese por nós defendida: ZANETTI, Andrea Cristina. *Denúncia nos contratos privados de assistência à saúde* cit., p. 328-335.

Assim, o controle da denúncia abusiva se dá de maneira concreta, ou seja, com seu efetivo exercício. Diferentemente do regime português, no ordenamento brasileiro a LPS não cuidou ao detalhe do exercício da denúncia e de seus limites para o seguro-saúde, em especial no caso da modalidade coletiva. Isso fez com que a perspectiva da denúncia abusiva fosse construída a partir do princípio do *abuso de direito* previsto no art. 187 do CCB, moldada na casuística analisada pelos Tribunais.

Já tivemos a oportunidade de realizar o levantamento das decisões brasileiras, particularmente do STJ, e traçar os principais critérios para a denúncia abusiva nos contratos de assistência privada à saúde (sendo o seguro-saúde uma de suas formas), ocasião em que se observaram como parâmetros: 1º) a "condição especial da pessoa", ou seja, idade avançada, diagnóstico de doença terminal ou enfermidade grave ocorrida durante a vigência do contrato, em circunstâncias que requerem tratamento imediato e continuado para chance de cura ou sobrevivência; e b) o "momento de utilização dos benefícios do seguro", que não se relaciona com emergências, mas que igualmente tratam da finalidade social do seguro-saúde, como o caso de gravidez, parto e cirurgia eletivas.[678]

Tanto a finalidade econômica ou social quanto a boa-fé estão presentes no abuso de direito, mas não é incomum que as decisões judiciais brasileiras optem por invocar os princípios da função social do contrato (art. 421 do CCB) e da boa-fé (art. 422 do CCB), conjuntamente (ou em substituição), ao art. 187 do CCB (abuso de direito). A nosso ver, a indicação deste último dispositivo já seria suficiente para fundamentação legal da decisão.[679]

[678] ZANETTI, Andrea Cristina. Denúncia nos contratos privados de assistência à saúde cit., p. 281-287.

[679] Nesse sentido, observa-se do trecho da ementa dos acórdãos: "Com efeito, a liberdade de contratar não é absoluta, devendo ser exercida nos limites e em razão da função social dos contratos, notadamente em casos como o presente, cujos bens protegidos são a saúde e a vida do beneficiário, os quais se sobrepõem a quaisquer outros de natureza eminentemente contratual, impondo-se a manutenção do vínculo contratual entre as partes até que os referidos beneficiários encerrem o respectivo tratamento médico" (REsp 1818495/SP, 3ª Turma, Min. Marco Aurélio Bellizze, j. 08.10.2019, *DJe* 11.10.2019. Disponível em: www.stj.jus.br. Acesso em: 30 jun. 2020). "A rescisão do contrato é inoportuna e incompatível com os princípios da dignidade da pessoa humana, da confiança e da boa-fé, quando o paciente se encontra em tratamento de alguma patologia ou quando está no período gestacional, casos em que para migrar para outro plano de saúde teria que observar o prazo de carência. 3. Ora, por afrontar os princípios da boa-fé objetiva e da função social dos contratos, restou

As situações suprarreferenciadas (identificadas a partir das decisões do STJ segundo a casuística), estruturadas em análise e excetuadas pela hipótese de "idade avançada", assemelham-se às hipóteses presentes nonº 4 do art. 114º da LCS, que trata como atitude abusiva a denúncia nas circunstâncias em que se está na *iminência da verificação do sinistro* ou uma vez que este tenha ocorrido. Entretanto, diferentemente do regime português, tais limites à denúncia são aplicados, inclusive, nos casos em que a vigência do seguro-saúde é anual e renovável.

No regime brasileiro, o exercício da denúncia diante de uma condição de emergência ou urgência que recai sobre o segurado (decorrente de fato coberto e ocorrido durante a vigência do seguro) ou em face da circunstância do momento em que o segurado faz uso da cobertura (ou está na iminência de fazê-lo) determina o afastamento de seus efeitos, ou seja, na prática há prorrogação compulsória dos efeitos do seguro-saúde que alcança apenas o fato ocorrido durante a vigência do contrato ou na iminência de ocorrer (como no caso do parto), de maneira a garantir continuidade da assistência à saúde do segurado de forma pontual, mas sem limite de despesas. Além disso, a duração desses efeitos não observa um critério fixo em meses ou anos. O tempo de manutenção é variável segundo cada caso e, assim, poderá resultar, na prática, em uma extensão temporária da eficácia ou mesmo se tornar perene (vitalício), em especial nas situações em que, dada a gravidade da doença, o paciente já está em fase terminal.

A denúncia abusiva viabiliza a opção de reparação *in natura* ou pecuniária (art. 927 do CCB). Todavia, o que se nota das demandas judiciais, no Brasil, é a prevalência da primeira alternativa,[680] diante da caraterística existencial e social do seguro-saúde. O segurado busca medidas judiciais que garantam a continuidade da prestação dos cuidados de saúde, muitas vezes já em curso. A compensação pecuniária, nesses casos, com a preservação dos efeitos da denúncia e cessação do contrato, poderá mostrar-se menos efetiva aos interesses do lesado. De toda sorte, tal opção não exclui a possibilidade da indenização por danos morais e materiais (*v.g.*, custos suportados pelo segurado enquanto esteve sem a cobertura).

caracterizado a figura do abuso do direito, prevista no art. 187 do Código Civil" (TJRJ, 27ª Câmara Cível, Ap. 0002322-85.2019.8.19.0207, Des. Marcos Alcino de Azevedo Torres, j. 16.06.2020, publicação 23.06.2020. Disponível em: www.tjtj.jus.br. Acesso em: 30 jun. 2020).

[680] Zanetti, Andrea Cristina. *Denúncia nos contratos privados de assistência à saúde* cit., nota de rodapé 731, p. 328-335 (Apêndice).

Observa-se que, quanto à delimitação das situações de abuso, os Tribunais brasileiros identificam hipóteses que se assemelham àquelas previstas no art. 114º da LCS. As decisões judiciais brasileiras que reconhecem a denúncia abusiva, afastando seus efeitos, privilegiam a proteção do consumidor e reforçam a função social do seguro-saúde coletivo. Em nosso sentir, considerar as decisões judiciais reiteradas para alterações legislativas – a fim de estabelecer hipóteses e parâmetros claros no caso da denúncia abusiva – é uma oportunidade de aprimorar a LPS, o que proporcionaria segurança para ambas as partes e facilitaria o controle judicial da matéria no Brasil.

CONCLUSÕES

O seguro-saúde, em ambos os regimes jurídicos ora analisados, refere-se à cobertura de eventos que demandam prestação de cuidados com a saúde. Sua relevância social decorre do fato de facilitar o acesso a serviços de saúde ofertados em âmbito privado, em alternativa à saúde pública. Daí o interesse do Estado pelo seguro-saúde, a ponto de editar normas especiais sobre a matéria e acompanhar o setor por intermédio de entidades regulatórias. Em Portugal, há a LCS e as regulações dadas pela ASF. No Brasil, por sua vez, há a LPS, resoluções da ANS e do CONSU.

O seguro-saúde, em ambos os regimes aqui examinados, apresenta uma organização geral assemelhada ao que concerne à necessária presença do interesse, risco segurado, mutualismo, pagamento de prêmio, forma, deveres de informar, dever de sigilo, modos de cessação do contrato e mesmo divisão entre as modalidades de seguro-saúde individual e de grupo (contributivo e não contributivo). Todavia, o conteúdo de cada aspecto mencionado ganha contornos próprios nos ordenamentos português e brasileiro.

As diferenças começam pela própria estrutura legislativa. No caso da LCS, observa-se a eleição da *liberdade contratual* (art. 11º) como princípio geral incidente sobre os contratos de seguro, em Portugal, havendo a indicação expressa dos artigos que se revestem de imperatividade absoluta e relativa (arts. 12º e 13º). Por seu turno, na LPS prevalecem as disposições imperativas e cogentes, com remissão ao Código de Defesa do Consumidor, em aplicação suplementar (art. 35-G), o que denota viés intervencionista da referida lei, com pouco espaço para a liberdade contratual.

Essa diferença de perspectiva legal repercute no seguro-saúde. No regime português, observa-se, por exemplo, a viabilidade de seleção de risco, fixação de teto para o capital total segurado e por evento coberto, escolha dos eventos cobertos, diversidade nas modalidades de garantia e, assim, melhor adaptação às necessidades do tomador do seguro. No regime brasileiro, não se admite a seleção do risco de maneira a negar a possibilidade do seguro-saúde ao interessado, e sim algumas contrapartidas financeiras (*v.g.*, carência, cláusula de agravo, coparticipação), que igualmente são delimitadas em normas e resoluções da ANS. Além disso, a LPS estabelece as segmentações possíveis do seguro-saúde, havendo a exigência de cobertura mínima assistencial e sem limitação financeira. O rigor da legislação brasileira, não raras vezes, reflete no valor do prêmio ou mensalidade a ser paga pelos segurados.

No entanto, é possível encontrar pontos de aproximação a partir dos estudos doutrinários portugueses e brasileiros. Por exemplo, em ambos os regimes, o seguro-saúde é reconhecido como contrato de duração. Os contratos de duração são aqueles cujo adimplemento é alongado no tempo como uma exigência para que o contrato seja satisfativo ao interesse das partes, e é o que se dá com o seguro-saúde à medida que os eventos cobertos, atrelados à saúde, apresentam complexidade e demandam todo um conjunto de prestações de serviços de cuidado com a saúde, tais como consultas, exames de diagnóstico e tratamento, o que não ocorre simultaneamente no tempo.

Aliás, a duração recebe tratamento especial, no regime português, em que o legislador cuida de estabelecer um regime próprio para os contratos de seguro de longa duração, entre eles o seguro-saúde, mesmo não havendo definição expressa. E isso se nota em disposições como os arts. 37º, 107º, 113º, 114º, 115º, 179º da LCS. A vigência do seguro em Portugal, por sua vez, poderá ser estipulada pelas partes com: (i) duração determinada; (ii) duração determinada com cláusula automática de renovação; e (iii) indeterminada. Na situação específica do seguro-saúde, mesmo que seja possível encontrar contratos com duração de cinco anos ou mais renováveis, habitualmente são ofertados aqueles com duração anual renovável por iguais períodos, à semelhança do que se observa no Brasil.

A relevância da denúncia imotivada (*ad nutum*) como forma de cessação do seguro-saúde se deve à prática de estipular a vigência anual renovável ou prorrogável do seguro-saúde, o que se aplica a ambos os regimes jurídicos ora analisados. Afinal, a denúncia, em seu sentido técnico-jurídico, é declaração volitiva unilateral e receptícia que visa à cessação da relação contratual decorrente tanto de contratos de duração por tempo indeterminado quanto daqueles cuja duração determinada é renovada ou prorrogada automaticamente, por força da lei ou contrato, com efeitos não retroativos, ponto que encontra acolhida entre autores portugueses e brasileiros, embora a matéria ainda comporte discussão na posição de alguns estudiosos.

A denúncia é forma de extinção comumente empregada nos contratos cuja vigência apresenta as condições indicadas no parágrafo antecedente, a fim de possibilitar termo ou mesmo evitar perpetuidade da relação contratual. Por essa razão, a denúncia no seguro-saúde não pode ser afastada por estipulação contratual quando a vigência for fixada por tempo indeterminado ou quando sua duração determinada estiver sucessiva e automaticamente renovada ou prorrogada. Essa observação é aplicável a ambos os regimes ora analisados e, no caso do seguro-saúde brasileiro, somente a lei especial (LPS) é capaz de afastar a aplicação da denúncia, o que foi feito para modalidade individual ou familiar do seguro-saúde (art. 13, parágrafo único, II, da LPS), especialmente para as seguradoras.

Como se verificou em nosso estudo, o exercício da denúncia, em ambos os regimes, requer a observância de um conjunto de regras para que seja eficaz ou não acarrete consequências para aquele que dela se utiliza. Tais regras condicionam o exercício da denúncia e impõe limites que variam em cada ordenamento, porém é possível notar o intuito comum dos legisladores português e brasileiro em oferecer alguma proteção à parte débil da relação contratual, como é o caso da pessoa que se beneficia do seguro-saúde.

Logo, no regime do seguro-saúde português, a denúncia nos contratos renováveis, com duração inferior a cinco anos (art. 113º da LCS), é livremente exercida (art. 112º da LCS) sem os limites do art. 114º da LCS. Entretanto, essa hipótese comporta fase e procedimentos, e isso se dá com observância do prazo de aviso prévio de 30 dias (nº 3 do art. 82º e nº 1 do art. 115º da LCS) e a eventual consideração da pós-eficácia que ocorre para os eventos cobertos e sucedidos durante a vigência do seguro-saúde, em que a cobertura do mencionado evento poderá se dar por até dois anos após a cessação do contrato, e até o limite do capital seguro no último período de vigência, uma vez preenchidos os requisitos do art. 217º da LCS.

Por sua vez, nos contratos de seguro com duração igual ou superior a cinco anos, bem como nos contratos indeterminados, há de observar o prazo mínimo de 90 dias para o aviso prévio da denúncia (nº 2 do art. 115º da LCS) e seu exercício está sujeito às limitações do art. 114º da LCS, que obsta a denúncia quando: (i) se tratar de atitude abusiva; (ii) se opuser à natureza do contrato de seguro; ou (iii) se contrariar a finalidade do contrato. De igual maneira, para os contratos com vigência determinada e renovável também se aplica o art. 217º da LCS.

No regime brasileiro do seguro-saúde, a denúncia não foi tratada de forma clara e detalhada pela LPS, o que causa, ainda hoje, discussões judiciais, não obstante o esforço da agência reguladora (ANS) em estabelecer normativas sobre a matéria, frequentemente atualizadas. Atualmente, o segurado, seja na modalidade individual, familiar ou coletiva (grupo), poderá fazer uso da denúncia nas condições estabelecidas pela RN nº 412/2016 da ANS para cessar seu contrato singular. Como ressaltado anteriormente, a denúncia, especificamente para a seguradora, não será admitida na modalidade individual ou familiar do seguro-saúde, por determinação legal. Por sua vez, na modalidade coletiva (por adesão e empresarial), será possível tanto para a seguradora quanto para o estipulante (a exemplo do empregador, entidade de classe ou associação a que o segurado está vinculado), desde que prevista expressamente em contrato (art. 17 da RN nº 195/2009 da ANS).

Na modalidade coletiva, havia a exigência do prazo de aviso prévio de 60 dias previsto no parágrafo único do art. 17 da RN nº 195/2009 da ANS que se tornou sem efeito por força da RN nº 455/2020 da ANS, publicada em 30 de março de 2020.[681] Isso acarreta a ausência de norma especializada para fixar, no caso dos contratos coletivos de seguro-saúde (empresarial e por adesão): a) prazo mínimo de aviso prévio; e b) vigência mínima do contrato. Logo, poderão as partes (seguradora e estipulante) estipular sobre a vigência do contrato, desde que renovável (nos termos do *caput* do art. 13 da LPS), e também sobre o aviso prévio da denúncia.

Contudo, não nos parece que, pelas características do contrato de seguro-saúde, seja possível desconsiderar a fixação de algum prazo de aviso prévio, em princípio. Ao menos no que tange ao prazo necessário à garantia de aproveitamento da portabilidade de carências e coberturas parciais temporárias cumpridas no seguro-saúde denunciado e que pode-

[681] Cf. RN nº 455/2020 da ANS, de 30 de março, em determinação à decisão proferida na Ação Civil Pública 0136265-83.2013.4.02.51.01, da 18ª Vara Federal do Rio de Janeiro, revogou o parágrafo único do art. 17 da RN nº 195/2009 da ANS.

rão ser utilizadas para o novo seguro a ser firmado pelo estipulante (art. 3º da RN nº 438/2020 da ANS). Desse modo, o aviso prévio, mesmo que não estipulado em contrato, poderá ser exigido pelo contratante, conforme o caso, em respeito ao princípio da boa-fé objetiva (art. 422 do CCB). Semelhante perspectiva poderá ser aplicada também para a vigência mínima do contrato de seguro-saúde coletivo, nesse último caso, considerados os termos do art. 13 da LPS e do parágrafo único do art. 473 do CCB que também se pauta pela boa-fé objetiva.

Para a organização das consequências relativas ao descumprimento das determinações legais sobre o exercício da denúncia, estruturamos a divisão em ruptura abrupta e ruptura abusiva, em que, não obstante a ilicitude comum, há um nivelamento crescente do rigor dessas consequências que correspondem à gravidade da infração, em ambos os regimes ora examinados.

Nos casos de ruptura abrupta, nota-se a aproximação do tratamento dado à matéria nos regimes português e brasileiro. São situações em que há a inobservância do procedimento exigido para a denúncia, como a falta de cumprimento do aviso prévio ou falha no procedimento de comunicação (o que resulta em sua não comprovação ou no fato de que o destinatário legitimado não tomou conhecimento do ato). A consequência no primeiro caso será a responsabilização do denunciante que desrespeitou o aviso prévio, com indenização dos prejuízos apurados (art. 483º do CCP e arts. 186 e 927 do CCB). No segundo caso, a denúncia não produz efeitos até que o denunciante refaça o procedimento, cumprindo o que foi estipulado previamente, por exemplo, adotando forma de notificação que comporte registro da ação ou com o reenvio ao destinatário contratualmente habilitado a recebê-la, caso assim não tenha feito anteriormente.

Na denúncia abusiva, ainda que haja consonância da doutrina, em ambos os países, de que se trata do desvirtuamento da função legítima da denúncia, remetendo, portanto, ao *abuso de direito*, a estruturação da questão segue linha distinta em cada regime jurídico, o que nos permite reflexão sobre o tema.

No regime português dos seguros, em que se insere o seguro-saúde, o uso da denúncia, como forma de cessação do contrato celebrado por duração indeterminada ou determinada e renovável, com prazo de vigência igual ou superior a cinco anos, será obstado quando: (i) corresponder a uma atitude abusiva do denunciante (nº 1 do art. 114º da LCS); (ii) a natureza do vínculo se opuser (nº 2 do art. 114º da LCS); (iii) a finalidade prosseguida inviabiliza seu exercício (nº 3 do art. 114º da LCS); e (iv) feita na "iminência da verificação do sinistro ou após a verificação de um facto que possa desencadear uma ou mais situações de responsabilidade do segurador" (nº 4 do art. 114º da LCS).

Tais situações, identificadas no parágrafo anterior, demostram o cuidado do legislador com a matéria, e essa preocupação com o detalhe e a clareza auxiliam o julgador na verificação da denúncia abusiva que, uma vez comprovada, possibilita ao ofendido escolher entre a reconstituição *in natura*, a partir da conservação do contrato (art. 562º do CCP) ou a reparação pecuniária dos danos apurados (nº 1 art. 566º do CCP), com a manutenção dos efeitos da denúncia.

No regime brasileiro do seguro-saúde, a matéria em questão não foi estruturada na LPS, seja no que concerne à técnica jurídica ou detalhamento da matéria, o que poderia nortear o aplicador do direito na solução da questão. Diante disso, a resposta tem sido construída pelos Tribunais brasileiros com o uso de diplomas diversos como Código Civil e Código de Defesa do Consumidor, além das normativas das entidades reguladoras do setor.

Atualmente, o entendimento que tem sido consolidado nas decisões dos Tribunais Superiores brasileiros considera a manutenção dos efeitos da denúncia apenas no que não for abusiva, em outros termos, a cessação do seguro-saúde pelo exercício da denúncia não alcança o evento ocorrido durante a vigência do contrato e que requer tratamento ou procedimento de saúde, pois nesses casos considera-se que a denúncia é abusiva seja por desviar-se da finalidade econômica e social do contrato ou por ferir a boa-fé, o que resulta em abuso de direito. A fundamentação legal das decisões ora invoca o art. 187 do CCB, ora os arts. 421 e 422 do CCB.

A solução brasileira é casuística e considera, em geral, duas situações: (i) a gravidade da condição física ou doença do segurado, e, portanto, caso o tratamento seja interrompido, sua saúde será afetada permanentemente ou haverá risco de morte; e (ii) o evento coberto ocorreu ou está na iminência de ocorrer (como na situação do parto), por conseguinte o segurado está no desenvolvimento do tratamento ou está prestes a utilizá-lo, quando ocorre a denúncia. As referidas situações, construídas ao longo de anos pela jurisprudência brasileira, caracterizam atitudes abusivas por parte da seguradora, o que acarreta a manutenção temporária ou até mesmo vitalícia (se considerarmos a situação do doente terminal) dos efeitos do contrato, especificamente para a cobertura do evento ocorrido durante a vigência do seguro-saúde, como medida de proteção da pessoa em estado vulnerável.

O posicionamento dos Tribunais brasileiros quanto à denúncia abusiva poderia lembrar, num primeiro momento, a garantia que o legislador português instituiu no art. 217º da LCS, contudo o artigo em questão não visa somente evitar às situações de abuso. Além disso, há limites financeiro e temporal previamente estabelecidos no dispositivo português, o que não é o caso das decisões judiciais ora em análise. De todo modo, a previsão legal das situações de denúncia abusiva, bem como seus efeitos, seria uma solução possível e relevante para facilitar a proteção do segurado (consumidor), além de reduzir significativamente as demandas judiciais nesse sentido.

O estudo do tratamento jurídico dado ao seguro-saúde em Portugal e no Brasil demonstra a complexidade e a especificidade do assunto, diante da própria finalidade desse contrato no tocante aos riscos cobertos e à prestação de serviços que se relacionam à saúde e à vida da pessoa. Nesse sentido, observa-se que, quanto maior o cuidado do legislador na estruturação desse contrato, indicando de forma clara quais as possibilidades e limites em cada uma das fases do contrato (e mesmo situações anteriores à celebração e posteriores à sua vigência), menor será a chance de discussões e demandas judiciais, em princípio. A comparação dos sistemas ora analisados não tem a pretensão de ditar soluções, mas de propor elementos para reflexão acerca do seguro-saúde. Afinal, cada país lida com sua realidade própria. De todo modo, a técnica-jurídica não deixa de se relacionar com o aspecto legislativo da matéria, e assim deve ser para a precisão de seus termos. Tais aspectos, como se verificou neste trabalho, influenciam a atitude dos contratantes, o comportamento do setor ou mercado, além de impactar demandas judiciais.

REFERÊNCIAS

AGUIAR JR., Ruy Rosado de. Contratos relacionais, existenciais e de lucro. *Revista Trimestral de Direito Civil (RTDC)*, Rio de Janeiro, v. 12, n. 45, p. 91-110, jan./mar. 2011.

AGUIAR JR., Ruy Rosado de. Da extinção dos contratos. *In:* TEIXEIRA, Sálvio de Figueiredo Teixeira (coord.). *Comentários ao novo Código Civil*. 1. ed. Rio de Janeiro: Forense, 2011. v. VI, t. II.

AKERLOF, George A. The market for "lemons": quality uncertainty and the market mechanism. *The Quarterly Journal of Economics*, v. 84, n. 3, p. 488-500, Aug. 1970. Disponível em: http://links.jstor.org/sici?sici=0033-5533%28197008%2984%3A3% 3C48 8%3ATMF%22QU%3E2.0.CO%3B2-6. Acesso em: 26 maio 2020.

ALMEIDA, Carlos Ferreira de. *Contratos I*. 5. ed. Coimbra: Almedina, 2015.

ALMEIDA, José Carlos Moitinho de. Droit communautaire et contrat d'assurance. *In:* GAITANIDES, Charlotte; KADELBACH, Stefan; IGLESIAS, Gil Carlos Rodriguez (Hrsg.). *Europa und seine Verfassung*: Festschrift für Manfred Zuleeg. Verlag: Nomos, 2005.

ALMEIDA, José Carlos Moitinho de. *O contrato de seguro no direito português e comparado*. Lisboa: Sá da Costa Ed., 1971.

ALVES, Francisco Luís F. Ribeiro. *Direito dos seguros:* cessação do contrato. Práticas comerciais. 2. ed. Coimbra: Almedina, 2015.

ALVES, Francisco Luís F. Ribeiro. O regime do contrato de seguro de saúde no direito português. *Revista Fórum*, Lisboa, ano XIII, n. 27, p. 6-31, jul. 2009.

ALVES, Francisco Luís F. Ribeiro. O regime jurídico da discriminação aplicável aos seguros – presente e futuro. *Fórum – Revista Semestral do Instituto de Seguros de Portugal*, Lisboa, ano XIV, n. 31, fev. 2012, p. 48-49. Disponível em: https://www.asf.com.pt/NR/rdonlyres/5B997EF7-BA6E-45D6-A17C-B12A69C2A82D/0/F31_art2.pdf. Acesso em: 25 nov. 2019.

ALVES, Paula Ribeiro. *Contrato de seguro à distância:* o contrato eletrónico. Coimbra: Almedina, 2009.

ALVES, Paula Ribeiro. *Intermediação de seguros e seguro de grupo:* estudos de direito dos seguros. Almedina: Coimbra, 2007.

ALVIM, Pedro. *O contrato de seguro*. 3. ed. Rio de Janeiro: Forense, 2001.

AMARAL, Francisco. *Direito civil:* introdução. 9. ed. São Paulo: Saraiva, 2017.

AMARAL, Francisco. Os atos ilícitos. *In:* FRANCIULLI NETTO, Domingos; MENDES, Gilmar Ferreira; MARTINS FILHO,

Ives Gandra da Silva (coord.). *O novo Código Civil:* homenagem ao Prof. Miguel Reale. 2. ed. São Paulo: LTr, 2006.

ANTUNES, José A. Engrácia. O contrato de seguro na LCS de 2008. *Revista da Ordem dos Advogados*, Lisboa, ano 69, p. 815-858, 2009.

ANS – Agência Nacional de Saúde Suplementar. Dados Consolidados Saúde Suplementar. Fonte da apresentação: SIB/ANS/MS – 01/2019. Disponível em: www.ans.gov.br. Acesso em: 30 set. 2019.

ANS – Agência Nacional de Saúde. Espaço do Consumidor. Disponível em: http://www.ans.gov.br//index.php/planos-de-saude-e-operadoras/espaco-do-consumidor/central-de-atendimento-ao-consumidor/index.php/752-quem-pode-contratar-um-plano-de-saude-o-que-deve-receber-no-momento-da-contratacao-e-qual-o-prazo-de-validade-do-plano. Acesso em: 16 jan. 2020.

ANS – Agência Nacional de Saúde Suplementar. Resolução Normativa – RN nº 392, de 9 de dezembro de 2015. Disponível em: http://www.ans.gov.br/ component/legislacao/?view=legislacao&task=TextoLei&format =raw&id=MzE1Mg==. Acesso em: 25 out. 2017.

ARAGÃO, Alexandre Santos de. *Agências reguladoras e a evolução do direito administrativo econômico.* 3. ed. Rio de Janeiro: Forense, 2013.

ARAUJO, Isabelle Maria Mendes de; NASCIMENTO, Dmitri Felix do; PEREIRA, Angela Maria Pereira. Regulação em saúde no setor privado: o caso da ANS no Brasil e da ERS em Portugal. *Revista de Saúde Coletiva*, Rio de Janeiro, v. 28, n. 4, p. 1-22, 2018. Disponível em: https://www.scielosp.org/scielo.php?pid=S0103-73312018000400612 &script=sci_arttext. Acesso em: 14 nov. 2019.

ARAÚJO, Paulo Dóron Rehder de. *Prorrogação compulsória de contratos a prazo:* pressupostos para sua ocorrência. 2011. 430 p. Tese (Doutorado) – Faculdade de Direito da Universidade de São Paulo, São Paulo, 2011.

ARROW, J. Kenneth. The Economics of Moral Hazard: further comment. *American Economic Review*, n. 58, p. 537-539, 1968.

ARROW, J. Kenneth. Uncertainty and the Welfare Economics of Medical Care. *American Economic Review*, n. 53, p. 941-973, 1963.

ASENSI, Felipe Dutra. O direito à saúde no Brasil. *In:* ASENSI, Felipe Dutra; PINHEIRO, Roseni (org.). *Direito sanitário.* Rio de Janeiro: Elsevier, 2012.

ASF – Autoridade de Supervisão de Seguros e Fundos de Pensões. Disponível em https://www.asf.com.pt/NR/rdonlyres/D170A4B3-B39D-4B59-A9E9-4F30E07D23B2/0/ATP_DL_SSV2.pdf. Acesso em: 26 maio 2020.

ASF – Autoridade de Supervisão de Seguros e Fundos de Pensões. *Relatório do setor segurador e dos fundos de pensões.* Lisboa, 2015.

ASSIS, Araken de. *Resolução do contrato por inadimplemento.* 3. ed. São Paulo: RT, 2004.

ATHEARN, James L. What is risk? *Journal of Risk & Insurance*, v. 38, Issue 4, p. 639-645, Dec. 1971.

AZEVEDO, Antônio Junqueira de. Contrato de distribuição – causa final dos contratos de trato sucessivo – resilição unilateral e seu momento de eficácia – interpretação contratual – negócio "per relationem" e preço determinável – conceito de "compra" de contrato e abuso de direito. *Revista dos Tribunais*, São Paulo, ano 93, v. 826, ago. 2004.

AZEVEDO, Antônio Junqueira de. *Negócio jurídico:* existência, validade e eficácia. 4. ed. 7. tir. São Paulo: Saraiva, 2010.

AZEVEDO, Antônio Junqueira. Relatório sobre revisão contratual apresentado para as Jornadas Brasileiras da Associação Henri Capitant. *In:* AZEVEDO, Antônio Junqueira. *Novos estudos e pareceres de direito privado.* 1. ed. São Paulo: Saraiva, 2010.

BARBUGIANI, Luiz Henrique Sormani. *Planos de saúde:* doutrina, jurisprudência, legislação. Coordenação Fernando Herren Aguillar. São Paulo: Saraiva, 2015.

BENEDETTI, Alberto Maria. L'abuso dei (e nei) rimedi contrattuali. *In:* VISINTINI, Giovanna (coord.). *L'abuso del diritto.* Napoli: Edizioni Scientifiche Italiane, 2016.

BODRA, Maria Eugênia Ferraz do Amaral. O contrato coletivo empresarial de assistência à saúde. *In:* COELHO, Fábio Ulhôa (coord.). *Tratado de direito comercial:* obrigações e contratos empresariais. 1. ed. São Paulo: Saraiva, 2015.

BODRA, Maria Eugênia Ferraz do Amaral. Reajuste por sinistralidade em contratos coletivos empresariais de assistência à saúde – interpretação segundo os princípios constitucionais do direito à saúde e artigos 1º e 170 da Constituição Federal de 1988. *Revista de Direito Sanitário,* v. 14, n. 2, p. 88-112, jul./out. 2013. Disponível em: http://www.revistas.usp.br/rdisan/article/view/63993. Acesso em: 10 out. 2020.

BOTTESINI, Maury Ângelo. Contratos de planos e seguros privados de assistência à saúde. *In:* CARNEIRO, Luiz Augusto Ferreira (coord.). *Planos de saúde:* aspectos jurídicos e econômicos. Rio de Janeiro: Forense, 2012. p. 47-65.

BOTTESINI, Maury Ângelo; MACHADO, Mauro Conti. *Lei dos planos e seguros de saúde.* 3. ed. São Paulo: Forense, 2015. [s.p.]. Livro eletrônico.

BRITO, José Alves de. *Contrato de seguro por conta de outrem.* O seguro por conta de outrem nos seguros de danos. 2005. Dissertação (Mestrado) – Faculdade de Direito de Lisboa, Lisboa, 2005.

BRITO, José Alves de *et al. Lei do Contrato de Seguro:* anotada. 3. ed. Coimbra: Almedina, 2016.

BRITO, José Miguel de Faria Alves de. Seguro-caução. Primeiras considerações sobre o seu regime e natureza jurídica. *In:* ALBUQUERQUE, Ruy de; CORDEIRO, António Menezes (coord.). *Estudos em memória do Professor Doutor José Dias Marques.* Coimbra: Almedina, 2007.

CALMEIRO, Ana Serra. *Das cláusulas abusivas no contrato de seguro.* Coimbra: Almedina, 2014.

CANOTILHO, José Joaquim Gomes. *Direito constitucional e teoria da constituição.* 7. ed. Coimbra: Almedina, 2003.

CANOTILHO, José Joaquim Gomes; MOREIRA, Vital. *Constituição da República Portuguesa anotada.* 4. ed. Coimbra: Coimbra Ed., 2007. v. I.

CARNEIRO, Luiz Augusto Ferreira. Princípios básicos de seguros e planos de saúde. *In:* CARNEIRO, Luiz Augusto Ferreira (coord.). *Planos de saúde:* aspectos jurídicos e econômicos. Rio de Janeiro: Forense, 2012.

CAVALIERI FILHO, Sérgio. *Programa de responsabilidade civil.* 7. ed. São Paulo: Atlas, 2007.

CHAUFTON, Albert. *Les assurances:* leur passé, leur présent, leur avenir. Paris: Chevalier-Marescq, 1884. t. I.

CLARK, Kara L. The Group Insurance Marketplace. *In:* BLUHM, William F. (ed.). *Group Insurance.* 6. ed. Winsted: Actex Publications, 2012.

CNPD. Parecer nº 20/2018 sobre o Projeto de Lei 120/XIII. Disponível em: https://www.cnpd.pt/bin/decisoes/Par/40_20_2018.pdf. Acesso em: 12 jan. 2020.

COELHO, Fábio Ulhoa. *Tratado de direito comercial:* obrigações e contratos empresariais. 1. ed. São Paulo: Saraiva, 2015.

COMPARATO, Fábio Konder. *Novos ensaios e pareceres de direito empresarial.* Rio de Janeiro: Forense, 1981.

COMPARATO, Fábio Konder. Seguro de garantia de obrigações contratuais. *In:* COMPARATO, Fábio Konder. *Novos ensaios e pareceres de direito empresarial.* Rio de Janeiro: Forense, 1981. p. 350-369.

CORDEIRO, António Menezes. *Da boa-fé no direito civil.* 3. reimpressão. Coimbra: Almedina, 2007.

CORDEIRO, António Menezes. *Direito dos seguros.* 2. ed. Coimbra: Almedina, 2016.

CORDEIRO, António Menezes. Do abuso do direito: estado das questões e perspectivas. *Revista da Ordem dos Advogados* (eletrônica), Lisboa, v. II, n. 65, [s.p.], set. 2005. Disponível em: https://portal.oa.pt/publicacoes/revista/ano-2005/ano-65-vol-ii-set-2005/artigos-doutrinais/antonio-menezes-cordeiro-do-abuso-do-direito-estado-das-questoes-e-perspectivas-star/. Acesso em: 1º jul. 2020.

CORDEIRO, António Menezes. *Tratado de direito civil:* obrigações. 2. ed. Coimbra: Almedina, 2016. v. IX.

CORDEIRO, António Menezes. *Tratado de direito civil:* parte geral. 4. ed. Coimbra: Almedina, 2017. t. II.

COSTA, Mário Júlio de Almeida. *Direito das obrigações.* 12. ed. Coimbra: Almedina, 2009.

COSTA, Mário Júlio de Almeida; CORDEIRO, António Menezes. *Cláusulas contratuais gerais:* anotação ao Dec.-lei nº 446/85, de 25 de outubro. Coimbra: Almedina, 1987.

DANTAS, San Tiago. *Problemas de direito positivo:* estudos e pareceres. 2. ed. Rio de Janeiro: Forense, 2004.

ERS – Entidade Reguladora de Saúde. *Os cartões de saúde em Portugal.* Porto: [s.n.], maio 2014. Disponível em: https://www.ers.pt/uploads/writer_file/document/1017/Estudo_ERS_-_Cart_es_de_Sa_de__EST_001_14_-1.pdf. Acesso em: 12 nov. 2019.

FAGNART, Jean-Luc. *Le contrat d'assurance.* Belgium: Wolters Kluwer, 2012.

FARSACI, Benedetto. *Clausole abusive nel contratto di assicurazione e tutela dell'assicurato.* Padova: Cedam, 2012.

FERNANDES, Wanderley. Os contratos de adesão e a racionalização dos processos de produção e contratação. *In:* ANCONA, Teresa; AGUIAR JR., Ruy Rosado de (coord.). *Contratos de consumo e atividade econômica.* São Paulo: Saraiva, 2009.

FIGUEIREDO, Leonardo Vizeu. *Curso de direito de saúde suplementar:* manual jurídico de planos e seguros de saúde. São Paulo: MP Ed., 2006.

FORGIONI, Paula A. *Contrato de distribuição.* 2. ed. São Paulo: RT, 2005.

GABRIELLI, Giovanni. *Vincolo contrattuale e recesso unilateral.* Milano: Giuffrè, 1985.

GODOY, Cláudio Luiz Bueno de. Código Civil e Código do consumidor: convergência de princípios e distinção de sua modulação. Um paralelo entre os deveres que criam. *In:* MELGARÉ, Plínio (org.). *O direito das obrigações na contemporaneidade:* estudos em homenagem ao Ministro Ruy Rosado de Aguiar Júnior. Porto Alegre: Livraria do Advogado, 2014.

GODOY, Cláudio Luiz Bueno de. Terceirização nos serviços prestados na área da saúde. *In:* SILVA, Regina Beatriz Tavares (coord.). *Responsabilidade civil na área da saúde.* 2. ed. São Paulo: Saraiva, 2009. (Série *GVlaw.)*

GOMES, Orlando. *Contratos.* Atualizadores Antônio Junqueira de Azevedo e Francisco Paulo de Crescenzo Marino. 26. ed. Rio de Janeiro: Forense, 2009.

GOUVEIA, Jorge Bacelar. *Manual de direito constitucional*. 4. ed. Coimbra: Almedina, 2011. v. I.

GRAMSTRUP, Erik Frederico. Contratos relacionais. *In:* LOTUFO, Renan; NANNI, Giovanni Ettore; MARTINS, Fernando Rodrigues (coord.). *Temas relevantes do direito civil contemporâneo*. São Paulo: Atlas, 2012.

GUERRA, Alexandre Dartanhan de Mello. O contrato de seguro sob a perspectiva do direito civil-constitucional. *In:* LOTUFO, Renan; NANNI, Giovanni Ettore; MARTINS, Fernando Rodrigues (coord.). *Temas relevantes do direito civil contemporâneo*. São Paulo: Atlas, 2012.

GUERRA, Alexandre Dartanhan de Mello. *Princípio da conservação do negócio jurídico*. São Paulo: Almedina, 2016.

ISP – Instituto de Seguros de Portugal. *Relatório anual sobre o segurador e fundos de pensões*. Lisboa, 2003.

ISP – Instituto de Seguros de Portugal. *Relatório de regulação e supervisão da conduta de mercado*. Lisboa, maio de 2010, p. 58. Disponível em: www.asf.com.pt. Acesso em: 20 abr. 2020.

JORNAL Oficial da União Europeia. Orientações sobre a aplicação ao setor dos seguros da Diretiva 2004/113/CE do Conselho, à luz do acórdão do Tribunal de Justiça da União Europeia no Processo C-236/09 (Test-Achats). 13 jan. 2012. Disponível em: https://eur-lex.europa.eu/LexUriServ/LexUriServ.do?uri=OJ:C:2012:011:0001:0011:PT:PDF. Acesso em: 5 fev. 2020.

JUNQUEIRA, Thiago Villela. Nota sobre discriminação em virtude do sexo e o contrato de seguro. *In:* MIRAGEM, Bruno; CARLINI, Angélica (org.). *Direito dos seguros:* fundamentos de direito civil, direito empresarial e direito do consumidor. São Paulo: RT, 2015. Livro eletrônico.

KARAM, Munir. Do contrato de seguro no Código Civil: noções fundamentais. *Revista dos Tribunais*, São Paulo, v. 834, p. 74-83, abr. 2005.

KHOURI, Paulo R. Roque A. O direito à informação e o contrato de seguro. *In:* MIRAGEM, Bruno; CARLINI, Angélica (org.). *Direito dos seguros:* fundamentos de direito civil, direito empresarial e direito do consumidor. São Paulo: RT, 2015. Livro eletrônico.

KNIGHT, Frank H. *Risk, uncertainty and profit*. Mineola. New York: Dover, 2006.

LABORDERIE, Anne-Sophie Lavefve. *La pèrennitè contractualle*. Paris: LGDJ, 2005.

LEITÃO, Luís Manuel Teles de Menezes. *Direito das obrigações*. 10. ed. Coimbra: Almedina, 2016. v. II.

LEITÃO, Luís Manuel Teles de Menezes. *Direito das obrigações*. 7. ed. Coimbra: Almedina, 2008. v. I.

LÔBO, Paulo Luiz Netto. Condições gerais dos contratos e o Código Civil. *In:* CASTRO JR., Torquato; COSTA FILHO, Venceslau Tavares (coord.). *A modernização do direito civil*. Recife: Nossa Livraria, 2011. v. 1.

LOPES, José Reinaldo de Lima. Consumidores de seguros e planos de saúde (ou doente também tem direitos). *In:* MARQUES, Claudia Lima; LOPES, José Reinaldo de Lima; PFEIFFER, Roberto Augusto Castellanos (coord.). *Saúde e responsabilidade:* seguros e planos de assistência privada à saúde. São Paulo: RT, 1999. p. 23-35.

LOPES, Luiz Celso Dias. A garantia de manutenção em planos de saúde coletivos empresariais para demitidos e aposentados – arts. 30 e 31 da Lei 9.656/98. *In:* CARNEIRO, Luiz Augusto Ferreira (coord.). *Plano de saúde:* aspectos jurídicos e econômicos. Rio de Janeiro: Forense, 2012.

LOUREIRO, Francisco Eduardo. Extinção dos contratos. *In:* LOTUFO, Renan; NANNI, Giovanni Ettore (coord.). *Teoria geral dos contratos.* São Paulo: Atlas, 2011.

LOUREIRO, Francisco Eduardo. Planos e seguros de saúde. *In:* SILVA, Regina Beatriz Tavares (coord.). *Responsabilidade civil na área da saúde.* 2. ed. São Paulo: Saraiva, 2009. p. 315-366. (Série *GVlaw*.)

MACNEIL, Ian R. *The new social contract:* an inquiry into modern contractual relations. Binghamton: The Vail-Baillou Press, 1980.

MAO, Hong; CARSON, James; OSTASZEWSKI, Krzysztof. Is risk taking beneficial to the insured and to society?. *Journal of Insurance Issues,* v. 41, Issue 2, p. 215-230, 2018.

MARCONI, Marina de Andrade; LAKATOS, Eva Maria. *Fundamentos da metodologia científica.* 8. ed. São Paulo: Atlas, 2017. Disponível em: https:// integrada.minhabiblioteca.com.br/books/9788597010770. Acesso em: 5 nov. 2019.

MARQUES, Claudia Lima. *Contratos no Código de Defesa do Consumidor.* 5. ed. São Paulo: RT, 2006.

MARQUES, Claudia Lima; MIRAGEM, Bruno. Seguro e planos de assistência à saúde: risco, solidariedade e os direitos do consumidor. *In:* MIRAGEM, Bruno; CARLINI, Angélica (org.). *Direito dos seguros:* fundamentos de direito civil, direito empresarial e direito do consumidor. São Paulo: RT, 2015. Livro eletrônico.

MARQUES, Claudia Lima; SCHMITT, Cristiano Heineck. Visões sobre os planos de saúde privada e o Código de Defesa do Consumidor. Disponível em: http:// www.egov.ufsc.br/portal/sites/default/files/anexos/24753-24755-1-PB. pdf. Acesso em: 20 fev. 2018.

MARTINEZ, Pedro. *Teoria e prática dos seguros.* Lisboa: Imprensa Artística, 1953.

MARTINEZ, Pedro Romano. *Da cessação do contrato.* 3. ed. Coimbra: Almedina, 2017.

MARTINEZ, Pedro Romano. Comentário ao art. 24º da LCS. *In:* MARTINEZ, Pedro Romano *et al. Lei do Contrato de Seguro:* anotada. 3. ed. Coimbra: Almedina, 2016.

MARTINEZ, Pedro Romano. Dúvidas na interpretação de alguns preceitos da legislação de emergência (Covid-19). *Revista da Faculdade de Direito da Universidade de Lisboa,* v. LXI, n. 1, p. 619-643, jul. 2020.

MARTINEZ, Pedro Romano; TORRES, Leonor Cunha; OLIVEIRA, Arnaldo da Costa; RIBEIRO, Maria Eduarda; MORGADO, José Pereira; VASQUES, José; BRITO, José Alves de. *Lei do Contrato de Seguro:* anotada. 3. ed. Coimbra: Almedina, 2016.

MARTINEZ, Pedro Romano. *Direito dos seguros:* apontamentos. Cascais: Principia, 2006.

MARTINS, Andrea Marques. *Do seguro de grupo à luz do novo regime jurídico do contrato de seguro.* 2010. Dissertação (Mestrado) – Faculdade de Direito da Universidade de Lisboa, Lisboa, 2010.

MARTINS-COSTA, Judith. A boa-fé e o seguro no novo Código Civil brasileiro. *III Fórum de Direito do Seguro José Sollero Filho.* São Paulo: IBDS, 2003. p. 57-101.

MARTINS-COSTA, Judith. *A boa-fé no direito privado:* critérios para sua aplicação. São Paulo: Marcial Pons, 2015.

MARTINS-COSTA, Judith. *A boa-fé objetiva no direito privado:* sistema e tópica no processo obrigacional. São Paulo: RT, 1999.

MARTINS, Fernando Rodrigues. *Princípio da justiça contratual.* São Paulo: Saraiva, 2009.

MARTINS, Maria Inês de Oliveira. *Contrato de seguro e conduta dos sujeitos ligados ao risco.* 1. ed. Coimbra: Almedina, 2018.

MARTINS, Maria Inês de Oliveira. Da assimetria informativa ao excesso de informação. *In:* MIRAGEM, Bruno; CARLINI, Angélica (org.). *Direito dos seguros:* fundamentos de direito civil, direito empresarial e direito do consumidor. São Paulo: RT, 2015. Livro eletrônico.

MARTINS, Maria Inês de Oliveira. Da incerteza ao risco: as técnicas seguradoras e o seu referente, num diálogo com Knight. *Boletim de Ciências Económicas: Homenagem ao Prof. Doutor António José Alves Nunes,* Organização de Luiz Pedro Cunha *et al.*, Coimbra, v. LVII, t. II, 2014.

MATTHEWS, Robert. *As leis do acaso:* como a probabilidade pode nos ajudar a compreender a incerteza. Tradução George Schlesinger. Rio de Janeiro: Zahar, 2017. Livro eletrônico. Disponível em: https://integrada.minhabiblioteca. com.br/#/books/ 9788537816691/cfi/6/2!/4/5@0:0. Acesso em: 5 dez. 2019.

MENDES, Joana. Seguros de saúde vitalícios. Estudo de práticas e direito comparado. *Revista Semestral do Instituto de Seguros de Portugal – Fórum,* ano XIII, n. 27, p. 45-71, jul. 2009.

MIRAGEM, Bruno. *Abuso de direito.* 2. ed. São Paulo: RT, 2013.

MIRAGEM, Bruno. O direito dos seguros no sistema jurídico brasileiro. *In:* MIRAGEM, Bruno; CARLINI, Angélica (org.). *Direito dos seguros:* fundamentos de direito civil, direito empresarial e direito do consumidor. São Paulo: RT, 2015. Livro eletrônico.

MIRANDA, Francisco Cavalcanti Pontes de. *Tratado de direito privado:* direito das obrigações. 1. ed. São Paulo: RT, 2012. t. XXXVIII.

MIRANDA, Jorge; MEDEIROS, Rui. *Constituição Portuguesa anotada.* 4. ed. Coimbra: Universidade Católica, 2007. t. I.

MONGE, Cláudia. As preocupações sociais e de assistência na doença, nas Constituições portuguesas (1822 a 1976). *In:* NUNES, José Martins (coord.). *Resgate da dignidade:* a Declaração Universal dos Direitos Humanos e os 40 anos do SNS. Coimbra: Minerva Coimbra, 2019.

MONTEIRO, António Pinto; PINTO, Paulo Mota. *Teoria geral do direito civil.* 4. ed. Coimbra: Coimbra Ed., 2012.

MONTEIRO, Jorge Sinde; MESQUITA, Maria José Rangel de. *Insurance law in Portugal.* Netherlands: Wolters Kluwer, 2010.

MORGADO, José Pereira *et al. Lei do Contrato de Seguro:* anotada. 3. ed. Coimbra: Almedina, 2016.

NANNI, Giovanni Ettore. Abuso de direito. *In:* LOTUFO, Renan; NANNI, Giovanni Ettore (coord.). *Teoria geral dos contratos.* São Paulo: Atlas, 2011. p. 738-772.

NOVAIS, Jorge Reis. Constituição e Serviço Nacional de Saúde. *In:* JORGE, Simões (coord.). *30 anos do Serviço Nacional de Saúde:* um percurso comentado. Coimbra: Almedina, 2010.

OLIVEIRA, Arnaldo da Costa. Comentário ao art. 24º da LCS. *In:* OLIVEIRA, Arnaldo da Costa *et al. Lei do Contrato de Seguro:* anotada. 3. ed. Coimbra: Almedina, 2016.

OLIVEIRA, Arnaldo da Costa *et al. Lei do Contrato de Seguro:* anotada. 3. ed. Coimbra: Almedina, 2016.

OLIVEIRA, Arnaldo da Costa; RIBEIRO, Maria Eduarda. Novo regime jurídico do contrato de seguro: aspectos mais relevantes da perspectiva do seu confronto com o regime vigente. *Fórum,* Lisboa, ano XII, n. 25, jun. 2008.

OMS – Organização Mundial de Saúde. *CID-10.* Tradução do Centro Colaborador da OMS para a Classificação de Doenças em Português. 9. ed. rev. São Paulo: Edusp, 2003.

OPPO, Giorgio. I contratti di durata – Parte I. *Rivista del Diritto Commerciale e del Diritto Generale delle Obbligazioni*, Milano, v. XLI, p. 145 e ss., 1943.

PASQUALOTTO, Adalberto. *Contratos nominados III:* seguro, constituição de renda, jogo e aposta, fiança, transação e compromisso. Estudos em homenagem ao Prof. Miguel Reale. Coordenação Miguel Reale e Judith Martins-Costa. São Paulo: RT, 2008. v. 9.

PEREIRA, Caio Mário da Silva. *Instituições de direito civil.* 12. ed. Rio de Janeiro: Forense, 2007. v. III.

PEREIRA, Caio Mário da Silva. *Instituições de direito civil.* 31. ed. rev. e atual. Por Maria Celina Bodin de Moraes. Rio de Janeiro: Forense, 2017. v. 1. Livro eletrônico.

PEREIRA, Caio Mário da Silva. *Instituições de direito civil:* contratos. 22. ed. rev. e atual. Por Caitlin Mulholland. Rio de Janeiro: Forense, 2018. v. 3. Livro eletrônico.

PETITCLERC, Martin. L'État-providence, la société du risque et les fondements de la communauté politique. *In:* NIGET, David; PETITCLERC, Martin (dir.). *Pour une histoire du risque.* Rennes: Presses universitaires de Rennes, 2012.

PINHEIRO, Patrícia Peck. *Proteção de dados pessoais:* comentários à Lei nº 13.709/2018 (LGPD). São Paulo: Saraiva, 2018.

PINTO, Carlos Alberto da Mota. *Cessão de contratos.* São Paulo: Saraiva, 1985.

POÇAS, Luís. *O dever de declaração inicial do risco no contrato de seguro.* Coimbra: Almedina, 2013.

POÇAS, Luís. O dever de descrição exata e completa do risco a segurar. *In:* POÇAS, Luís. *Problemas e soluções de direito dos seguros.* Coimbra: Almedina, 2019. p. 9-32.

POÇAS, Luís. Aproximação econômica à declaração do risco no contrato de seguro. *In:* POÇAS, Luís. *Problemas e soluções de direito dos seguros.* Coimbra: Almedina, 2019. p. 33-72.

POÇAS, Luís. O poder de desvinculação discricionária do segurador. *In:* POÇAS, Luís. *Problemas e soluções de direito dos seguros.* Coimbra: Almedina, 2019. p. 116-144.

POÇAS, Luís. Problemas e dilemas do segurador: o RGPD e o tratamento de dados de saúde. *In:* POÇAS, Luís. *Problemas e soluções de direito dos seguros.* Coimbra: Almedina, 2019. p. 213-264.

POÇAS, Luís. *Problemas e soluções de direito dos seguros.* Coimbra: Almedina, 2019.

QUEIROZ, Rafael Mafei Rabelo. Como encontrar um tema dentro da minha área de interesse?. *In:* FEFERBAUM, Marina; QUEIROZ, Rafael Mafei Rabelo (coord.). *Metodologia jurídica:* um roteiro prático para trabalhos de conclusão de curso. São Paulo: Saraiva, 2012.

REGO, Margarida Lima. *Contrato de seguro e terceiros:* estudo de direito civil. Coimbra: Almedina, 2010.

REGO, Margarida Lima. *Contrato de seguro e terceiros:* estudos de direito civil. 2008. Tese (Doutorado) – Faculdade de Direito da Universidade de Lisboa, Lisboa, 2008. Disponível em: https://run.unl.pt/bitstream/10362/8402/3/MLR_TD_2008.pdf. Acesso em: 27 abr. 2020.

REGO, Margarida Lima. O contrato e a apólice de seguro. *In:* REGO, Margarida Lima (coord.). *Temas de direito dos seguros.* 2. ed. Coimbra: Almedina, 2016.

REGO, Margarida Lima. O risco e suas vicissitudes. *In:* REGO, Margarida Lima (coord.). *Temas de direito dos seguros.* 2. ed. Coimbra: Almedina, 2016.

REGO, Margarida Lima. O contrato de seguro em Portugal. *In:* REGO, Margarida Lima; López, Fernando Peña. *Regulação do contrato de seguro em Portugal e em Espanha:* análise comparada. Santiago de Compostela: Editorial Fundación Inade, 2019.

Rego, Margarida Lima; Peña López, Fernando. *Regulação do contrato de seguro em Portugal e em Espanha:* análise comparada. Santiago de Compostela: Editorial Fundación Inade, 2019.

Reis, Nuno Trigo dos. *Os deveres de informação no contrato de seguro de grupo.* 2007. Dissertação (Mestrado) – Faculdade de Direito da Universidade de Lisboa, Lisboa, 2007.

Ribeiro, Joaquim de Sousa. *Direito dos contratos:* estudos. Coimbra: Coimbra Ed., 2007.

Ribeiro, Maria Eduarda *et al. Lei do Contrato de Seguro:* anotada. 3. ed. Coimbra: Almedina, 2016.

Rocha, Silvio Luís Ferreira da. Contratos de adesão e cláusulas abusivas. *In:* Lotufo, Renan; Nanni, Giovanni Ettore (coord.). *Teoria geral dos contratos.* São Paulo: Atlas, 2011.

Rocha, Silvio Luís Ferreira da. Tipos de planos e coberturas na Lei nº 9.656/1998. *In:* Marques, Claudia Lima; Lopes, José Reinaldo de Lima; Pfeiffer, Roberto Augusto Castellanos (coord.). *Saúde e responsabilidade:* seguros e planos de assistência privada à saúde. São Paulo: RT, 1999.

Rodrigues Jr., Otávio Luiz. *Direito civil contemporâneo:* estatuto epistemológico, Constituição e direitos fundamentais. 1. ed. São Paulo: GEN, 2019.

Roman-Urrestarazu, Andres; Yang, Justin; Ettelt, Stefanie; Thalmann, Inna; Seguel Ravest, Valeska; Brayne, Carol. Private health insurance in Germany and Chile: two stories of co-existence, segmentation and conflict. *International Journal for Equity in Health,* v. 17, Issue 1, article n. 112, p. 1-14, 2018. Disponível em: https://equityhealthj.biomedcentral.com/articles/10.1186/s12939-018-0831-z. Acesso em: 5 dez. 2019.

Roselli, Federico. Il recesso dal contratto. *In:* Bessone, Mario *(diretto a cura di). Trattato di diritto privato.* Torino: Giappichelli Editore, 2002. v. V.

Rosthschild, Michael; Stiglitz, Joseph. Equilibrium in competitive insurance markets: an essay on the economics of imperfect information. *In:* Diamond, Peter; Rosthschild, Michael (ed.). *Uncertainty in Economics.* Amsterdam: Elsevier, 1978. p. 257-280.

Rowling, Donald T. *Population aging:* the transformation of societies. New York: Springer, 2012.

Sampaio, Aurisvaldo. *Contrato de plano de saúde.* São Paulo: RT, 2011.

Santarem, Pedro de. *Tractatus de Assecurationibus et Sponsionibus Mercartorum.* 2. ed. Lisboa: [s.n.], 1971.

Scaff, Fernando Campos. *Direito à saúde no âmbito privado:* contratos de adesão, planos de saúde e seguro-saúde. 1. ed. São Paulo: Saraiva, 2010.

Schmitt, Cristiano Heineck. Dever de cuidado, consumidores hipervulneráveis e contratos de planos e de seguros de saúde. *In:* Miragem, Bruno; Carlini, Angélica (org.). *Direito dos seguros:* fundamentos de direito civil, direito empresarial e direito do consumidor. São Paulo: RT, 2015. Livro eletrônico.

Schunck, Giuliana Bonanno. *Contratos de longo prazo e dever de cooperação.* 1. ed. São Paulo: Almedina, 2016.

Seijo, Gabriel. *Denúncia desmotivada dos contratos civis e suspensão de sua eficácia.* 2016. Tese (Doutorado) – Pontifícia Universidade Católica de São Paulo, São Paulo, 2016.

SILVA, Clóvis V. do Couto e. *A obrigação como processo.* Rio de Janeiro: FGV, 2006.

SILVA, Fernando Emygdio da. *Seguros mútuos.* Coimbra: Imprensa da Universidade, 1911.

SILVA, Jorge Cesa Ferreira da. A proteção contra discriminação no direito contratual brasileiro. *Revista de Direito Civil Contemporâneo (RDCC),* São Paulo, v. 1, p. 41-64, out./dez. 2014.

SILVA, José Afonso da. *Curso de direito constitucional positivo.* 18. ed. São Paulo: Malheiros, 2000.

SILVA JUNIOR, Aluísio Gomes da; GOUVEIA, Maria Thereza Carolina de Souza. Saúde suplementar: regulação e jurisdição. *In:* ASENSI, Felipe Dutra; PINHEIRO, Roseni (org.). *Direito sanitário.* Rio de Janeiro: Elsevier, 2012.

SIMÕES, Jorge. A regulação do Sistema de Saúde. *Inst Hig Med Trop,* n. 15, Supl. 1, 2016. Disponível em: https://research.unl.pt/ws/portalfiles/portal/4174152/A_regula_o_do_Sistema_de_Sa_de.pdf. Acesso em: 21 nov. 2019.

SOUSA, Marcelo Rebelo de; ALEXANDRINO, José de Melo *Constituição da República Portuguesa comentada.* Lisboa: Lex, 2000.

SOUZA, Pedro Guilherme Gonçalves de; ZANCHIM, Kleber Luiz. Seguro: ato e atividade. *In:* FERNANDES, Wanderley (coord.). *Contratos de organização da atividade econômica.* São Paulo: Saraiva, 2011. p. 295-366.

TELES, Joana Galvão. Deveres de informação das partes. *In:* REGO, Margarida Lima (coord.). *Temas de direito dos seguros.* 2. ed. Coimbra: Almedina, 2016. p. 327-387.

TELES, Joana Galvão. Liberdade contratual e seus limites – Imperatividade absoluta e imperatividade relativa. *In:* REGO, Margarida Lima (coord.). *Temas de direito dos seguros.* 2. ed. Coimbra: Almedina, 2016. p. 103-115.

TEPEDINO, Gustavo; KONDER, Carlos Nelson; BANDEIRA, Paula Greco. *Fundamentos do direito civil:* contratos. 1. ed. Rio de Janeiro: Forense. 2020. v. 3. Livro eletrônico.

THOYTS, Rob. *Insurance theory and practice.* New York: Routledge, 2010.

TORRES, Leonor Cunha *et al. Lei do Contrato de Seguro:* anotada. 3. ed. Coimbra: Almedina, 2016.

TZIRULNIK, Ernesto. *Seguro de risco de engenharia:* instrumento de desenvolvimento. 2014. Tese (Doutorado) – Faculdade de Direito da USP, São Paulo, 2014.

TZIRULNIK, Ernesto; CAVALCANTI, Flávio de Queiroz B.; PIMENTEL, Ayrton. *O contrato de seguro:* de acordo com o novo Código Civil brasileiro. 2. ed. São Paulo: RT, 2003.

VARELA, João de Matos Antunes. *Das obrigações em geral.* 10. ed. Coimbra: Almedina, 2010. v. I.

VASQUES, José. *Contrato de seguro:* notas para uma teoria geral. Coimbra: Coimbra Ed., 1999.

VASQUES, José. *Direito dos seguros.* Coimbra: Coimbra Ed., 2005.

VASQUES, José *et al. Lei do Contrato de Seguro:* anotada. 3. ed. Coimbra: Almedina, 2016.

VAUGHAN, Emmett J.; VAUGHAN, Therese M. *Fundamentals of risk and insurance.* 11. ed. New York: John Wiley & Sons, 2014.

ZANETTI, Andrea Cristina. *Denúncia nos contratos privados de assistência à saúde.* 2018. Tese (Doutorado) – Pontifícia Universidade Católica de São Paulo, São Paulo, 2018. Disponível em: https://tede2.pucsp.br/handle/handle/20843. Acesso em: 12 out. 2019.

ZANETTI, Andrea Cristina. Plano de saúde. Rescisão unilateral de contrato coletivo empresarial com menos de trinta beneficiários. Admissibilidade. Contrato que possui características híbridas e admite o rompimento desde que haja motivação idônea. *Revista de Direito Civil Contemporâneo*, São Paulo, v. 18, p. 510-522, 2019.

ZANETTI, Andrea Cristina. *Princípio do equilíbrio contratual*. São Paulo: Saraiva, 2012.

ZANETTI, Andrea Cristina; GRAMSTRUP, Erik. Aspectos formativos do contrato na atualidade. *Revista Questio Iuris*, Rio de Janeiro, v. 12, n. 4, 2019. Disponível em: https://www.e-publicacoes.uerj.br/index.php/quaestioiuris/article/view/38456/33553. Acesso em: 13 jun. 2020.